Stefan Dittrich

Das große QBasic Buch

DATA BECKER

Dieses Buch ist keine Original-Dokumentation zur Software der Fa. Microsoft.

Sollte Ihnen dieses Buch dennoch anstelle der Original-Dokumentation zusammen mit Disketten verkauft worden sein, welche die entsprechende Microsoft-Software enthalten, so handelt es sich wahrscheinlich um eine Raubkopie der Software.

Benachrichtigen Sie in diesem Fall umgehend Microsoft GmbH, Edisonstr. 1, 8044 Unterschleißheim - auch die Benutzung einer Raubkopie kann strafbar sein.

Der Verlag
Microsoft GmbH

1. Auflage 1991

Umschlaggestaltung Werner Leinhos

Text verarbeitet mit Word 5.0, Microsoft

Textverarbeitung und Gestaltung Andreas Quednau

Belichtung MAC GmbH, Düsseldorf

Druck und buchbinderische Verarbeitung PDC Paderborner Druck Centrum, Paderborn

ISBN 3-89011-520-9

Wichtiger Hinweis

Vorwort

Nachdem nun endlich das alte GW-BASIC durch eine völlig neue BASIC-Variante abgelöst wird, ist es auch an der Zeit, die sich dadurch eröffnenden Möglichkeiten vorzustellen. Das Buch, welches Sie nun in Händen halten, wendet sich an alle QBasic-interessierten Leser, um ihnen das beeindruckende Beilage-Werkzeug zu MS-DOS 5.0 näherzubringen.

QBasic für wen?

Es spielt eigentlich keine Rolle, ob Sie durch das neue QBasic auf die Sprache BASIC aufmerksam und neugierig geworden sind oder bereits mit anderen BASIC-Varianten, etwa GW-BASIC oder auch auf anderen Rechnertypen, Programme geschrieben haben und diese nun in QBasic umsetzen und weiterentwickeln wollen. Wenn Sie in erster Linie einmal selbst das Programmieren eines Computers ausprobieren wollen, sind Sie mit diesem Buch ebenso gut bedient wie der versierte Fortgeschrittene, für den BASIC ein alter Bekannter ist. QBasic bietet für jeden etwas, sei es die einfache Bedienbarkeit oder der mächtige Funktionsumfang, woran sich auch der Aufbau des Buches orientiert.

Ziel

Das Ziel des Buches ist, anhand einiger exemplarischer Beispiele die verschiedensten Einsatzgebiete von QBasic zu erläutern, ohne über tiefgründiger Theorie die tägliche Programmierpraxis zu vernachlässigen. Sie finden neben den Erläuterungen der notwendigen Grundlagen viele kleine Programmierideen und Tricks, mit denen Sie leicht eigene Vorstellungen in die Praxis, sprich in QBasic-Programme, umsetzen können. Darüber hinaus enthält der Anhang des Buches eine komplette Übersicht über die QBasic-Befehle und -Funktionen sowie Fehlermeldungen, damit Sie auch später immer wieder schnell nachschlagen können.

Beispiele

Damit auch die Erfolgserlebnisse nicht zu kurz kommen, werden im Verlauf des Buches fertige Routinen sowie auch ganze Programme vorgestellt, die klein, aber wirksam sind. Diese Programme sind meist mehr als nur ein Beispiel, da sie oft auch in der Praxis einsetzbar sind. Ich habe dabei versucht, den richtigen Mittelweg zwischen kurzen und dennoch vollständigen

Programmen zu finden, damit Sie die Programme zwar schnell abtippen und dennoch leicht nachvollziehen und weiterentwickeln können.

Ausblick

Nach der Lektüre dieses Buches und ein wenig praktischer Erfahrung sind Sie in der Lage, die unterschiedlichsten Programme zu entwickeln. Da sich QBasic sicherlich mit DOS 5 sehr weit verbreiten wird, können Sie solche Programme auch weitergeben und so anderen zur Verfügung stellen.

Sollten Ihre Projekte allerdings sehr große Dimensionen annehmen, wird der Einsatz eines Übersetzungsprogrammes sinnvoll, der ein QBasic-Programm in ein direkt ausführbares Programm (EXE-Datei) übersetzt. Ein solcher Übersetzer, ein Compiler, ist zwar leider nicht im Lieferumfang von QBasic enthalten, jedoch in Verbindung mit QBasics großem Bruder QuickBASIC erhältlich. Mit diesem System können Sie Ihre QBasic-Programme unverändert weiterverarbeiten, dessen zusätzliche Möglichkeiten nutzen oder einfach nur die Übersetzung vornehmen. Sie haben mit QBasic also ein System gewählt, welches nicht nur den meisten Anforderungen genügt, sondern außerdem ausbaubar ist: ein System mit Zukunft!

Zurück in der Gegenwart möchte ich Sie nun nicht weiter aufhalten, sondern wünsche Ihnen viel Spaß und Erfolg mit QBasic und diesem Buch.

Stefan Dittrich *Hilden, Juni 1991*

Inhaltsverzeichnis

1. Einleitung

Als William (Bill) Gates und Paul Allen 1975 die erste BASIC-Version auf einem Micro-Computer schrieben und dann zu dessen Vermarktung die "Garagen-Firma" Microsoft gründeten, wagte wohl noch niemand, daran zu denken, welche Verbreitung dieses finden würde. Als nämlich 1981 die Firma IBM den IBM-PC auf den Markt brachte und als Betriebssystem Microsofts DOS wählte, begann der Siegeszug dieses Rechnertyps. Bald wurde auch diesen Rechnern bzw. dem DOS die BASIC-Version GW- bzw. PC-BASIC beigelegt, wodurch es weltweit eine enorme Verbreitung fand.

GW- und PC-BASIC

Durch den Umstand, daß der Besitzer eines PCs (und später ATs) quasi kostenlos eine BASIC-Version bekam, wurde diese Sprache auch häufig für die Entwicklung kleiner bis mittlerer Programme eingesetzt. Gerade für das Programmieren kleinerer Programmchen ist GW- bzw. PC-BASIC gut geeignet, bei etwas größeren Projekten wird jedoch die Arbeit sehr schwer. Allein schon durch das Fehlen von Such- und Ersetz-Funktionen und den nach heutigen Gesichtspunkten ungenügenden Editor wurde die Arbeit mit GW-/PC-BASIC dermaßen umständlich, daß immer mehr andere BASIC-Versionen einen Platz auf dem Markt fanden. Microsoft war dabei natürlich auch nicht untätig und brachte bald das Programm QuickBASIC auf den Markt, welches mit der Zeit über einen sehr ausgereiften Editor und diverse andere Funktionen verfügte, die das Programmieren immer einfacher und die Programmpflege erst richtig möglich machten. Außerdem kam bald ein Compiler dazu, ein Programm, mit dem BASIC-Programme in direkt ausführbare und schnellere DOS-Programme umgewandelt werden können.

Nachdem nun GW- bzw. PC-BASIC über einen nach EDV-Begriffen ungeheuren Zeitraum ausgeliefert und dabei längst nicht mehr als State of the Art angesehen werden kann, wird diese graue Eminenz mit dem neuen MS-DOS 5 durch eine neue BASIC-Version ersetzt: QBasic.

QBasic

Es handelt sich bei QBasic um eine kleine Version von QuickBASIC, in der zwar einige Funktionen von QuickBASIC fehlen, die aber dennoch ein komfortables Arbeiten mit BASIC ermöglicht. Ausgestattet mit einem ausgezeichneten Editor, guten Bearbeitungs- und Erweiterungsmöglichkeiten und der Möglichkeit zur übersichtlichen und strukturierten Programmierung, ist QBasic ein universales Werkzeug.

Sollten Sie schon einmal mit einem anderen BASIC gearbeitet haben, vielleicht sogar mit GW- oder PC-BASIC, so werden Sie in QBasic sicherlich einige bekannte Dinge wiederfinden, die das Umsteigen auf QBasic leicht machen. Darüber hinaus werden Sie aber noch etliche Funktionen von QBasic entdecken, die Sie in der anderen BASIC-Version schon immer vermißt haben oder an die Sie vielleicht noch gar nicht gedacht hatten.

Um es zusammenzufassen, ist QBasic nicht nur ein preiswerter Einstieg in die Programmierung des PCs, sondern auch ein bequemer und vielseitiger. Außerdem haben Sie jederzeit die Möglichkeit, auf QuickBASIC oder gar das neue BASIC PDS von Microsoft aufzusteigen, wenn Ihre Projekte und damit die Ansprüche an das BASIC sehr groß werden. Alle QBasic-Programme laufen unverändert auch auf QuickBASIC ab Version 4.1, so daß ein Um- bzw. Aufstieg keinerlei Umsetzarbeit erfordert.

Sollten Sie bereits über einige BASIC-Programme verfügen, die in GW-/PC-BASIC geschrieben sind, so müssen diese allerdings erst für QBasic umgesetzt werden, was aber ein mitgeliefertes Programm für Sie erledigt. Nähere Einzelheiten hierzu finden Sie in dem entsprechenden Kapitel im Anhang.

2. Das QBasic-Konzept

Wie bereits erwähnt, lehnt sich QBasic stark an QuickBASIC an, was auch leicht bei einem Vergleich erkennbar ist. Eine Gegenüberstellung zwischen QBasic und QuickBASIC finden Sie im Anhang.

Strukturierte Programmierung

Das Konzept, welches dieser BASIC-Version zugrunde liegt, ist in erster Linie das Ermöglichen einer übersichtlichen und strukturierten Programmierung, wodurch Programmprojekte wesentlich leichter zu entwickeln und Fehler leichter zu finden sind als bei einem rein zeilenorientierten BASIC wie GW-BASIC.

Dies wird durch eine konsequente Unterteilung eines Programmes in klar voneinander abgegrenzte Programmfunktionen ermöglicht, die im QBasic-Editor sogar auch in eigenen Bereichen editiert werden können. Auf diese Weise können einzelne Programmfunktionen unabhängig voneinander geschrieben und getestet werden.

2.1 Wie arbeitet QBasic?

Das Programm QBasic enthält mehrere Komponenten: die Entwicklungsumgebung mit der Standard-Benutzeroberfläche mit Menüs und Dialogboxen, den Editor und den eigentlichen BASIC-Interpreter, jenem Programmteil, welcher die BASIC-Befehle interpretiert und ausführt. Wenn Sie QBasic durch die Eingabe des DOS-Befehls

```
QBASIC
```

starten, erscheint auf dem Bildschirm der QBasic-Editor.

Als erstes bietet QBasic Ihnen an, die Hilfeseiten durchzusehen, um sich mit QBasic vertraut zu machen. Wenn Sie hier die `Esc`-Taste drücken, verschwindet diese Box und der normale Arbeitsbildschirm von QBasic wird sichtbar.

Komponenten

Am oberen Bildrand sind in der sogenannten Menüleiste die Menüs zu sehen, unter denen noch weitere Menüeinträge verborgen sind. Diese Menüs, deren Einträge Sie durch Herunterklappen des Menüs sichtbar machen können, werden Pulldown-Menüs genannt.

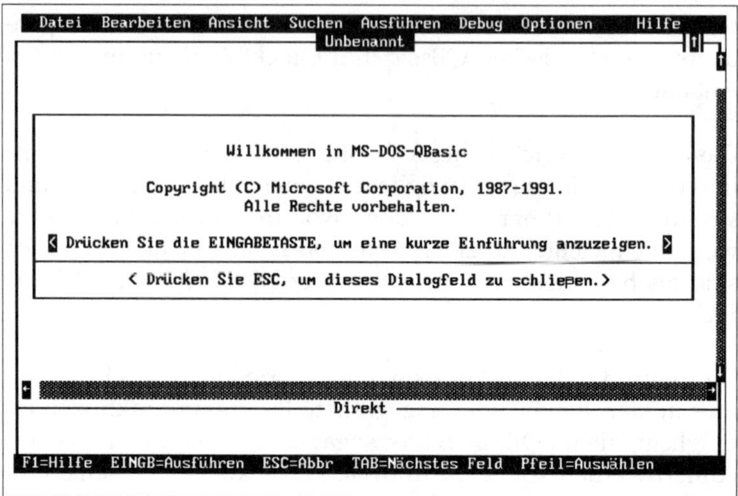

Pulldown-Menüs

Die Pulldown-Menüs können auf verschiedene Weise bedient werden: mit der Maus, falls Sie eine angeschlossen haben, oder mit der Tastatur. Die Bedienung mit der Maus ist denkbar einfach: Sie bewegen den Mauszeiger in die oberste Zeile auf den gewünschten Menütitel und betätigen die linke Maustaste (Mausklick). Das eigentliche Menü klappt dann herunter und bietet die Einträge an. Mit einem erneuten Mausklick auf den gewünschten Eintrag wird dieser aktiviert.

Das Menü *Bearbeiten* erscheint nach Anwahl durch Mausklick oder die Tastenkombination Alt+B wie in der Abbildung.

Mit der Tastatur ist dies auch sehr einfach. Wenn Sie die Alt-Taste betätigen, invertiert QBasic den ersten Menütitel in der Menüleiste. Hier können Sie durch Betätigung eines der hervorgehobenen Buchstaben (Shortcut) oder mit den Cursortasten links und rechts und anschließendem Return das gewünschte Menü anwählen. Aus diesem Pulldown-Menü heraus können Sie ebenfalls mit einem Shortcut oder den Cursortasten eine Funktion wählen und mit Return auslösen.

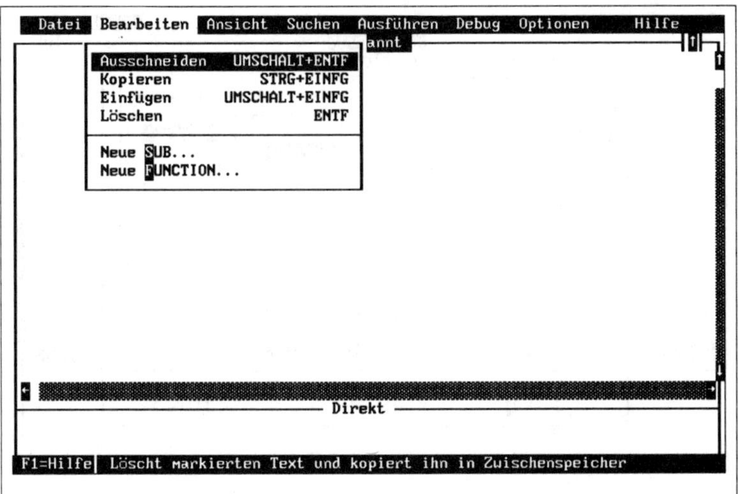

In den Menüs sind gelegentlich einige Einträge grau dargestellt und nicht anwählbar. Diese sind von QBasic als momentan nicht sinnvoll eingestuft und daher abgeschaltet (englisch: disabled). Hierdurch wird verhindert, daß unpassende Kommandos zu Verwirrung führen.

Einigen Menüeinträgen folgen drei Punkte, was bedeutet, daß das Aktivieren dieser Funktion erst eine Dialogbox einblendet. Solche Funktionen sind hier zum Beispiel *Neue SUB...* oder *Neue FUNCTION....*

Bedienungs-Standard

Die Menüs und die Dialogboxen sind alle auf die gleiche Art bedienbar und folgen somit einem Standard, welcher als CUA (Common User Access) als Bestandteil des SAA (System Application Architecture) bezeichnet wird. Dieser Standard wurde entwickelt, damit ein Anwender mit jedem Programm arbeiten kann, ohne erst lange im Handbuch blättern zu müssen.

Dialogboxen

Alle Dialogboxen bestehen aus mehreren verschiedenen Bereichen, aus denen mit der [Tab]-Taste oder einem Mausklick einzelne Eingabe- oder Auswahlfelder gewählt werden können. Ein gutes Beispiel für eine solche Dialogbox ist die Farbauswahl-Box, welche nach der Anwahl des Menüeintrags *Bildschirmanzeige...* aus dem *Optionen*-Menü erscheint (erreichbar mit den Tasten [Alt]+[O], [B]).

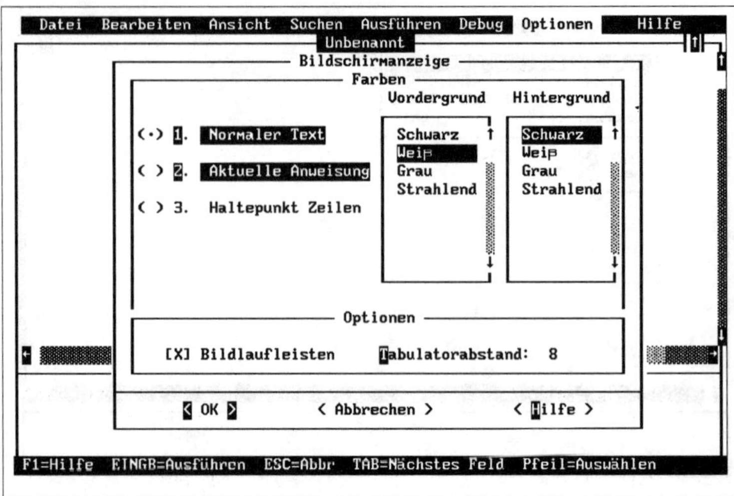

In dieser Box sind ein Eingabefeld (*Tabulatorabstand*), ein Schaltfeld (*Bildlaufleisten*), drei Auswahlfelder (*Normaler Text, Aktuelle Anweisung* und *Haltepunkt Zeilen*), zwei Auswahllisten (*Vordergrund* und *Hintergrund*) und drei Aktionsfelder (*OK, Abbrechen* und *Hilfe*) enthalten.

Auswahlfelder

Zuerst ist das Auswahlfeld *Normaler Text* aktiv, was durch den Punkt in den Klammern vor dem Feld bzw. dem blinkenden Cursor erkennbar ist. Mit den Cursortasten ↑ oder ↓ bzw. einem Mausklick in die Klammern eines anderen Auswahlfeldes können Sie ein anderes anwählen, wobei der Punkt an der alten Stelle verschwindet. In diesen Listen, die stets durch runde Klammern gekennzeichnet sind, kann also immer nur ein Eintrag aktiv sein. Sind jedoch die Klammern eckig, wie in der Box im Schaltfeld *Bildlaufleisten*, ist jedes Feld für sich ein- oder ausschaltbar.

Auswahllisten

Die Farbe der im Auswahlfeld bestimmten Zeilen kann nun in den Auswahllisten mit den Cursortasten ↑ und ↓ oder auch mit einem Mausklick eingestellt werden, wobei die Farbe des Auswahlfeld-Textes sich unmittelbar entsprechend ändert. Zu erreichen sind die Auswahllisten mit Tab, der Tastenkombination Alt und den hervorgehobenen Kurzwahlbuchstaben **V** bzw. **H** oder mit der Maus.

Eingabefelder

Wenn Sie nun den Tabulatorabstand verändern wollen, können Sie das Eingabefeld durch mehrmaliges Betätigen von Tab, über die Tastenkombination Alt+T oder durch einen Mausklick aktivieren. Die Standardvorgabe für den Tabulator ist 8, was auch in diesem Feld eingetragen ist. An der invertierten Erscheinung des Textes nach der Aktivierung des Eingabefeldes ist erkennbar, daß dies nur ein Vorschlag ist. Soll dieser Vorschlag übernommen werden, braucht lediglich durch Anwahl des OK-Feldes oder nur durch `Return` die Box quittiert zu werden. Andernfalls kann ein anderer Wert eingegeben werden; bei der ersten Betätigung einer Ziffer wird der Vorschlag vollständig gelöscht, und die neue Ziffer erscheint. Als dritte Variante kann der Vorschlag auch verändert werden. Hierfür braucht nur eine Cursortaste gedrückt zu werden, woraufhin der Text wieder normal erscheint und der normale Cursor im Feld erscheint. Sie können den Eintrag dann auf die gewohnte Art editieren.

Direktmodus

Mit der `F6`-Taste kann vom Editor- in das untere Direkt-Fenster gewechselt werden. Hier können nun einzelne oder, durch Doppelpunkte getrennt, mehrere QBasic-Befehle eingegeben und direkt ausgeführt werden. So kann z.B. der Inhalt einer Variablen mit dem *PRINT*-Befehl angezeigt oder neu zugewiesen, Programmteile können aufgerufen oder Berechnungen ausgeführt und die Ergebnisse angezeigt werden.

Die letzten zehn Befehle, die im Direktfenster eingegeben wurden, bleiben in diesem Fenster sichtbar und können somit jederzeit erneut aufgerufen werden, indem der Cursor irgendwo in diese Zeile gesetzt und `Return` gedrückt wird.

2.2 Der Editor

Das beim Start aktive Fenster ist der Editor, in dem das BASIC-Programm eingegeben wird. Dieses Programm kann dabei wie in einem normalen Texteditor editiert werden.

Syntax-Überprüfung

Gegenüber einem normalen Texteditor bzw. einer Textverarbeitung hat der QBasic-Editor einige Besonderheiten, die ihn (natürlich) für das Bearbeiten von QBasic-Programmen prädestinieren. Die wohl auffallendste Funktion ist die Syntaxüberprüfung, welche im *Optionen*-Menü auch ausgeschaltet werden kann. Diese bewirkt das unmittelbare Überprüfen einer eingegebenen Programmzeile auf korrekte Schreibweise nach dem

Verlassen dieser Zeile. Wird dort ein Fehler entdeckt, so erscheint sofort eine Fehlermeldung. Dies ist ein großer Vorteil gegenüber BASIC-Interpretern wie GW-BASIC, wo solche Schreibfehler (Syntax-Fehler) erst beim Abarbeiten der Zeile entdeckt werden, was unter Umständen erst sehr spät auftritt!

Ein angenehmer Nebeneffekt dieser Überprüfung ist, daß eine eingegebene und mit dem Cursor verlassene Zeile automatisch formatiert wird und die enthaltenen BASIC-Schlüsselworte in Großbuchstaben (versal) dargestellt werden. Dies bewirkt eine sehr übersichtliche Darstellung des Programmes, ohne daß diese bei der Eingabe geschehen muß.

Getrenntes Editieren

Ein weiteres Merkmal des Editors ist, daß einzelne Programmteile getrennt editiert werden können. Hierdurch ist eine sehr übersichtliche Bearbeitung auch größerer Programme möglich, da wirklich nur der Programmteil editiert werden muß, an dem die Änderungen vorgenommen werden sollen. Die mühsame Suche nach dem entsprechenden Programmteil in einem meterlangen Programmlisting entfällt. Zwischen diesen einzelnen Programmabschnitten kann leicht mit `F2` aus einer Liste gewählt oder mit `Shift`+`F2` oder `Strg`+`F2` weiter- bzw. zurückgeblättert werden.

Aber auch wenn gesucht werden soll, hilft der Editor mit seinen flexiblen Suchfunktionen. Hierdurch kann beispielsweise ein Text im gesamten Programm gesucht und gegen einen anderen ersetzt werden. Dies ist ein unschätzbarer Vorteil gegenüber Interpretern wie GW-BASIC, wo man sich für diesen Zweck das gesamte Programm Zeile für Zeile ansehen und selbst suchen muß.

2.3 Das QBasic-Hilfesystem

QBasic stellt für die Arbeit eine sehr gute Hilfefunktion zur Verfügung, die oft das Nachschlagen in einem Handbuch überflüssig machen kann. Sie können mit diesem System entweder allgemeine Informationen zum Programm oder auch die Anwendung einzelner Befehle abrufen. Für die allgemeine Hilfe können Sie entweder bei Programmstart `Return` drücken, um die Abfrage nach der kurzen Einführung zu bestätigen, oder jederzeit `Shift`+`F1` betätigen. Sie erhalten dann ein Inhaltsverzeichnis über die im Hilfesystem enthaltenen Themen.

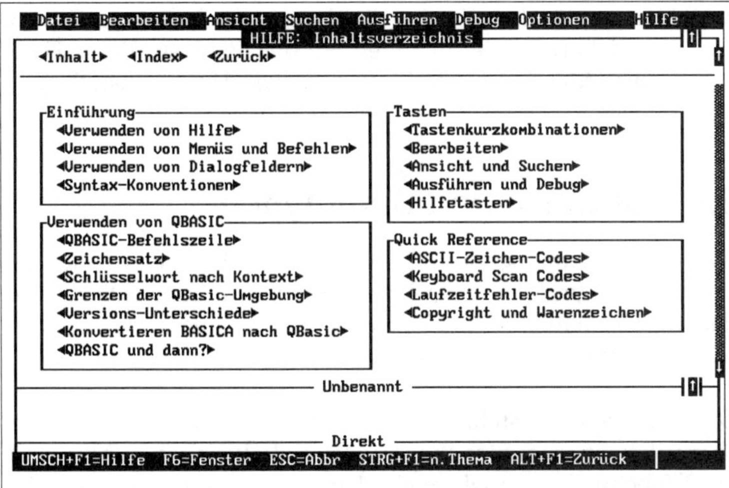

Innerhalb dieser und auch aller anderen Anzeigen des Hilfesystems sind einige Begriffe in hervorgehobene spitze Klammern gesetzt. Diese Begriffe dienen als Querverweise in andere Hilfeseiten. Sie können diese aktivieren, indem Sie den Cursor mit den Cursortasten auf diesen Begriff setzen und [Return] drücken oder auch mit der Maus anklicken.

Hilfe zu Schlüsselworten

Die andere Variante ist die Hilfestellung zu einem QBasic-Schlüsselwort. Hierfür brauchen Sie nur in Ihrem Programm oder auch im Direktfenster das Schlüsselwort einzugeben bzw. den Cursor darauf zu setzen und [F1] zu drücken. Es erscheint dann eine Hilfeseite, in der eine kurze Beschreibung dieses Schlüsselwortes enthalten ist. Auf diese Weise können zum Beispiel leicht die Parameter eines Befehls eingesehen werden.

Sollte der Cursor auf einem Wort stehen, welches kein gültiges Schlüsselwort ist, so ertönt ein Piepton als Hinweis darauf. Sollten Sie einen Befehl falsch geschrieben haben und die richtige Schreibweise nachsehen wollen, so können Sie mit [Shift]+[F1] die allgemeine Hilfe aufrufen und den Querverweis *<Index>* anwählen. Sie erhalten so eine alphabetisch sortierte Liste aller Schlüsselworte, aus der Sie den gesuchten Befehl heraussuchen und ggf. noch mehr Hilfe dazu einblenden lassen können, indem Sie den Cursor darauf stellen und erneut [F1] drücken.

Die Hilfedatei

Damit diese Hilfetexte nicht unnötig Speicher belegen, sind sie in einer Extradatei namens QBASIC.HLP enthalten. Diese Datei muß QBasic natürlich für das Einblenden der Hilfetexte finden. Um dies sicherzustellen, können Sie den Pfad zu dieser Datei im *Optionen*-Menü mit dem Eintrag *Pfad für Hilfe...* einstellen.

2.4 Variablen und Datentypen

Jedes Programm benötigt Daten, sei es als Zahlen oder als Texte, die irgendwie gespeichert werden müssen. Dieses Gedächtnis ist natürlich der Speicher des Rechners, dessen Verwaltung QBasic für Sie übernimmt.

Dieser Speicher besteht aus einer langen Reihe einzelner Speicherzellen, sogenannter Bytes. Jedes Byte kann eine Zahl von 0 bis 255 beinhalten - mehr nicht. Um also die verschiedenen Daten unterscheiden zu können, mit denen ein Programm umgehen muß, werden Teile des Speichers für die Aufnahme benannter Daten definiert, sogenannte Variablen. Die Zuordnung der Variablen zu Speicheradressen erledigt QBasic vollkommen selbständig. Dies bedeutet für den Programmierer, daß er sich nur über Namen und Typ seiner Variablen Gedanken machen muß.

Datentypen

Daten können in recht vielfältiger Art anfallen. Manche dieser Informationen brauchen nur als Ja oder Nein vorzuliegen, andere als ganze Zahlen und wieder andere als Zahlen mit Nachkommastellen, von Buchstaben und Texten ganz zu schweigen. Um diese Vielzahl der verschiedenen Datentypen vernünftig verwalten zu können, bietet QBasic eine Vielzahl an Variablentypen an. So können Texte, Ganzzahlen oder Fließkommazahlen in spezielle Variablen gespeichert werden, aber auch Kombinationen daraus. Folgende Daten- bzw. Variablentypen bietet QBasic von sich aus an:

Typ	Symbol	Inhalt
INTEGER	%	ganze Zahlen von -32.768 bis +32.767
LONG	&	ganze Zahlen von -2.147.483.648 bis +2.147.483.647
SINGLE	!	Fließkommazahlen mit 7 signifikanten Stellen
DOUBLE	#	Fließkommazahlen mit 15 signifikanten Stellen
STRING	$	beliebiger Text aus bis zu 32.767 Zeichen

Variablennamen

Eine Variable wird durch den Namen und das Symbol bestimmt. Der Name kann ein beliebiges Wort mit bis zu 40 Zeichen sein. Erlaubt sind dabei alle Buchstaben, Ziffern und unter Umständen der Dezimalpunkt, wobei am Anfang des Namens ein Buchstabe stehen muß. Er darf nicht mit FN beginnen, da dies reserviert ist, ebenso wie BASIC-Befehls- und -Schlüsselwörter nicht erlaubt sind. Auch Umlaute wie Ä oder ü sowie das ß sind nicht erlaubt, da es sich um ein Programm aus dem amerikanischen Umkreis handelt. Die Graphie (Groß-/Kleinschreibung) des Namens ist dagegen beliebig.

Hinter dem Namen kann dann das Symbol für den Datentyp stehen. Fehlt das Symbol, so wird der Variablen der Typ SINGLE zugeordnet.

Ein Beispiel

Für das Erstellen einer Rechnung per Computer müssen die benötigten Daten eingegeben und gespeichert werden. Zu diesen Daten gehören verschiedene Angaben, die auch in verschiedenen Variablen abgelegt werden. Da wäre zunächst einmal die Bezeichnung des gelieferten Artikels. Hier handelt es sich um eine Folge von Buchstaben bzw. einen Text, für welche(n) also eine Stringvariable verwendet wird. Dann kommt die Anzahl, in der dieser Artikel geliefert wurde: eine ganze Zahl, geeignet für eine Integervariable. Schließlich brauchen wir noch den Preis, der in DM und Pfennig angegeben wird, wofür nur eine Fließkommavariable in Frage kommt.

Die Belegung dieser Variablen könnte somit folgendermaßen aussehen:

```
Artikel$ = "Das große QuickBASIC-Buch"
```

Hier handelt es sich um eine Variable vom Typ STRING, kurz String-Variable genannt. Erkennbar wird dies durch das Dollarzeichen unmittelbar hinter dem Namen. Der Text, der dieser Variablen zugeordnet wird, muß in Anführungsstrichen stehen, damit QBasic ihn auch als Text erkennt.

```
Anzahl% = 5
```

Diese Variable ist vom Typ INTEGER definiert, d.h. sie kann nur ganzzahlige Werte aufnehmen. Ihr Kennzeichen ist das Prozent-Symbol.

```
Preis = 69.50
```

Das fehlende Symbol setzt diese Variable als SINGLE-Typ fest, was natürlich auch durch ein Ausrufungszeichen festgesetzt werden kann. Sollte der Preis tatsächlich mehr als 7 Stellen lang werden, so muß für die Sicherstellung der Genauigkeit der DOUBLE-Typ durch ein #-Symbol verwendet werden.

Hinweis

Wie Sie an der obigen Zuordnung erkennen können, ist das Dezimaltrennzeichen nach der amerikanischen Norm ein Punkt, nicht etwa ein deutsches Dezimalkomma. Wenn Sie an dieser Stelle ein Komma eingeben, lehnt QBasic dies als vermeintlichen Schreibfehler ab.

Rechnen

Um den Gesamtpreis der Lieferung zu ermitteln, kann hier Anzahl% * Preis gerechnet werden. Dies kann dann z.B. der Variablen *Gesamt* vom Typ DOUBLE durch folgende Anweisung zugeordnet werden:

```
Gesamt# = Anzahl% * Preis
```

Wahlweise könnte natürlich die Anzahl der Artikel auch als Fließkommavariable vorliegen, was weniger bei Büchern, eher jedoch bei einer Einheit wie etwa Kilogramm sinnvoll ist. Der Vorteil der Verwendung von INTEGER-Variablen ist aber, daß diese weniger Speicher benötigen und schneller verrechnet werden können.

Der Speicherbedarf ist bei Variablen mit größerem Wertebereich natürlich höher. So benötigt eine INTEGER-Variable nur 2 Byte (16 Bit), während eine DOUBLE-Variable 8 Byte (64 Bit) verschlingt. Somit ist es einleuchtend, daß die verwendeten Typen für die Variablen, besonders bei größeren Programmen, sorgfältig gewählt werden sollten.

Strings

Für Strings (Zeichenketten) stehen ebenfalls einige mächtige Funktionen zur Verfügung, die in manchem anderen BASIC-Interpreter fehlen. In einem späteren Kapitel werden wir dieses Thema noch näher betrachten.

Datenfelder

Aus allen Variablentypen können sowohl Datenfelder (Arrays) als auch eigene Datentypen zusammengesetzt werden. Arrays werden mit der *DIM*-Anweisung definiert:

Der DIM-Befehl

```
DIM [SHARED] <Variablenname>[([<von> TO] <bis>[,...])] [AS
<Datentyp>] [,...]
```

Das optionale SHARED-Schlüsselwort bewirkt, daß diese Variable bzw. dieses Array allen Programmteilen zugänglich ist.

Die Dimensionierung kann in bis zu 8 Dimensionen unterteilt sein und wahlweise von-bis angegebenen werden. Standard ist Beginn bei 0, so daß DIM A!(10) ein Datenfeld mit 11 Einträgen (A!(0) bis A!(10)) definiert. Für die Angaben von und bis können auch negative Werte eingesetzt werden, z.B. DIM A!(-100 TO 100).

Mit dem *AS*-Schlüsselwort wird der Variablen bzw. dem Array ein Datentyp zugewiesen, so daß kein Datentyp-Symbol angegeben werden muß und darf. Dieses Schlüsselwort muß bei der Verwendung eigener Datentypen eingesetzt werden.

Beispiele für Dimensionierungen

`DIM A$(10)`	Stringarray variabler Länge von A$(0) bis A$(10)
`DIM Name AS STRING*10`	String der Länge 10
`DIM Wert#(10, 2)`	Array mit Fließkommawerten doppelter Genauigkeit mit 2 Dimensionen, von (0,0) bis (10,2) 11*3=33 Einträge.
`DIM SHARED Zahl%`	INTEGER-Variable, die auch allen SUBs und FUNCTIONs des Programmes zugänglich ist.

Eigene Datentypen

Eigene Datentypen bieten die Möglichkeit, zusammengehörende Datengruppen ordentlich als zusammengesetzte Struktur zu verwalten.

TYPE..END TYPE

Ein eigener Datentyp wird mit den Schlüsselworten *TYPE* und *END TYPE* definiert. Um beispielsweise einen Datentyp

"AdressTyp" aus Name, Vorname, Straße, Postleitzahl, Ort und Telefonnummer zusammenzusetzen, kann dies folgendermaßen definiert werden:

```
TYPE AdressTyp
  Nachname  AS STRING * 20
  Vorname   AS STRING * 15
  Strasse   AS STRING * 20
  PLZ       AS INTEGER
  Ort       AS STRING * 25
  Telefon   AS STRING * 15
END TYPE
```

Der neue Datentyp *AdressTyp* besteht somit aus einem bis zu 20 Zeichen langen Nachnamen, 15 Zeichen für den Vornamen und so weiter. Für den Nachnamen kann hier leider nicht das Wort "Name" als Feldname eingesetzt werden, da QBasic dies mit dem *NAME*-Befehl zum Umbenennen von Dateien verwechselt und ablehnt.

Typen zuweisen

Es sollen nun eine einzelne Adresse sowie ein Datenfeld vom Typ *AdressTyp* mit 100 Einträgen angelegt werden:

```
DIM Adresse AS AdressTyp
DIM Adr(100) AS AdressTyp
```

Auch einzelnen Variablen wie *Adresse* muß mit einer *DIM*-Anweisung der Typ zugewiesen werden. Die Einträge in jedem Datenfeld werden mit dem Variablennamen und Eintrag, getrennt durch einen Punkt, addressiert. Folgende Anweisungen sind z.B. möglich:

```
Adresse.Nachname = "Meier"
Adresse.PLZ = 4000
Adr(1).Ort = "Düsseldorf"
Adr(2) = Adresse
```

Das letzte Beispiel zeigt, daß auch die eigenen Datentypen einander zugewiesen werden können, vorausgesetzt, sie gehören demselben Datentyp an.

Im weiteren Verlauf des Buches werden Sie wieder auf solche eigenen Datentypen stoßen, besonders bei dem Einsatz in Daten-Dateien.

2.5 Unterprogramme und Funktionen

Um ein langes Programm, welches aus einigen tausend Zeilen bestehen kann, übersichtlich und systematisch gestalten zu können, gibt es in BASIC und besonders in QBasic einige Gestaltungselemente, mit denen das Programm unterteilt werden kann. Hierbei wären zunächst die Unterprogramme zu nennen, welche mit dem *GOSUB*-Befehl aufgerufen werden und die mit *RETURN* enden. Solche Unterprogramme können aus verschiedenen Programmstellen aufgerufen werden und stellen somit eine Möglichkeit dar, oft benötigte Funktionen nur einmal zu schreiben.

Unterprogramme

Innerhalb dieser Unterprogramme sind alle Variablen des aufrufenden Programmteiles verfügbar. Um ein Unterprogramm mit verschiedenen Parametern aufzurufen, müssen diese Parameter vor dem Aufruf des Unterprogrammes in festgelegte Variablen eingetragen werden. Eine direkte Übergabe von Parametern an ein Unterprogramm ist nicht möglich. Außerdem birgt diese Verfügbarkeit aller Variablen die Gefahr in sich, daß in dem Unterprogramm eine Variable unerwünschterweise verändert wird, die den Programmablauf durcheinanderbringen kann. Diesen Effekt nennt man Seiteneffekt, eine sehr unangenehme Fehlerquelle!

Im Gegensatz zu den meisten BASIC-Dialekten, in denen Unterprogramme die einzige Möglichkeit zur Unterteilung darstellen, bietet QBasic in seinem Editor eine weitere, wegweisende Möglichkeit. Hier können nämlich einzelne Programmteile, die eigenständige Aufgaben erfüllen sollen, zu Gruppen zusammengefaßt werden. Diese Gruppen bekommen dann ein eigenes Editorfenster und sind somit nicht mehr im eigentlichen Hauptprogramm sichtbar. Auf diese Weise ist es leicht möglich, ein Programm aus mehreren solcher Einzelteile zusammenzusetzen und das Hauptprogramm kurz und übersichtlich zu gestalten. Außerdem besteht die Möglichkeit, in jedem dieser Teilprogramme Unterprogramme einzusetzen.

Dazu kommt, daß diese Programmteile meistens auf die gleiche Art im Programm eingesetzt werden können wie die Standard-QBasic-Befehle bzw. -Funktionen. Somit kann sich der Programmierer seine eigenen BASIC-Befehle und -Funktionen schreiben und in seinen Programmen verwenden!

SUBs und FUNCTIONs

Es gibt für diese Segmente zwei verschiedene Klassen: SUBs und FUNCTIONs. SUB steht dabei für Subroutine, ein Programmteil zur Erledigung beliebiger Aufgaben. Eine FUNCTION definiert eine beliebig komplexe Funktion, mit der Daten verarbeitet werden und ein Ergebnis ermittelt wird.

Angelegt werden SUBs bzw. FUNCTIONs entweder über das Menü *Bearbeiten*, in dem die Einträge *Neue SUB...* und *Neue FUNCTION...* enthalten sind. Wird einer dieser Einträge angewählt, erscheint eine Eingabebox für die Definition des Namens dieses neuen Elements. Die andere Möglichkeit ist zugleich auch die einleuchtendste: Sie schreiben einfach das Schlüsselwort *SUB* bzw. *FUNCTION* und den Namen des Elementes an eine beliebige Stelle im Programm. QBasic erstellt dann automatisch dieses Element und zeigt Ihnen dies in einem neuen Fenster an.

Um ein solches Element in einem Programm aufzurufen, genügt einfach der Name. Angenommen, Sie schreiben eine SUB mit dem Namen MyPrint, welche einen Text auf den Bildschirm bringen soll. Ist diese eingegeben, so kann dieser SUB-Name wie ein QBasic-Befehl eingegeben werden, z.B.

```
MyPrint "Dies ist ein Test"
```

Dies entspricht genau der Schreibweise des QBasic-Befehls PRINT, mit dem obige Anweisung lauten würde

```
PRINT "Dies ist ein Test"
```

Eine weitere Möglichkeit besteht hierbei durch den *CALL*-Befehl, welcher ebenfalls eine SUB aufruft. Der Unterschied besteht dabei in erster Linie darin, daß die Parameter für die SUB in Klammern gesetzt werden müssen. Für unser Beispiel lautet der Aufruf dann:

```
CALL MyPrint ("Dies ist ein Test")
```

Für den Fall einer eigenen FUNCTION mit dem Namen *SinH*, die z.B. den Sinus Hyperbolicus einer Zahl berechnet, wäre die Schreibweise

```
Ergebnis# = SinH(Winkel#)
```

Diese Anweisung würde den Sinus Hyperbolicus der Variablen *Winkel#* als Ergebnis an die Variable *Ergebnis#* liefern. Vergleichbar dazu lautet eine Berechnung des Sinus

```
Ergebnis# = SIN(Winkel#)
```

Es ist deutlich zu sehen, wie gering der Unterschied zwischen den vorgegebenen QBasic-Befehlen bzw. -Funktionen und den eigenen ist. Für die eindeutige Unterscheidung zwischen den festen und den neuen Anweisungen bietet sich dabei die Möglichkeit der freien Graphie an, d.h. es sollten bei selbstdefinierten Anweisungen Groß- und Kleinbuchstaben verwendet werden. Die eigenen Schlüsselwörter setzt der QBasic-Editor immer vollständig versal, also in Großbuchstaben.

Dateien zusammenfügen

Bei der Arbeit mit SUBs und FUNCTIONs kommen Sie sicher bald dazu, sich eine Sammlung bewährter und wiederverwendbarer SUBs bzw. FUNCTIONs anzulegen, was auch im Laufe dieses Buches geschehen wird. Leider verfügt der QBasic-Editor nicht über die Möglichkeit, einzelne Programmdateien mit solchen Elementen zusammenzuladen. Da dies jedoch grundsätzlich sehr zu empfehlen ist, müssen Sie hierzu leider einen anderen Editor verwenden, sofern Sie über einen solchen verfügen. Wenn Sie keinen anderen Editor als QBasic haben, brauchen Sie jedoch nicht zu verzweifeln oder gar alle SUBs und FUNCTIONs immer wieder neu zu schreiben. Es gibt hierzu einen recht einfachen Weg, welcher in DOS möglich ist. Sie können durch ein einfaches DOS-Kommando eine Datei an eine andere anhängen.

Dateien verknüpfen

Angenommen, Sie haben eine Datei namens PROGRAMM.BAS mit Ihrem Hauptprogramm und eine weitere Datei namens TOOLS.BAS, in der zusätzliche SUBs und FUNCTIONs enthalten sind. Um nun an das Hauptprogramm diese TOOLS-Datei anzuhängen, können Sie folgenden DOS-Befehl eingeben:

```
TYPE TOOLS.BAS >>PROGRAMM.BAS
```

Diese Schreibweise ist erstaunlich vielen routinierten DOS-Anwendern nicht bekannt, obwohl sie doch eine interessante Möglichkeit bietet. Die Funktion dieses Kommandos ist dabei recht einfach zu erklären:

Der TYPE-Befehl gibt den Inhalt der angegebenen Datei TOOLS.BAS auf dem Standard-Ausgabegerät aus. Normalerweise ist dies der Bildschirm, was aber durch das >-Zeichen umgeleitet werden kann. Wenn Sie also schreiben würden

```
TYPE TOOLS.BAS >PROGRAMM.BAS
```

so würde die Ausgabe des TYPE-Befehls in eine Datei namens PROGRAMM.BAS geleitet, welche aber dadurch vollständig überschrieben würde. Obiges Kommando entspricht also dem COPY-Befehl, was aber sicher nicht in Ihrem Sinne ist.

Durch die Angabe von zwei >-Zeichen jedoch wird die Ausgabedatei nicht einfach nur zum Schreiben geöffnet und damit der alte Inhalt gelöscht, sondern die Ausgaben werden hinten an diese Datei angehängt. Und dies ist schließlich genau das, was Sie haben wollen!

Durch die bei einem Tippfehler leicht mögliche Fehlfunktion des Kommandos sei vorsichtshalber unbedingt anzuraten, die Ausgabedatei bzw. zu ergänzende Datei vorher zu kopieren, damit auch bei einem Fehler nichts verlorengeht!

Beispiel

Wir wollen dies nun anhand eines kleinen Beispiels demonstrieren. Hierbei soll ein kleines Hauptprogramm erstellt werden, welches die Summe aller Zahlen von 1 bis zu einer eingegebenen Grenze ausgeben soll:

```
'*** Testprogramm für das Zusammenführen von Modulen ***

CLS
PRINT "*** Berechnung der Summe aller Zahlen von 1 bis n ***"

INPUT "Bitte Basiszahl eingeben: "; Zahl%

Summe& = AufSummier&(Zahl%)

PRINT "Die Summe aller Zahlen von 1 bis"; Zahl%; "lautet:";
     Summe&
```

Geben Sie bitte dieses kleine Programm ein und speichern es unter dem Namen AUFSUM1.BAS ab.

Die eigentliche Summierung soll in einer FUNCTION stattfinden, welche sich in einer bereits geschriebenen und gespeicherten Datei befindet. Wird diese FUNCTION nicht hier eingebunden, so wird das obige Programm an der Zeile

```
Summe& = AufSummier&(Zahl%)
```

mit der Fehlermeldung abbrechen, daß das Variablenfeld *AufSummier&()* nicht definiert ist. Und das ist richtig, da die hierzu vorgesehene FUNCTION nicht vorhanden ist und QBasic daher von einem Feld ausgeht.

Die hier benötigte FUNCTION liegt als in einer anderen Datei. Löschen Sie hierfür bitte das Programm aus dem Speicher durch Anwahl des Menüpunktes *Neu* aus dem *Datei*-Menü und geben dann folgende Zeilen ein:

```
FUNCTION AufSummier& (Zahl%)

 IF Zahl% = 0 THEN EXIT FUNCTION

 AufSummier& = Zahl% + AufSummier&(Zahl% - 1)

END FUNCTION
```

Wenn Sie dieses kleine Programm starten, geschieht erwartungsgemäß überhaupt nichts, da kein Hauptprogramm vorhanden ist. Speichern Sie das Programm nun bitte unter dem Namen AUFSUM2.BAS ab. Nach dem Abspeichern finden Sie in der ersten Zeile des Hauptprogrammes die folgende Zeile vor:

```
DECLARE FUNCTION AufSummier& (Zahl%)
```

Diese Deklaration hat QBasic vor dem eigentlichen Abspeichern selbständig dort eingefügt und mit abgespeichert. Dies ist zwar korrekt und kann auch nicht verhindert werden, bewirkt aber einen kleinen Nebeneffekt, den Sie gleich bemerken werden.

Sie können nun QBasic verlassen und in die DOS-Ebene zurückkehren. Hier finden Sie erwartungsgemäß die beiden Dateien AUFSUM1.BAS und AUFSUM2.BAS vor, welche nun zusammengefügt werden sollen.

Für das Zusammenfügen haben Sie nun zwei Möglichkeiten: Anhängen von AUFSUM1 an AUFSUM2 oder umgekehrt. Die auf den ersten Blick richtigere Methode ist das Anhängen von AUFSUM2 an AUFSUM1, also die Datei mit der FUNCTION an diejenige mit dem Hauptprogramm. Zur Veranschaulichung der beiden Varianten und deren Wirkung probieren Sie nun bitte beides aus, und zwar mit folgenden DOS-Befehlen:

```
COPY AUFSUM1.BAS AUS1.BAS
TYPE AUFSUM2.BAS >> AUS1.BAS

COPY AUFSUM2.BAS AUS2.BAS
TYPE AUFSUM1.BAS >> AUS2.BAS
```

Hier wurde von beiden Quelldateien je eine Kopie angelegt und an diese Kopie der Inhalt der anderen Datei angehängt. In AUS1.BAS ist somit die FUNCTION an das Hauptprogramm angehängt und in AUS2.BAS genau andersherum.

Starten Sie nun bitte QBasic und laden das Programm AUS1.BAS. Wenn Sie dieses betrachten, werden Sie feststellen, daß die *DECLARE*-Zeile am Ende des Hauptprogrammes liegt, was QBasic allerdings bei einem Startversuch des Programmes mit einer Fehlermeldung ahndet. Alle *DECLARE*-Anweisungen müssen nämlich vor dem ersten ausführbaren Befehl stehen, damit es keine Verwechslungen zwischen Variablennamen und gleichnamigen SUBs oder FUNCTIONs geben kann. Um also das Programm AUS1.BAS zum Laufen zu bringen, müssen Sie zuerst die *DECLARE*-Zeile löschen. Danach läuft das Programm, allerdings sollten Sie bei der Eingabe nicht zu große Zahlen eingeben.

Zum Vergleich können Sie nun auch einmal das andere kombinierte Programm AUS2.BAS laden. Dieses Programm können Sie ohne irgendeine Änderung starten, da hier die *DECLARE*-Anweisung am Anfang des Programmes steht. Für einen Fall wie in diesem Beispiel ist es also besser, das Hauptprogramm an die Datei mit den SUBs und FUNCTIONs anzuhängen. Wie auch immer, diese Methode funktioniert jedenfalls und erhöht die Flexibilität Ihrer QBasic-Praxis ungemein!

Noch ein Wort zu der hier verwendeten FUNCTION. Auf den ersten Blick müßte die Aufgabe, eine zusammenhängende Zahlenfolge zu addieren, mit einer Schleife gelöst werden, was ja auch funktioniert:

```
Summe& = 0
FOR i% = 1 TO Zahl%
 Summe& = Summe& + i%
NEXT i%
```

Hier wird einfach eine *FOR..NEXT*-Schleife eingesetzt, deren Zähler *i%* von 1 bis zu der eingegebenen Zahl hochgezählt und zu der vorher auf 0 gesetzten Summe addiert wird. Diese Methode ist recht leicht zu verstehen.

In der oben vorgestellten FUNCTION ist jedoch keine Schleife enthalten, und sie funktioniert auch. Was läuft dabei ab?

Rekursion

Der hier eingesetzte Trick ist der, daß innerhalb der FUNCTION ein Aufruf derselben FUNCTION erfolgt. Diese Technik nennt man Rekursion. Durch das Sich-Selbst-Aufrufen findet die Funktion hier in mehreren Ebenen statt. Die Beschreibung dieser FUNCTION könnte etwa so erfolgen:

> *Addiere zu der übergebenen Zahl die Summe aller Zahlen von 1 bis zu der übergebenen Zahl - 1; sollte die Zahl 0 sein, so tue nichts.*

Angenommen, die eingangs eingegebene und übergebene Zahl lautet 3, so läuft folgendes ab:

1. Ebene: `AufSummier& = 3 + AufSummier&(2)`
2. Ebene: `AufSummier& = 2 + AufSummier&(1)`
3. Ebene: `AufSummier& = 1 + AufSummier&(0)`
4. Ebene: `Zahl = 0, also zurück`

Kehrt das Programm aus der 4. Ebene zurück, ist die 3. Ebene mit dem Ergebnis 1+0, also 1, beendet und gibt diese 1 an die 2. Ebene weiter. Diese ermittelt somit das Ergebnis 2+1=3 und liefert dies an die erste Ebene, die wiederum mit dem Endergebnis 3+3=6 zum Hauptprogramm zurückkehrt.

Das hier verwendete Beispiel einer Rekursion ist so ziemlich das einfachste, was man sich in diesem Zusammenhang vorstellen kann. In späteren Kapiteln wird noch einmal die Rekursion eingesetzt, und zwar zum Sortieren oder für das Berechnen einer mathematischen Formel. Dort werden Sie leicht sehen, daß rekursive Programmierung ihre Tücken hat!

2.6 Gemeinsame Variablen

Zusammenfassend besteht ein QBasic-Programm aus einem Hauptprogramm und ggf. diversen SUBs und FUNCTIONs.

Alle diese Programmteile sind normalerweise vollkommen autark und verwenden eigene Variablen, sogenannte lokale Variablen. Eine Variable X% einer SUB hat somit nichts mit der Variablen X% einer anderen SUB zu tun.

In vielen Programmen ist es jedoch notwendig, einige Variablen mit diversen anderen Programmteilen auszutauschen. Um dies zu ermöglichen, bietet QBasic einige sehr flexible Möglichkeiten an.

Übergabe

Die erste Methode ist auch die direkteste. Hierbei werden Werte bzw. Variablen an eine SUB oder FUNCTION übergeben, indem sie einfach hinter deren Aufruf aufgeführt werden. Eine solchermaßen übergebene Variable ist dann nicht nur dieser SUB oder FUNCTION zugänglich, sondern kann auch von ihr verändert werden.

Ein Beispiel

Es soll ein Unterprogramm erstellt werden, welches einen in einer String-Variablen enthaltenen Text umdreht, also aus "Hallo" "ollaH" macht. Dies kann sowohl mit einer SUB als auch mit einer FUNCTION realisiert werden.

Soll eine SUB eingesetzt werden, so kann dies durch folgendes Programm geschehen:

```
SUB TextDreh(Text$)
 '*** Subroutine zum Drehen eines Textes ***

 Text1$ = ""    '** Hilfsvariable

 FOR i% = LEN(Text$) to 1 STEP -1      '** von hinten nach vorne
  Text1$ = Text1$ + MID$(Text$, i%, 1) '** die Zeichen übertragen
 NEXT i%

 Text$ = Text1$ '** Ergebnis zurückschreiben
END SUB
```

Die Funktionsweise dieses Programmes ist recht einfach. Es werden von hinten nach vorne alle Zeichen aus der übergebenen Variablen Text$ in eine Hilfsvariable geschrieben. Interessant ist hier die letzte Anweisung, in der das in Text1$ enthaltene Ergebnis wieder in die ursprünglich übergebene Variable Text$ zurückgeschrieben wird. Da diese Variable vom aufrufenden Programm weiterverwendet werden kann, steht das Ergebnis hier auch wieder zur Verfügung.

Diese SUB kann beispielsweise folgendermaßen aufgerufen werden:

```
T$ = "Hallo"
PRINT "Vorher:  "; T$

TextDreh T$
PRINT "Nachher: "; T$
```

Diese Zeilen geben als Ergebnis "Hallo" und "ollaH" aus, wodurch deutlich wird, daß der Aufruf von *TextDreh* den Inhalt der Variablen T$ verändert hat.

Seiteneffekte

Hierbei gibt es einen Effekt, der sehr leicht zu Fehlern führen kann. Probieren Sie hierfür einmal aus, was bei der Übergabe der Variablen T$ in Klammern geschieht:

```
TextDreh (T$)
```

Nach dem Aufruf dieser Zeile ist die Variable T$ unverändert. Was ist passiert?

QBasic kann Werte an Unterprogramme auf zwei verschiedene Arten übergeben. Zum einen wird die Variable selbst der Unterroutine in Form eines Zeigers übergeben. In diesem Fall wird von dem Unterprogramm direkt auf die Variable zugegriffen und diese ggf. verändert.

Zum anderen wird nur der Inhalt der Variablen übergeben, wodurch natürlich kein Zugriff auf die Variable selbst möglich ist. Dies findet immer dann statt, wenn die Variable in der Anweisung verrechnet oder einfach in Klammern gesetzt wird. Der gleiche Effekt wie in obigem Beispiel kann somit auch mit der Zeile

```
TextDreh T$ + ""
```

erzielt werden, in der ja das Ergebnis einer Operation an die SUB übergeben wird und nicht die Variable T$ selbst.

Diese Möglichkeit, Variablen sowohl direkt als auch nur deren Inhalt an eine SUB zu übergeben, kann natürlich recht sinnvoll eingesetzt werden. Leider können dadurch aber auch die sogenannten Seiteneffekte auftreten, falls die Veränderung der übergebenen Variablen gar nicht erwünscht ist. Solche Fehler sind meist sehr schwer zu finden. Aus diesem Grund sollten im

Zweifelsfall entweder die Parameter einzeln in Klammern gesetzt werden oder in der SUB selbst zuerst in Hilfsvariablen kopiert werden.

Einsatz einer FUNCTION

Als nächstes soll die Aufgabe des Textdrehens von einer FUNCTION übernommen werden. Diese könnte folgendermaßen aussehen:

```
FUNCTION TextDreh1$ (Text$)
 '*** FUNCTION zum Drehen eines Textes ***

 Text1$ = ""     '** Hilfsvariable

 FOR i% = LEN(Text$) to 1 STEP -1       '** von hinten nach vorne
  Text1$ = Text1$ + MID$(Text$, i%, 1) '** die Zeichen übertragen
 NEXT i%

 TextDreh1$ = Text1$     '** Ergebnis zurückschreiben
END FUNCTION
```

Um diese FUNCTION aufzurufen, muß sie vorher in der Modul-Ebene deklariert werden.

```
DECLARE FUNCTION TextDreh1$ (Text$)
```

Danach kann sie wie jede andere BASIC-Funktion aufgerufen werden. Hierbei wird im Unterschied zu der Verwendung einer SUB der zu drehende Text immer als Text und nicht als Variable übergeben. Außerdem wird die eigentliche Funktion mit einer zuvor kopierten Hilfsvariablen ausgeführt, wodurch die FUNCTION nicht den Inhalt der übergebenen Variable des aufrufenden Programmes verändern kann.

Um dennoch die gleiche Funktion wie im vorhergehenden Beispiel zu erreichen, kann eingegeben werden

```
T$ = TextDreh1$ (T$)
PRINT "Nachher: "; T$
```

Einfacher ist natürlich an das Ergebnis zu kommen mit

```
PRINT TextDreh1$ ("Hallo")
```

SHARED

Über die direkte Übergabe von Variablen hinaus besteht eine weitere Möglichkeit, um Variablen mit Unterprogrammen zu teilen. Dies kann durch eine explizite Anweisung geschehen, welche Variablen als geteilt, auf englisch *SHARED*, deklariert.

Diese Anweisung kann nun auf verschiedene Arten eingesetzt werden. Dafür ist zuerst genau festzustellen, von welchen Programmteilen die Variablen geteilt werden sollen. Hier eine Auflistung der Möglichkeiten, wobei jeweils die geteilte Variable als *Var* geschrieben ist:

1. Das Hauptprogramm soll mit einer SUB eine Variable teilen. Hierfür wird in der ersten Zeile der SUB die Anweisung *SHARED Var* eingesetzt.
2. Zwei SUBs sollen Zugriff auf die Variable erhalten. Zu diesem Zweck muß in beiden SUBs am Anfang *SHARED Var* eingetragen werden.
3. Mehrere SUBs und ggf. das Hauptprogramm brauchen die Variable. Hier könnte natürlich die unter 2) beschriebene Methode eingesetzt werden. Da dies jedoch eigentlich lästig ist, kann die Variable auch dem gesamten Programm zugänglich gemacht werden. Dies geschieht durch die Anweisung *DIM SHARED Var* im Hauptprogramm. In den SUBs braucht hiernach nichts eingetragen zu werden, da alle die Variable jederzeit im Zugriff haben.

2.7 Gestaltung von QBasic-Programmen

Wie Sie aus den vorhergehenden Kapiteln entnehmen können, ist QBasic für die Programmierung von sauberen und strukturierten Programmen bestens gerüstet. Dies kann aber leider einen eingefleischten Spaghetti-Programmierer nicht davon abhalten, auch in QBasic verworrene Programme voller Sprünge kreuz und quer durch's Programm zu schreiben; jene Programme, die erwiesenermaßen nach kurzer Zeit nicht mehr richtig zu verstehen oder gar zu erweitern sind. Auch Fehlerbeseitigung in solchen Programmen ist eine wahre Strafe. Ich spreche hier aus eigener, leidvoller Erfahrung...

Konzeption

Damit Sie diese Erfahrungen gar nicht erst machen müssen, möchte ich Ihnen hier einige Hinweise aufführen, deren Beachtung bei der Programmkonzeption und -entwicklung zu wesentlich leichter zu pflegenden Programmen führt, als dies in einer Sprache wie GW-BASIC möglich wäre.

Unterteilung des Programmes

Die Fähigkeit von QBasic, Programmelemente getrennt zu editieren sowie deren Besonderheit, daß alle dort eingesetzten Variablen normalerweise lokal sind, sollte besonders intensiv genutzt werden. Das Programm wird nicht nur übersichtlicher und alle Einzelheiten werden kleiner, sondern Sie können die einzelnen Funktionen auch unabhängig voneinander testen und verhindern auch die gefürchteten Seiteneffekte:

Das Testen einzelner Elemente, also SUBs und FUNCTIONs, kann in QBasic aus dem Direkt-Fenster geschehen. Angenommen, Sie haben gerade eine SUB geschrieben, welche einen Text in einen anderen umwandelt, so können Sie danach mit F6 das Direkt-Fenster aktivieren und hier den Namen der SUB als Befehl eingeben, gefolgt von den entsprechenden Parametern. Wenn Sie sich das Ergebnis nachher mit dem *PRINT*-Befehl ansehen, wissen Sie sofort, ob die SUB richtig funktioniert oder nicht!

Seiteneffekte entstehen dadurch, daß in unterschiedlichen Programmfunktionen gleichnamige Variablen eingesetzt werden, welche aber unterschiedliche Bedeutungen haben. Sind diese Variablen lokal und somit voneinander getrennt, so kann es hierbei keinerlei Verwechslungen geben, andernfalls kann eine Funktion der Variablen einen Wert ergeben, der in einer anderen Funktion eigentlich nicht möglich wäre und so zu einem Fehler führt.

Reihenfolge der Programmentwicklung

Top-Down oder Bottom-Up

In der Entwicklung eines Programmprojektes gibt es eigentlich zwei grundlegende Methoden, die der Programmierer als Top-Down- und Bottom-Up-Methode bezeichnet. Dies bedeutet nichts anderes, als daß in der Top-Down-Methode erst der Programmrahmen erstellt wird und dann die einzelnen Details und Unterfunktionen festgelegt werden, während es bei der Bottom-Up-Methode genau andersherum ist.

Beide Methoden haben ihre Vor- und Nachteile, die auch stark von der Art des zu entwickelnden Projektes und von der Arbeitsweise des Programmierers abhängen. Ich persönlich bin ein Anhänger der Top-Down-Methode, entwickle also meist erst den Rahmen des Programmes, die Menüführung mit den Aufrufen der SUBs, lege dann die SUBs zunächst als leere Elemente an und schreibe dann nach und nach die einzelnen

Funktionen in diese SUBs. Der Vorteil dabei ist, daß jede neu entwickelte SUB direkt in der Programmumgebung getestet werden kann.

Planung der benötigten Variablen

Während der Programmentwicklung werden nach und nach immer mehr Variablen eingeführt, die die verschiedenen Eingabewerte und Ergebnisse enthalten sollen. Mit der Zeit wird daraus ein wahrer Wust von Variablen, in dem Sie sich auch selbst irgendwann nicht mehr zurechtfinden. Dies liegt in erster Linie an dem eigentlich sehr bequemen Umstand, daß in QBasic, im Gegensatz zu Sprechen wie PASCAL oder C, neue Variablen einfach benutzt werden können, ohne daß sie vorher definiert werden müssen.

Dieses Definieren von Variablen sollten Sie aber dennoch zu Beginn des Programmes vornehmen, besonders bei Variablen mit wichtigem Inhalt. Globale Variablen müssen ohnehin zu Programmbeginn mit *SHARED* definiert werden. Der Vorteil ist allein schon der, daß Sie jederzeit in dieser Definitionsliste nachschauen können, wenn Sie eine vorgegebene Variable benötigen und deren Namen vergessen haben.

Ein weiterer Tip ist, für jede Variable den kleinstmöglichen Typ zu wählen, und zwar in der Reihenfolge INTEGER, LONG, SINGLE und DOUBLE. Jeder Schritt dieser Liste bedeutet einen höheren Speicher- und Rechenzeitbedarf, was ja nach Möglichkeit minimal gehalten werden sollte.

2.8 Speicher-Aufteilung

QBasic läuft auf allen MS-DOS-Rechnern mit mindestens 384 KByte und einer Gesamt-Diskettenkapazität von 720 KByte. Um optimal arbeiten zu können, sind allerdings 640 KByte und eine Festplatte sehr zu empfehlen.

Verfügt Ihr Rechner über mehr Speicher als 640 KByte, also erweiterten Speicher, so kann dieser leider nicht von QBasic direkt genutzt werden (erst ab BASIC PDS).

QBasic nutzt somit lediglich die 640 KByte oder besser gesagt das, was davon nach dem Laden von DOS und QBasic in diesen

Speicher noch übrig ist. Der so verbleibende Speicher wird von QBasic wiederum in verschiedene Bereiche unterteilt, die auch verschieden behandelt werden.

Unmittelbar nach dem Starten von QBasic ist der größte Speicher verfügbar, da noch kein Programm geladen ist und keine Daten gespeichert sind. Wird ein Programm eingegeben oder geladen, so wird damit natürlich der verbleibende Restspeicher kleiner. Ein Programm kann somit nur so groß werden, wie ihm insgesamt an Speicher zur Verfügung steht, abzüglich dem Speicher für seine Variablen. Übrigens ist es an dieser Stelle nicht ganz richtig, den von DOS zur Verfügung gestellten Speicher minus der QBasic-Programmlänge zu berechnen. Einerseits braucht QBasic selbst auch Speicher für seine internen Vorgänge, andererseits verwendet es nur den größten zusammenhängenden Speicherbereich, den es findet. Sollte also aus irgendeinem Grund der Gesamtspeicher beim Start von QBasic bereits fragmentiert sein, kann es vorkommen, daß QBasic nur sehr wenig freien Speicher meldet.

Speicher-Unterteilung

Der verbleibende Speicher wird in drei Bereiche unterteilt: Stapel- (Stack), Variablen- und Stringspeicher. Der freie Speicher dieser Teile kann jeweils mit der *FRE()*-Funktion ermittelt werden:

`FRE("")`	oder
`FRE(0)`	freier Stringspeicher
`FRE(-1)`	Variablenspeicher
`FRE(-2)`	Stackspeicher

Der größte Bereich ist hierbei normalerweise der Variablenspeicher. Der Stackspeicher hingegen ist standardmäßig recht klein, kann aber mit dem Befehl *STACK <Größe>* oder auch mit *CLEAR „,<Größe>* verändert werden. Dies ist vor allem bei stark verschachtelten Programmen nötig, da diese Verschachtelung viel Stackspeicher braucht. Auf diesem Stapel werden nämlich bei jedem Unterprogrammaufruf einige aktuelle Daten gerettet und nach der Rückkehr aus dieser Routine wieder heruntergeholt.

Werden in einem Programm häufig große Datenmengen (z.B. Strings) manipuliert, wird auf Dauer der Speicher immer mehr fragmentiert. Um QBasic zum "Aufräumen" des Speichers zu veranlassen, kann die Funktion *FRE("")* eingesetzt werden, die einerseits den freien Speicher zurückliefert und andererseits dieses Aufräumen, die Garbage Collection, vornimmt. Selbst wenn Sie das Ergebnis dieser Funktion nicht benötigen, sollten Sie dies an Stellen im Programm einsetzen, die regelmäßig abgearbeitet werden:

```
Dummy = FRE("")
```

2.9 Die Beispiel-Programme

Damit Sie mit dem QBasic-Interpreter nicht völlig ohne Beispiel dastehen, werden von Microsoft einige Beispielprogramme mitgeliefert. Es handelt sich dabei um Dienstprogramme und auch Spiele, die in diesem Kapitel jeweils kurz erläutert werden sollen.

2.9.1 Das Dienstprogramm REMLINE.BAS

Umwandeln von GW-BASIC-Programmen

Dieses Programm dient dazu, aus einem mit Zeilennummern versehenen BASIC-Programm alle nicht benötigten Zeilennummern zu entfernen. Ein solches Programm kann beispielsweise ein bestehendes GW- oder PC-BASIC-Programm sein, welches mit der Option *,A* abgespeichert wurde. Da GW-BASIC Zeilennummern-orientiert ist, steht in einem solchen Programm vor jeder Zeile eine Nummer. Soll ein solches Programm in QBasic übernommen und dort weiterbearbeitet werden, so sind die meisten Zeilennummern nicht mehr notwendig und stören.

Mit REMLINE (Remove Linenumbers) wird eine BASIC-Datei eingelesen und nach Verweisen auf Zeilennummern durchsucht. Danach wird in eine anzugebende andere Datei jede Programmzeile ohne die Zeilennummer geschrieben, es sei denn, die Zeilennummer wird im Programm z.B. durch einen *GOTO*-Befehl referenziert. In einem solchen Fall bleibt die Zeilennummer erhalten.

Weitere Hinweise auf die Verwendung dieses Programmes finden Sie gegen Ende dieses Buches im Kapitel über die Übertragung von GW-BASIC-Programmen in QBasic.

2.9.2 Die Kontenverwaltung MONEY.BAS

Konten verwalten

Das Programm MONEY.BAS stellt ein Programm dar, mit dem Ein- und Ausgabekonten verwaltet werden können. Es ist zwar leider in englischer Sprache, jedoch mit vielen interessanten Funktionen ausgestattet. Die programmtechnischen Spezialitäten dieses Programmes sind vor allem die Pulldown-Menüs und die Scroll-Funktionen, die die Tabellen nach oben und unten verschieben. Auf beide dieser Funktionen wird in späteren Kapiteln noch genauer eingegangen.

Das Programm präsentiert sich nach dem Start mit einer Menüzeile am oberen Bildrand, einem mit Punkten gefüllten Arbeitsbereich und einer Hilfezeile unten. Einer der Menüpunkte wird dabei invertiert dargestellt. Diese Marke kann nun mit den Cursortasten links und rechts verschoben werden und mit ↓ oder Return kann das dazugehörige Pulldown-Menü angezeigt werden. So erscheint das Colors-Menü, in dem die Farbverteilungen des Bildes eingestellt werden können, folgendermaßen:

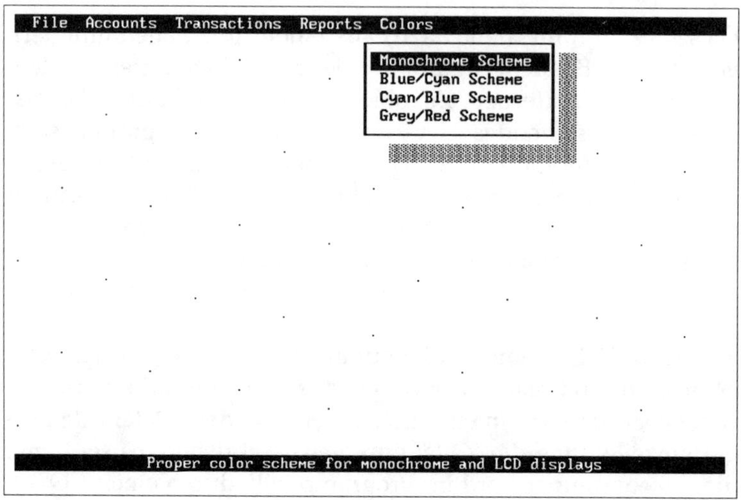

Die Menüs von MONEY.BAS

Die Einträge der einzelnen Menüs und deren Funktion sind folgende:

File (Datei)

Dieses Menü enthält nur den Eintrag *Exit*, mit dem das Programm beendet wird.

Accounts (Konten)

Mit dem einzigen Eintrag dieses Menüs, *Edit Account Titles,* können Sie die zu verwaltenden Konten erfassen. Hierbei bleibt es Ihnen überlassen, ob Sie einfach nur bestehende Privatkonten oder die Ein- und Ausgabekonten einer Buchführung eingeben. Die Eingabemaske enthält pro Eintrag eine laufende Nummer, den Kontennamen (*Account Title*), eine Kontenbeschreibung (*Description*) und eine Kennung für Ein- oder Ausgabenkonto (**A** für *Asset* bzw. Aktiva und **L** für *Liability* bzw. Belastung).

```
File  Accounts  Transactions  Reports  Colors                 Edit Accounts

No  Account Title         Description                               Ass
                                                                     Lia
 1  Sparkassen-Konto      Konto SSK Hilden Nummer 123456             A
 2  Post-Giro             Giro bei PGA Essen Nummer 7654-321         A
 3
 4
 5
 6
 7
 8
 9
10
11
12
13
14
15
16
17
18

            Hit <F2> save changes, or <Escape> to abort
```

Transactions (Kontenbewegungen, Buchungen)

```
File  Accounts  Transactions  Reports  Colors              Sparkassen-Konto

 Date     Ref#  Description                Increase   Decrease     Balance
1.1.91    1     Januar-Miete                          1,000.00   -1,000.00
31.1.91   1     Gehalt Januar              3,000.00               2,000.00
1.2.91    2     Februar-Miete                         1,000.00    1,000.00
28.2.91   2     Februar-Gehalt             3,000.00               4,000.00

  <F2> Save & Exit    <F9> Insert Transaction    <F10> Delete Transaction
```

In diesem Menü werden alle eingegebenen Konten aufgeführt. Sie können hier eines auswählen, auf dem die Buchungen stattfinden sollen.

Reports (Ausdrucke, Journale)

Hier werden ebenfalls alle verfügbaren Konten aufgeführt, angeführt von dem Eintrag *Net Worth Report*, mit dem eine Übersicht über alle Konten ausgegeben wird. Wählen Sie hier ein Konto aus, so wird eine Gesamtliste aller Bewegungen dieses Kontos ausgedruckt. Alle Ausgaben dieses Menüs werden sofort gedruckt, so daß Sie den Drucker vorher einschalten sollten.

Colors (Farben)

Hier können Sie aus vier verschiedenen Farbschemen eines auswählen, wodurch die gesamte Darstellung des Programmes eingestellt werden kann. Falls Sie über einen monochromen Bildschirm bzw. eine solche Bildschirmkarte verfügen, sollten Sie den Eintrag *Monochrome Scheme* wählen, andernfalls bleibt die Auswahl Ihrem Geschmack überlassen.

2.9.3 Das GORILLA-Spiel

Dieses Spiel läuft leider nur mit einer Farbgrafik-Karte (CGA, EGA oder VGA) und stellt eine Variante des beliebten Spieles dar, in dem zwei Burgen auf einer bergigen Landschaft abwechselnd mit Kanonen aufeinander schießen. In dieser Variante ist mit sehr schöner Grafik eine Skyline-Szenerie dargestellt, auf der zwei Gorillas sich mit Bananen bewerfen.

Fliegende Bananen

Im Verlauf des Spiels muß jeder Spieler abwechselnd einen Winkel und die Kraft eingeben, mit der die Banane geworfen werden soll. Der Flug der sich drehenden Banane ist abhängig von diesen Werten, dem am unteren Bildrand angezeigten Wind und der Erdanziehung, die bei Spielbeginn eingegeben werden kann. Es ist schön, zu beobachten, wie diese Banane fliegt und auch, wie die Sonne reagiert, falls sie getroffen wird...

Aktivieren von NumLock

Ein interessantes technisches Detail ist auch zu Beginn des Programmes eingebaut, wodurch für die Steuerung die NumLock-Funktion der Tastatur aktiviert wird. Hierzu wird durch einen *POKE*-Befehl das Bit 5 des Hardware-Registers 1047 (&H417)

gesetzt, was auch durch das Aufleuchten der entsprechenden Lampe auf der Tastatur sichtbar wird. Zusammenfassend kann dies auch einfach so geschehen:

```
DEF SEG = 0
POKE 1047, PEEK(1047) OR 32
```

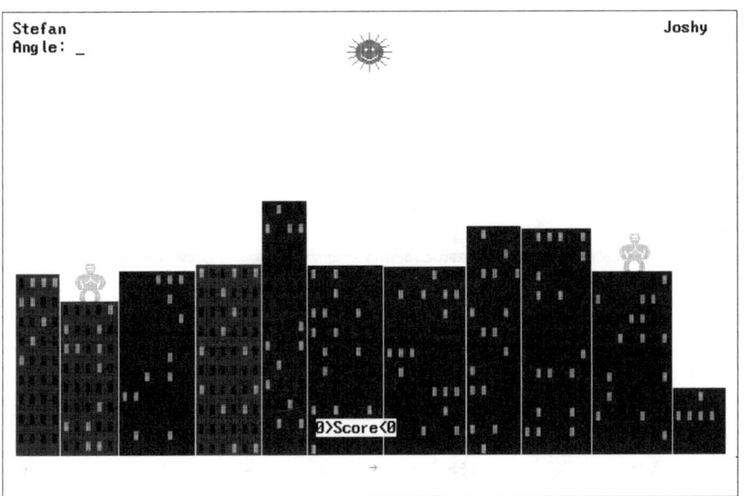

Mit weiteren Bits dieses Bytes können Sie auch ScrollLock (Bit 4, *OR* 16) und CapsLock (Bit 6, *OR* 64) ein- oder ausschalten. Um die NumLock-Funktion wieder auszuschalten, kann folgendes eingegeben werden:

```
DEF SEG = 0
POKE 1047, PEEK(1047) AND (255 - 32)
```

2.9.4 Das NIBBLES-Spiel

Dieses Spiel für eine bis zwei Person(en) ist ein Geschicklichkeits- und Reaktions-Spiel, in dem es darum geht, mit einer über den Bildschirm laufenden Schlange pro Spieler zufällig auf dem Bildschirm erscheinende Ziffern zu treffen. Nach jedem erfolgreichen "Fressen" einer solchen Ziffer wird die betreffende Schlange länger. Das Problem dabei ist aber, daß die Schlange nichts anderes als die Ziffer treffen darf, da sonst die Spielrunde beendet ist. Bei zwei Spielern und entsprechend langen Schlangen wird es auf dem Bildschirm recht eng, was das Spiel erst richtig interessant macht!

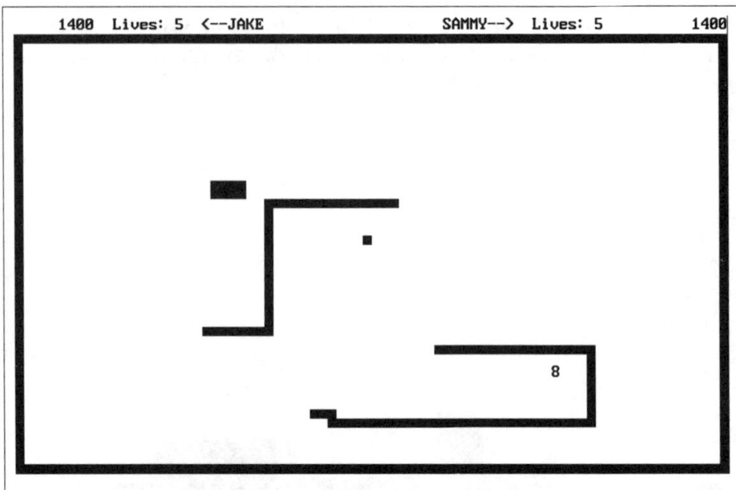

Bildschirmzeilen verdoppeln

In diesem Programm ist eine interessante Technik eingesetzt worden, um den Bildschirm voll auszureizen. Das gesamte Spiel läuft nämlich im Textmodus des Bildschirms und ist so unabhängig von der eingesetzten Bildschirmkarte. Der Nachteil dieses Modus ist aber, daß eigentlich nur 80 mal 25 Zeichen auf dem Bildschirm darstellbar sind, was ein recht kleines Spielfeld bedeutet. Durch die geschickte Verwendung der IBM-Grafikzeichen in der SUB *Set* wird diese Auflösung jedoch scheinbar verdoppelt, indem pro Zeichen der obere und der untere Teil mit den Grafikzeichen *CHR$(220)* und *CHR$(223)* einzeln dargestellt werden. Hierdurch wird eine Verdoppelung der ansteuerbaren Zeilenanzahl erreicht!

Um in dem Fall, daß im selben physikalischen Zeichen beide Spieler mit der jeweiligen Farbe sichtbar werden können, wird hierbei die Vordergrundfarbe auf die Farbe des einen und die Hintergrundfarbe auf die Farbe des anderen Spielers gesetzt. Auf diese Weise kann wirklich jede Punktkombination dargestellt werden!

3. Aufgaben und Lösungen

In den nun folgenden Kapiteln werden wir uns mit verschiedenartigen Aufgaben befassen, die eigentlich bei jedem Programmprojekt anfallen. Das Ziel dieser Unterkapitel ist es, eine Sammlung von vorgefertigten Programmteilen zu erstellen, die Sie später in Ihre eigenen Programme einbinden können. Sollten diese Beispiele nicht genau den dann anfallenden Problemen genügen, so werden Sie nach dem Durcharbeiten des entsprechenden Kapitels sicher in der Lage sein, dieses Problem auf der Basis der so erworbenen Kenntnisse selbst zu lösen.

3.1 Zahlen und Formeln

Die ursprüngliche Aufgabe von Computern war und ist das Verrechnen von Zahlen, was nebenbei bemerkt auch die einzige Fähigkeit eines Computers ist. Abgesehen von der Verarbeitung von Texten, der wir uns im nächsten Kapitel zuwenden werden, sind Zahlen aller Art die Grundlage eines Programmes, für deren Verwaltung und Verrechnung QBasic eine große Auswahl an Funktionen anbietet.

Wahl des Variablentyps

Die erste Unterscheidung findet bereits in der Wahl des Variablentyps statt, in dem die Zahl gespeichert wird. Hierbei sollte immer der sparsamste Typ gewählt werden, der für diese Zahl möglich ist, im Idealfall immer INTEGER. Diese Zahlentypen benötigen nur je 2 Byte Speicherplatz und können mit der höchsten Geschwindigkeit verarbeitet und verrechnet werden. Aus diesem Grund sollte zum Beispiel in jeder *FOR..NEXT*-Schleife eine INTEGER-Variable eingesetzt werden, was die Geschwindigkeit einer solchen Schleife optimiert.

Für einige mathematische Funktionen eignen sich jedoch INTEGER-Zahlen überhaupt nicht, etwa für die Sinus-Funktion. In einem solchen Fall muß eine SINGLE-Variable verwendet werden, da ein Sinus ja immer zwischen -1 und 1 liegt. QBasic stört es allerdings überhaupt nicht, wenn Sie dennoch dabei eine INTEGER-Variable einsetzen, das Ergebnis ist jedoch immer nur -1, 0 oder 1. Für das Zeichnen einer Sinus-Kurve wären diese Werte jedoch nicht besonders geeignet...

Werteüberlauf

Ein anderer Fall ist es, wenn ein Wert den Wertebereich der Variablen überschreitet. Da beispielsweise eine INTEGER-Variable nur einen Wert von -32.768 bis +32.767 tragen kann, führt die Berechnung

```
Wert% = 30000 + 20000
```

zu einem zu großen Wert und damit zu einem Überlauf. In einem solchen Fall muß eine LONG-Variable eingesetzt werden, in die das Ergebnis paßt:

```
Wert& = 50000
```

Wird eine QBasic-Funktion aufgerufen, deren Parameter prinzipiell ein bestimmtes Format haben muß, so wird der mit angegebene Parameter zunächst in dieses Format umgewandelt. In einigen Fällen ist es jedoch auch in einem Programm nötig, eine Variable in eine andere umzuwandeln. Im einfachsten Fall kann dies durch eine direkte Zuweisung geschehen, etwa von INTEGER zu LONG durch

```
Neu& = Alt%
```

In diesem Beispiel funktioniert es großartig. Anders sieht es jedoch aus, wenn Sie beispielsweise folgende Berechnung durchführen und das Ergebnis in eine Long-Variable schreiben wollen:

```
Wert1% = 20000
Wert2% = 30000

Summe& = Wert1% + Wert2%

PRINT Summe&
```

Wenn Sie dieses Programm starten, so wird QBasic die Fehlermeldung *Überlauf* anzeigen, obwohl das Ergebnis 50.000 doch leicht in eine LONG-Variable passen würde. Warum?

Der Grund für dieses scheinbare Fehlverhalten von QBasic liegt in der internen Vorgehensweise bei der Verrechnung zweier Werte. Da es sich in diesem Beispiel um zwei INTEGER-Zahlen handelt, die miteinander verrechnet werden sollen, ruft QBasic intern die Funktion zum Addieren von INTEGER-Werten auf. Diese Funktion ist zwar bedeutend schneller als ihr Gegenstück für SINGLE-Variablen, unterliegt aber der Einschränkung des Wertebereichs, und das führt zu dem Fehler.

Um obige Rechnung dennoch durchführen zu können, müßte QBasic klargemacht werden, daß die INTEGER-Addition in diesem Fall nicht funktioniert. Hierzu gibt es zwei Möglichkeiten:

```
Wert1% = 20000
Wert2% = 30000

Summe& = Wert1%

Summe& = Summe& + Wert2%

PRINT Summe&
```

Hier wird der erste Term zunächst in die LONG-Variable Summe& geschrieben. In der dann folgenden Addition erkennt QBasic den LONG-Parameter und verwendet seine Funktion zur LONG-Addition.

```
Wert1% = 20000
Wert2% = 30000

Summe& = CLNG(Wert1%) + Wert2%

PRINT Summe&
```

Typen-Umwandlung

Hier geschieht im Prinzip das gleiche wie in obigem Beispiel. Die Umwandlung des ersten Terms der Addition in einen LONG-Wert wird hierbei allerdings implizit, also direkt durchgeführt mit der QBasic-Funktion *CLNG()*. Diese Funktion liefert den Wert innerhalb der Klammer unabhängig von dessen Typ als LONG-Wert zurück. Simultan zu dieser Funktion gibt es auch für die anderen Datentypen jeweils eine solche Umwandlungsfunktion:

`CINT()` Umwandlung in INTEGER

`CLNG()` Umwandlung in LONG

`CSNG()` Umwandlung in SINGLE

`CDBL()` Umwandlung in DOUBLE

Doch nun zurück zu der eigentlichen Verrechnung von Zahlen. Neben den Grundrechenarten Addition (+), Subtraktion (-), Multiplikation (*) und Division (/) stellt QBasic eine Vielzahl an mathematischen Funktionen zur Verfügung. Diese können ganz normal in Form einer Formel verwendet werden, wobei auch Klammern erlaubt sind und sonst korrekt die Punkt-vor-Strich-Regel berücksichtigt wird. Hier einige Beispiele:

```
F% = R% ^ 2 * 3.141592      '** Kreisfläche
C = SQR(A ^ 2 + B ^ 2)      '** rechtwinkliges Dreieck
```

Im Rahmen von QBasic ist dies eine einfache Arbeit, Formeln zu programmieren. Anders sieht es jedoch aus, wenn in einem laufenden Programm erst eine Formel eingegeben wird und diese berechnet werden soll. In einem späteren Kapitel werden Sie ein kleines Programm finden, in dem genau dieser Fall auftritt: eine kleine Tabellen-Kalkulation. Die Aufgabe, die sich hierbei ergibt, ist die, daß eine Formel in einen String eingegeben wird und diese dann berechnet werden soll. Es stellt sich also hier die Frage, wie aus einem String wie

```
Formel$ = "2 + 2"
```

das Ergebnis 4 ermittelt werden kann.

Die Rechne#()-FUNCTION

Die nun vorgestellte FUNCTION *Rechne#* ermöglicht das Berechnen einer in einem Text übergebenen einfachen Formel. Für diese Aufgabe gibt es beliebig komplizierte Algorithmen, um die Hierarchie einer Formel (Punktrechnung vor Strichrechnung) sowie auch Funktionen wie Sinus oder Wurzeln berechnen zu können.

Die hier vorgestellte Variante ist sehr einfach gehalten und berücksichtigt daher weder Punkt-vor-Strich-Rechnung noch komplexe mathematische Funktionen. Sie rechnet konsequent von links nach rechts, und zwar die Grundrechenarten Addition (+), Subtraktion (-), Multiplikation (*), Division (/) und Potenz (^). Die Formel '10*2+5' wird somit korrekt mit 25 berechnet, '5+10*2' ergibt dagegen 30, also (5+10)*2. Wird dieses kleine Manko in Kauf genommen und jeweils berücksichtigt, so ist die FUNCTION immer noch sehr praktisch.

```
FUNCTION Rechne# (Line$)
 Wert# = 0

 FOR i% = LEN(Line$) TO 1 STEP -1
  IF INSTR("+-*/^", MID$(Line$, i%, 1)) THEN EXIT FOR
 NEXT i%

 IF i% > 1 THEN
```

```
 Wert# = VAL(MID$(Line$, i% + 1))

 Fun$ = MID$(Line$, i%, 1)
 Line$ = LEFT$(Line$, i% - 1)

 IF Fun$ = "+" THEN Wert# = Rechne#(Line$) + Wert#
 IF Fun$ = "-" THEN Wert# = Rechne#(Line$) - Wert#
 IF Fun$ = "*" THEN Wert# = Rechne#(Line$) * Wert#
 IF Fun$ = "/" THEN
  IF ABS(Wert#) > .00001 THEN
   Wert# = Rechne#(Line$) / Wert#
  END IF
 END IF
 IF Fun$ = "^" THEN Wert# = Rechne#(Line$) ^ Wert#

ELSE
 Wert# = VAL(Line$)
END IF

Rechne# = Wert#

END FUNCTION
```

Ausprobieren können Sie diese FUNCTION recht leicht mit einem solchen Hauptprogramm:

```
'*** Berechnung einer eingegebenen Formel ***

INPUT "Bitte Formel eingeben: "; Formel$

PRINT Formel$; " ="; Rechne#(Formel$)
```

Wie funktioniert diese Berechnung?

Auf den ersten Blick erscheint der Aufbau dieser FUNCTION merkwürdig. Sie soll von links nach rechts rechnen, die Auswertung der Formel in der Schleife erfolgt jedoch von rechts nach links!

Rekursion

Der Grund für diesen scheinbaren Widerspruch liegt in der rekursiven Programmierung, die bereits in einem früheren Kapitel dieses Buches kurz angesprochen wurde. Diese zeigt sich daran, daß die FUNCTION sich selbst aufruft. Der Ablauf ist dabei folgender:

Angenommen, die ursprüngliche Formel war das erwähnte Beispiel *10*2+5*. Diese soll mit folgender Programmzeile berechnet werden:

```
PRINT Rechne#("10*2+5")
```

Zuerst wird in der *FOR..NEXT*-Schleife von rechts nach links nach einem Rechenzeichen (+, -, *, / oder ^) gesucht. Wird eines gefunden, so wird der Wert des rechten Teils der Formel in die Variable Wert# und der linke Teil in Formel$ geladen. Das Formelzeichen selbst kommt in die Variable Fun$.

Nun folgt die Auswertung des Formelzeichens und damit die Rekursion. Je nach Zeichen wird nun das Ergebnis des linken Teils mit dem eben ermittelten Wert verrechnet, z.B. bei einer Addition

```
Wert# = Rechne#(Formel$) + Wert#
```

In unserem Beispiel enthält Formel$ den linken Teil der Formel, also '10*2' und Wert# den Wert 5. Somit bedeutet obige Programmzeile im ersten Durchlauf

```
Wert# = Rechne#("10*2") + 5
```

In der hier aufgerufenen FUNCTION wird die Multiplikation mit dem Text '10' in Formel$ und einer 2 in Wert# durchgeführt.

```
Wert# = Rechne#("10") * 2
```

Hier wird also eine dritte FUNCTION *Rechne#* aufgerufen. In diesem Durchlauf wird kein weiteres Formelzeichen in dem String Formel$ gefunden und somit nicht weitergerechnet, sondern die FUNCTION mit dem Rückgabewert 10 beendet.

Dies bedeutet für obige Zeile, daß in Wert# die Zahl 10*2, also 20 eingetragen wird, welche als Rückgabewert von der FUNCTION geliefert wird. Eine Ebene höher wird dies mit der 5 addiert und als Endergebnis die 25 zurückgegeben.

Diese Umkehrung der Reihenfolge durch Rekursion ist zwar auf den ersten Blick verwirrend, leuchtet jedoch bei dieser genauen Verfolgung des Ablaufes schnell ein. Die in der obersten Ebene zuerst gefundene Operation wird ja in Wirklichkeit zuletzt berücksichtigt, nämlich dann, wenn alle tieferen Ebenen zur Berechnung der Restformel durchlaufen sind.

Ein Tip zum Einsatz dieser FUNCTION

Sollten Sie in einer Berechnung eine Wurzel ziehen müssen, so können Sie dies auch mit der invertierten Potenz realisieren, also z.B. die Quadratwurzel aus 25 durch

```
PRINT Rechne#("25 ^ 0.5")
```

berechnen.

In dem Beispielprogramm MINITAB.BAS, welches Sie in einem späteren Kapitel dieses Buches finden, wird eine Variante dieser FUNCTION eingesetzt, um die Verwendung von frei eingebbaren Formeln in einer Tabellenkalkulation zu ermöglichen.

3.2 Texte verarbeiten

Neben den reinen Zahlenwerten spielen die Textvariablen eine sehr große Rolle in jedem Programm. Was würde auch eine Adreßverwaltung nützen, in der nur die Hausnummer, die Postleitzahl und die Telefonnummer gespeichert sind?

Da ein Computer eigentlich nur Zahlen verarbeiten kann, wird für die Speicherung eines Buchstabens dieser in einen Zahlencode umgesetzt, den sogenannten ASCII-Code (ASCII = American Standard Code for Information Interchange). Dieser Code besteht aus einer Tabelle, in der allen verfügbaren Zeichen eine Nummer zugeordnet wird, etwa eine 65 für ein "A" oder die 49 für eine "1".

Damit der Computer weiß, ob es sich bei einer solchen Zahl um den Wert selbst oder einen Buchstaben handelt, wird in QBasic zwischen Werte- und Text-Variablen unterschieden. Solche Text-Variablen werden durch ein nachgestelltes Dollar-Zeichen markiert, etwa *Text$*. Eine solche Variable kann eine Länge von 0 (ja es gibt auch leere Texte, also ein definiertes Nichts!) bis zu 32.767 haben, was sicher zum Speichern eines Vornamens reicht.

Texte zusammenführen

Für die Verarbeitung solcher Text-Variablen stellt QBasic eine Reihe mächtiger Befehle zur Verfügung. Der einfachste ist die Addition von Texten, die ebenso geschrieben wird wie bei Zahlen. Die Zeile

```
Text$ = "Hallo, " + "Welt"
```

ergibt somit in der Variablen *Text$* den Inhalt "Hallo, Welt", allerdings ohne die Anführungszeichen, da diese nur einen Text markieren.

ASCII-Code

Sollen diese Zeichen in einen Text eingebracht werden, so muß man den Umweg über den ASCII-Code machen. Mit Hilfe der Funktion *CHR$()*, welche das zugehörige Zeichen zu der in Klammern angegebenen Zahl liefert, kann jedes beliebige Zeichen generiert und verarbeitet werden, auch die Anführungszeichen. Sie erhalten also beispielsweise durch die Anweisung

```
PRINT CHR$(65)
```

ein *A* auf dem Bildschirm. Das Anführungszeichen hat die ASCII-Nummer 34, was Sie durch

```
PRINT CHR$(34)
```

nachprüfen können. Im Anhang dieses Buches finden Sie eine vollständige Auflistung aller ASCII-Codes, die Sie aber auch aus der QBasic-Hilfe entnehmen können (`Shift`+`F1`, Querverweis <ASCII-Zeichen-Codes>).

Ebenso, wie das Zeichen auf den Bildschirm gebracht wird, kann es auch in eine Text-Variable gesetzt werden, etwa so:

```
Text$ = "Dies ist ein Anführungszeichen: " + CHR$(34)
PRINT Text$
```

Über die Addition hinaus gibt es - verständlicherweise - keine Operation mit Texten, die einer Werte-Operation entspricht. Schließlich ist es nicht ganz klar, was ein Programm wie

```
Text$ = "Hallo, Welt!" / 2
```

als Ergebnis liefern soll...

Alle weiteren Text- oder String-Funktionen sind somit durch bestimmte Schlüsselworte definiert. Mit diesen Schlüsselworten können Teile aus dem Text extrahiert oder verändert, Texte durchsucht oder analysiert werden. Mit diesen Funktionen kann eigentlich alles mit Texten gemacht werden, was Sie sich vorstellen können, was auch gleich bewiesen wird. Hier zunächst eine kurze Übersicht über die QBasic-Stringfunktionen:

String-Funktionen

+	Strings können mit dem +-Zeichen aneinandergereiht werden (*A$ = B$ + C$*)
INSTR()	Zeichen in String suchen (*F% = INSTR(Ab%, Text$, Such$*)
LEFT$()	Linken Teil eines Strings übernehmen (*A$ = LEFT$(B$, Laenge%*)
LEN()	Länge eines Strings ermitteln (*Laenge% = LEN(A$)*)
MID$()	Teilstück aus String übernehmen (*A$ = MID$(B$, Ab%, Laenge%*)
MID$()	Teilstück eines Strings ändern (*MID$(B$, Ab%, Laenge%) = Ersatz$*)
RIGHT$()	Rechten Teil eines Strings übernehmen (*A$ = RIGHT$(B$, Laenge%)*)
LTRIM$()	Führende Leerzeichen entfernen (*A$=LTRIM(B$)*)
RTRIM$()	Leerzeichen am Ende entfernen (*A$=RTRIM(B$)*)
LCASE$()	String in Kleinbuchstaben umwandeln (*A$ = LCASE$(B$)*)
UCASE$()	String in Großbuchstaben umwandeln (*A$ = UCASE$(B$)*)
	Hinweis: LCASE$() und UCASE$() ignorieren die Umlaute äöüÄÖÜ!
SPACE$()	Leerzeichen generieren (*A$ = SPACE$(Laenge%)*)
STRING$()	String beliebiger Länge aus vorgegebenem Zeichen generieren (*A$ = STRING$(Anzahl%, Zeichen$)*)

Zahlensysteme

Zwei ähnliche Funktionen wie die normalen String-Funktionen dienen zur Umrechnung von Werten in andere Zahlensysteme. Dies sind:

HEX$()	Umrechnung in Sedezimalzahl (auch Hexadezimalzahl genannt) mit Zahlenbasis 16 und Zeichenvorrat 0-9 und A-F (*A$=HEX$(B%)*)
OCT$()	Umrechnung in Oktalzahl (Basis 8) (*A$=OCT$(B%)*)

Beispiele

Mit diesen Funktionen werden wir nun einige Programmteile erstellen, die Texte manipulieren und analysieren. Solche Funktionen werden in den meisten Programmen benötigt, so daß Sie diese in Ihre eigenen Programme leicht übernehmen können.

Wir beginnen damit, daß wir einen relativ langen Text in eine String-Variable schreiben. Dies kann natürlich in der Praxis auf verschiedene Arten geschehen, etwa durch Eingabe über die Tastatur oder durch Laden aus einer Text-Datei. Für dieses Beispiel genügt die Festlegung des Textes durch einfache Zuweisungen:

```
'----------------------- Text definieren ----------------------

Text$ = "Dies ist eine lange Textzeile, die eigentlich einen
         ganzen Absatz "
Text$ = Text$ + "darstellt. Dennoch ist sie in einem Stück in
                 einer Variablen "
Text$ = Text$ + "gespeichert und soll in diesen Routinen zerlegt
                 werden. "
Text$ = Text$ + "Dies wird linksbündig, zentriert sowie im
                 Blocksatz geschehen."
```

Die folgenden Manipulationen mit diesem zusammengesetzten Text sollen gleich alle auf dem Bildschirm angezeigt werden. Hierzu wird dieser erst einmal mit *CLS* gelöscht und die Überschrift ausgegeben. Der Befehl *COLOR 7 + 8* bewirkt eine helle Darstellung dieses Textes:

```
'----------------------- überschrift --------------------------

CLS
COLOR 7 + 8
PRINT "*** Zerlegen und Formatieren eines Textes ***"
```

Bevor der Text selbst in Erscheinung tritt, wird er erst einmal analysiert. Welche Informationen zu diesem Text könnten interessant sein?

Wenn Sie einmal mit einer Textverarbeitung gearbeitet haben, haben Sie wahrscheinlich von dieser die Länge des gesamten Textes sowie eventuell die Anzahl der darin enthaltenen Worte angezeigt bekommen. Dies ist vor allem dann sehr interessant, wenn Sie einen Aufsatz oder einen Zeitschriften-Artikel schreiben, in dem die Textlänge und manchmal auch die Wortzahl vorgegeben ist. Also sollen als nächstes Länge und Wortanzahl des Beispieltextes angezeigt werden:

```
'----------------------- Worte zählen -------------------------

WCount Text$, Worte%
PRINT
PRINT "Der Text in Text$ ist"; LEN(Text$); "Zeichen lang mit";
      Worte%; "Worten."
```

Die Länge des Textes ist sehr einfach durch die QBasic-Funktion *LEN()* zu ermitteln. Der außerdem verwendete Befehl *WCount* ist jedoch in QBasic nicht enthalten, was allein schon durch die gemischte Schreibweise mit Groß- und Kleinbuchstaben erkennbar ist. Es handelt sich dabei also um eine selbstgeschriebene SUB, die aus dem übergebenen Text die Anzahl der Worte ermittelt. Es bleibt uns also nichts anderes übrig, als zunächst einmal diese SUB zu erstellen.

Worte zählen

Hierbei stellt sich die auf den ersten Blick so einfache Frage, wie die Anzahl der im Text enthaltenen Worte überhaupt gezählt werden kann. Sicherlich werden Sie auf einen Blick die Worte voneinander unterscheiden können, aber ein Computer zeichnet sich schließlich durch völlige Phantasielosigkeit aus. Aus diesem Grund geht ein Programm den Umweg über das Zählen von Leerzeichen, die ja zwischen den Worten stehen müssen. Der Nachteil hierbei ist, daß zusammengesetzte Worte wie BASIC-Interpreter als nur ein Wort gezählt werden. Außerdem werden auch Mehrfach-Leerzeichen entsprechend gezählt, was vor allem bei Tabellen zu Fehlern führt.

Die SUB *WCount* kann nun folgendermaßen aufgebaut werden:

```
SUB WCount (Text$, Worte%)
'** Worte in Text$ zählen

 Worte% = 1
 s% = 0
 DO
  s% = INSTR(s% + 1, Text$, " ")
  IF s% = 0 THEN EXIT DO
  Worte% = Worte% + 1
 LOOP

END SUB
```

Die Funktionsweise dieser SUB ist recht einfach. Zunächst wird der Wortezähler auf 1 gesetzt, da vor dem ersten Leerzeichen im Text sicherlich schon ein Wort stand. Danach wird in einer Schleife mit der *INSTR()*-Funktion der Text nach dem nächsten Leerzeichen durchsucht. Diese Funktion liefert dann die Position des gefundenen Zeichens im Text zurück. Die Suchposition, ab der die Suche beginnen soll, wird dabei in der Variablen *s%* gespeichert, damit die *INSTR()*-Funktion nicht immer nur das erste Leerzeichen findet. Durch das *s% + 1* in der *INSTR()*-Funktion wird die Suche also immer hinter dem zuletzt gefundenen Leerzeichen begonnen.

Findet die *INSTR()*-Funktion kein weiteres Leerzeichen, so liefert sie eine 0 zurück. Dies ist für das Programm das Signal, daß die Suche beendet ist, und durch den Befehl *EXIT DO* wird die Schleife verlassen. Andernfalls wird der Worte-Zähler *Worte%* um eins erhöht und weitergesucht.

Nachdem nun die Länge und die Anzahl der im Text enthaltenen Worte ermittelt und angezeigt wurden, wird der Text auf das Vorkommen von bestimmten Zeichen hin untersucht. Hierbei könnte beispielsweise die oben bereits ermittelte Anzahl der Leerzeichen oder auch der Umlaute interessant sein.

```
'----------------------- Zeichen zählen -----------------------

CCount Text$, "äöüÄÖÜß", Zeichen%
PRINT "Er enthält"; Zeichen%; "Umlaute und";
CCount Text$, " ", Zeichen%
PRINT Zeichen%; "Leerzeichen."
```

Bestimmte Zeichen zählen

Der hier eingesetzte Befehl *CCount* ist wieder kein QBasic-Befehl und muß daher auch selbst erstellt werden.

```
SUB CCount (Text$, Char$, Zeichen%)
'** Anzahl der in Char$ vorgegebenen Zeichen in Text$ ermitteln

 Zeichen% = 0
 FOR i% = 1 TO LEN(Text$)
  IF INSTR(Char$, MID$(Text$, i%, 1)) THEN Zeichen% = Zeichen% +1
 NEXT i%

END SUB
```

Hier wird ebenfalls die *INSTR()*-Funktion eingesetzt, jedoch auf ganz andere Weise. In der übergebenen Suchbegriff-Variablen *Char$* können ja mehrere Zeichen gleichzeitig vorgegeben werden, die gezählt werden sollen. Also wird einfach der zu durchsuchende Text Zeichen für Zeichen untersucht, ob er in diesem

Suchbegriff enthalten ist. Das Herausholen eines Zeichens wird durch die *MID$()*-Funktion möglich.

Nachdem diese Angaben über den Text ermittelt und angezeigt sind, soll nun auch der Text selbst ausgegeben werden.

```
'---------------------- Ausgabe gesamt ----------------------

PRINT
PRINT "Am Stück ausgegeben ergibt sich folgendes Bild:"
COLOR 7
PRINT Text$
```

Durch den *COLOR 7*-Befehl wird die Zeichenfarbe wieder auf normales Weiß gesetzt und damit die helle Darstellung der Überschrift ausgeschaltet.

Wie Sie nun sehen, wird der Text am Bildschirmrand einfach umgebrochen, wodurch einige Worte regelrecht verstümmelt werden. Hier wird nun die Anforderung deutlich, einen Text zu formatieren, damit er mit ganzen Worten dargestellt werden kann.

Formatierung

Bei einer Textverarbeitung werden meist für die Formatierung eines Textes vier verschiedene Möglichkeiten angeboten. Dies sind:

linksbündig Normale Darstellung mit Umbruch zwischen den Worten.

rechtsbündig Darstellung der gleichen Zeilen wie oben, nur alle an den rechten Rand des Darstellungsbereiches geschoben.

zentriert Anzeige jeder der Zeilen mittig im Darstellungsbereich.

Blocksatz Ausgabe der Zeilen mit beidseitigem Randausgleich, also stets gleichlangen Zeilen.

Für alle diese Darstellungsarten ist es notwendig, den Text zunächst zu zerlegen, und zwar in Zeilen mit einer vorgegebenen maximalen Länge, welche nur ganze Worte enthalten. Dies wird durch eine SUB namens *Zerlege* realisiert.

```
'---------------------------- Text zerlegen ------------------

PRINT
COLOR 7 + 8
```

```
PRINT "Der Text wird nun zerlegt in Teilstücke mit max. 70
      Zeichen Länge:"

DIM Zeile$(10)
Zerlege Text$, Zeile$(), 70, Zeilen%
```

Text zerlegen

Die nun zu erstellende SUB *Zerlege* hat die Aufgabe, den übergebenen Text (*Text$*) in maximal 70 Zeichen lange Zeilen zu zerlegen, welche dann in dem Text-Feld *Zeile$()* zurückgeliefert werden soll. Außerdem soll sie die Anzahl der dadurch entstandenen Einzelzeilen in *Zeilen%* zurückliefern.

```
SUB Zerlege (Text$, Zeile$(), MaxLen%, Zeilen%)
'*** Zerlegen des langen Textes aus Text$ in das Stringfeld
'*** Zeile$()
'*** Maximale Zeilenlänge MaxLen%
'*** Rückgabe: Anzahl der Zeilen in Zeilen%

 Text1$ = Text$

 Zeilen% = 1
 DO WHILE LEN(Text1$) > MaxLen%

  FOR i% = MaxLen% TO 1 STEP -1
   IF MID$(Text1$, i%, 1) = " " THEN EXIT FOR
  NEXT i%

  Zeile$(Zeilen%) = LEFT$(Text1$, i% - 1)
  Text1$ = MID$(Text1$, i% + 1)

  Zeilen% = Zeilen% + 1
 LOOP

 Zeile$(Zeilen%) = Text1$

END SUB
```

Der Vorgang des Zerteilens findet folgendermaßen statt:

Zuerst wird der übergebene Text in eine Hilfsvariable kopiert. Dies ist deshalb notwendig, da im Verlauf der Zerlegung der Text selbst verändert wird. Damit diese Veränderung aber nicht auch den Originaltext verändert, wird die Manipulation nur an der Hilfsvariablen *Text1$* vorgenommen.

Nach der Vorgabe der Zeilenanzahl mit 1 beginnt die Schleife, in der sich der Vorgang abspielt. Als Kriterium zum Weiterführen der Schleife wird festgelegt, daß der verbleibende Text immer noch länger als die angegebene Maximallänge sein muß.

Dieser zu lange Text wird nun von der Endposition abwärts nach einem Leerzeichen durchsucht, an dem der erste Zeilenumbruch stattfinden darf. Hierzu wird die *FOR..TO..STEP.. NEXT*-Konstruktion eingesetzt. Diese Schleife wird bei der Entdeckung eines Leerzeichens durch *EXIT FOR* abgebrochen, wobei in der Variablen *i%* die Position des gesuchten Leerzeichens im Text steht.

Ist das Leerzeichen solcherart gefunden, wird die erste Zeile in die Feldvariable *Zeile$(Zeilen%)* geschrieben. Hierzu wird mit der *LEFT$()*-Funktion der linke Teil des Gesamttextes bis zu dem vor dem gefundenen Leerzeichen extrahiert und der Feldvariablen zugewiesen.

Danach wird dieser Teil auch aus dem Gesamttext entfernt. Hierzu wird ein Trick eingesetzt, welcher zur Basis hat, daß die *MID$()*-Funktion bei Auslassen des Längen-Parameters den gesamten Rest des Textes zurückliefert.

Der Zähler für die Einzelzeilen wird nun erhöht und die Schleife fortgeführt. Durch das Abschneiden des ersten Teils aus dem Gesamtstring bleibt die Aufgabe des nächsten Durchlaufs der Schleife die gleiche. Dieser Vorgang wiederholt sich, bis der verbleibende Text in die vorgegebene Breite paßt. In diesem Fall wird die Schleife verlassen und die letzte Zeile mit dem Textrest gefüllt. Die Zerlegung ist nun fertig und die SUB wird beendet, wobei die einzelnen Zeilen in *Zeile$()* und der Zeilenzähler in *Zeilen%* dem Aufrufer automatisch verfügbar wird.

Nachdem der Text so in Teilstücke zerlegt ist, kann er zunächst einfach linksbündig ausgegeben werden:

```
'----------------------- linksbündige Formatierung ------------

COLOR 7
FOR i% = 1 TO Zeilen%
 PRINT Zeile$(i%)
NEXT i%
```

Wie Sie sehen, kann der Text nun gut gelesen werden, da er keine amputierten Worte mehr enthält.

Text zentrieren

Wenden wir uns nun einer anderen Variante der Formatierung zu, der Zentrierung. Da die Anforderung, einen Text zentriert auszugeben, häufig auftritt, wird hier ebenfalls eine SUB eingesetzt, die Sie in Ihre eigenen Programme übernehmen können.

```
'----------------------- Zentrieren ---------------------------

PRINT
COLOR 7 + 8
PRINT "Diese Zeilen werden nun zentriert ausgegeben:"

COLOR 7
FOR i% = 1 TO Zeilen%
 ZPrint Zeile$(i%), 40
NEXT i%
```

Die Ausgabeschleife entspricht in etwa der vorherigen, nur daß hier anstelle von *PRINT* die SUB *ZPrint* aufgerufen wird, und zwar mit einem zusätzlichen Parameter. Dieser Parameter gibt an, um welche horizontale Position der Text zentriert werden soll. In diesem Beispiel ist dies die Bildschirmmitte.

```
SUB ZPrint (Text$, Mitte%)
'*** Zentrierte Ausgabe des Textes in Text$
'*** um mittlere Position Mitte%

 LOCATE , Mitte% - LEN(Text$) / 2
 PRINT Text$

END SUB
```

Die Funktion dieser SUB ist denkbar einfach. Mit dem *LOCATE*-Befehl kann die aktuelle Cursorposition auf dem Bildschirm bestimmt werden, wobei als Parameter erst die Zeile und dann die Spalte angegeben werden können. Wird einer der Parameter weggelassen, so bleibt die aktuelle Y- bzw. X-Position erhalten.

Dies wird auch hier eingesetzt, da für die Zentrierung ja nur die horizontale Position gesetzt werden soll. Also wird hinter dem *LOCATE*-Befehl direkt ein Komma gesetzt, also der erste Parameter ausgelassen. Danach folgt die Berechnung der Anfangsposition des Textes, der mittig um die Position *Mitte%* liegen soll. Ist der Cursor so auf die richtige Position gesetzt, wird nur noch der Text ausgegeben und fertig.

Bis hierher sind schon einige Ausgaben auf dem Bildschirm erfolgt. Die nächste Ausgabe, die den Text im Blocksatz anzeigen soll, würde die ersten Zeilen des Bildes schon wieder oben verschwinden lassen. Aus diesem Grund wird nun zunächst eine Pause eingelegt und auf einen Tastendruck gewartet:

```
'------------------------ Warten auf Taste ----------------------

PRINT
COLOR 7 + 8
PRINT "*** Bitte Taste drücken ***";
LOCATE , 1
SLEEP
```

Hier ist ein kleiner Trick eingesetzt, um die Meldung "Bitte Taste drücken" nachher wieder verschwinden zu lassen. Durch das Anhängen des Semikolons an den *PRINT*-Befehl bleibt nach der Ausgabe dieses Textes der Cursor am Ende des Textes stehen. Durch den nachfolgenden Befehl *LOCATE,1* wird er nun wieder an den Anfang des gerade ausgegebenen Textes gesetzt. Wird also nach der Pause die nächste Zeile ausgegeben, so wird die Pausenmeldung einfach überschrieben und ist aus dem Weg!

Die Pause selbst bzw. das Warten auf einen Tastendruck geschieht durch den einfachen Befehl *SLEEP*. Wollen Sie diese Pause auf eine bestimmte Zeit begrenzen, so können Sie diese Zeit in Sekunden hinter dem *SLEEP*-Befehl als Parameter angeben; nach Ablauf dieser Zeit wird das Programm dann selbständig fortgeführt.

Blocksatz

Nun soll der Text im Blocksatz ausgegeben werden, also mit rechtem Randausgleich, wie die Texte in diesem Buch:

```
'------------------------ Blocksatz ----------------------------

PRINT "Die Zeilen werden nun im Blocksatz angezeigt:"
COLOR 7

FOR i% = 1 TO Zeilen% - 1
 BPrint (Zeile$(i%)), 70
NEXT i%
PRINT Zeile$(i%)
```

Hier werden wieder die einzelnen Zeilen der Reihe nach einer SUB übergeben, die die spezielle Ausgabe erledigt. Im Unterschied zu den vorhergehenden Varianten werden hier allerdings nur die erste bis vorletzte Zeile über die SUB geschickt, die letzte Zeile wird direkt ausgegeben. Dies ist notwendig, damit das Ende des Absatzes nicht auch noch unnötig gedehnt wird, was unter Umständen recht unschön aussähe.

Den eigentlichen Job des Text-Justierens (in englischen Programmen heißt Blocksatz auch Justify) erledigt wieder einmal eine SUB. Diese gibt den übergebenen Text auf die angegebene Länge gedehnt aus. Da der Text selbst dabei verändert wird, dies aber hier im Hauptprogramm nicht gewünscht ist, wird die Textvariable beim Aufruf der SUB *BPrint* in Klammern gesetzt. Auf diese Weise wird ja nur der Inhalt der Variablen an die SUB übergeben, nicht aber die Variable selbst.

In der SUB wird nun der Text auf die erforderliche Länge gedehnt. Dies geschieht durch Auffüllen des Textes mit einer entsprechenden Anzahl von Leerzeichen, die gleichmäßig in die Lücken zwischen den Worten verteilt werden.

```
SUB BPrint (Text$, GesLen%)
'*** Ausgabe des Textes in Text$ im Blocksatz mit
'*** Gesamtbreite GesLen%

 Fill% = GesLen% - LEN(Text$)

 Start% = 1

 DO WHILE Fill% > 0

  Start% = Start% + 1

  IF MID$(Text$, Start%, 1) = " " THEN
   Text$ = LEFT$(Text$, Start%) + MID$(Text$, Start%)
   Start% = Start% + 1
   Fill% = Fill% - 1
  END IF

  IF Start% >= LEN(Text$) THEN Start% = 1

 LOOP

 PRINT Text$

END SUB
```

Die Anzahl der aufzufüllenden Leerzeichen wird zunächst in die Variable *Fill%* geschrieben. Sollte die Zeile zufällig schon die richtige Länge haben, so wird die nun folgende Schleife gar nicht erst durchlaufen. Andernfalls beginnt in der Schleife der Auffüllvorgang.

Die Variable *Start%* dient hierbei als Zeiger in den Text, mit dem dieser durchsucht werden soll. In der Schleife wird der Zeiger erst um 1 erhöht und dann überprüft, ob an der so ermittelten Position ein Leerzeichen steht. Ist dies nicht der Fall, so wird das nächste Zeichen überprüft und so weiter. Der Grund, weshalb dies nicht mit einer *FOR..NEXT*-Schleife geschehen kann, ist einfach:

Es kann ja sein, daß die Anzahl der Leerstellen in der Zeile nicht ausreicht, um durch Hinzufügen je eines Leerzeichens die erforderliche Gesamtlänge des Textes zu erreichen. In einem solchen Fall muß der Vorgang wiederholt werden, also müssen die inzwischen aus zwei Leerstellen bestehenden Lücken um ein weiteres Leerzeichen ergänzt werden. Eine *FOR..NEXT*-Schleife wäre aber nach dem ersten Durchlauf beendet und somit die Aufgabe nicht erfüllt.

Wird beim Durchlaufen der Schleife ein Leerzeichen gefunden, so wird an dieser Position ein Leerzeichen hinzugefügt, der Zeiger noch einmal erhöht und der Zähler der noch einzufügenden Leerzeichen um 1 erniedrigt. Erreicht dieser den Wert 0, so ist die Schleifenbedingung *WHILE Fill% > 0* nicht mehr erfüllt und die Schleife wird beendet. In der Variablen *Text$* liegt nun der Text in der vollen Breite vor und kann ausgegeben werden.

String trennen

Eine weitere häufige Aufgabe ist das Zerlegen von Strings nach bestimmten Kriterien. Dies tritt zum Beispiel dann auf, wenn ein übergebener String zwei Angaben enthält, die durch ein bestimmtes Zeichen getrennt sind, etwa

```
Name, Vorname
```

Um diesen String zu trennen, muß zunächst das Trennzeichen, in diesem Fall ein Komma, gefunden werden. Hierfür stellt QBasic die *INSTR()*-Funktion zur Verfügung, welche ab einer beliebigen Stelle einen String nach einem Suchstring durchsucht und dessen Position zurückliefert. Wird der Suchstring nicht gefunden, so wird eine Null zurückgegeben.

Mit Hilfe dieser Funktion kann nun ein String nach dem Trennzeichen durchsucht und an dieser Stelle getrennt werden. Dies kann im einfachsten Fall etwa so programmiert werden:

```
'** Text$ am Komma in Links$ und Rechts$ teilen **
t% = INSTR(Text$, ",")  '** Position des Trennzeichens

Links$ = RTRIM$(LEFT$(Text$, t%))
Rechts$ = LTRIM$(MID$(Text$, t% + 1))
```

Ist bei diesem Beispiel in dem zu trennenden Text kein Komma enthalten, so ist als Ergebnis in *Links$* ein Leerstring und in *Rechts$* der gesamte Text enthalten.

Da eine solche Trennung häufig vorkommt, soll auch hierfür eine SUB angelegt werden. Diese soll aber noch etwas mehr können, als das obige Beispiel, und zwar soll sie in der Lage sein, mehrere Zeichen als Trennzeichen zu akzeptieren und den Text dort zu trennen, wo das erste Trennzeichen vorkommt. Dies kann gut eingesetzt werden bei der Ermittlung einzelner Worte aus einem Text, da Worte ja durch Leerzeichen, Kommata oder auch Bindestriche getrennt werden können.

Die nun folgende SUB ist für diese Aufgabe geeignet. Ihr werden der zu trennende Text selbst übergeben, das oder die Trennzeichen sowie die beiden Ergebnisstrings, in denen die beiden Teile zurückgeliefert werden sollen, übergeben.

```
SUB Teile (Text$, Trenn$, Links$, Rechts$)
'** Zerlegen von Text$ in Teil links und rechts von Trenn$

 x% = LEN(Text$)
 FOR i% = 1 TO LEN(Trenn$)
  t% = INSTR(Text$, MID$(Trenn$, i%, 1))
  IF t% > 0 AND t% < x% THEN x% = t%
 NEXT i%

 Links$ = RTRIM$(LEFT$(Text$, x%))
 Rechts$ = LTRIM$(MID$(Text$, x% + 1))

END SUB
```

Hier einige Anwendungsbeispiele für die SUB *Teile,* die den oben definierten Text auf verschiedene Arten zerlegt:

```
'------------------------ Zerlegung ----------------------------

PRINT
COLOR 7 + 8
PRINT "Es werden nun Teile herausgenommen:"
PRINT

COLOR 7 + 8
PRINT "Das erste Wort ist: "

Teile Text$, " ", Links$, Rechts$
COLOR 7: PRINT Links$

COLOR 7 + 8
PRINT "Der erste Satz ist: "
```

```
Teile Text$, ".!", Satz$, Rechts$
COLOR 7: PRINT Satz$

COLOR 7 + 8
PRINT "Der erste Teilsatz ist: "

Teile Satz$, ",", Links$, Rechts$
COLOR 7: PRINT Links$

COLOR 7 + 8
PRINT "Rest:"
COLOR 7: PRINT Rechts$
```

Als letzte in der Reihe der Manipulations- und Darstellungsroutinen für Texte soll nun noch eine Aufgabe gelöst werden, die zwar nicht so wichtig für den praktischen Einsatz, aber dennoch interessant ist. Es soll nämlich ein Text als Laufschrift durch den Bildschirm wandern.

Laufschrift

Als Text wurde hier der oben definierte Text verwendet, welcher im Bild zwischen zwei Linien von rechts nach links durch das Bild laufen soll. Als kleinen Zusatzeffekt wird dabei ein Tickern hörbar, welches an das Durchlaufen eines Telex erinnert.

```
'----------------------- Laufschrift -------------------------

PRINT
COLOR 7 + 8
PRINT "Der Text als (Telex-)Laufschrift:"
COLOR 7
PRINT STRING$(80, "=")
PRINT
PRINT STRING$(80, "=")
LOCATE CSRLIN - 2                      '** Cursor zwischen die Linien

Text1$ = SPACE$(80) + Text$ + SPACE$(80)    '** Vor- und Nachspann

FOR i% = 1 TO LEN(Text$) + 81

 LOCATE , 1
 PRINT MID$(Text1$, i%, 80);            '** Textteil anzeigen

 SOUND 800, .03                         '** Telex-Klick

 t = TIMER
 DO: LOOP UNTIL TIMER > t + .05         '** Verzögerung

 IF INKEY$ = CHR$(27) THEN EXIT FOR     '** Abbruch mit <Escape>
NEXT i%
```

Strings fester Länge

Gelegentlich wird in einem Programm eine String-Variable benötigt, deren Länge fest definiert ist. Man spricht dabei von Strings fester Länge (Fixed Length Strings), die durch einen *DIM*-Befehl definiert werden können:

```
DIM Text20 AS STRING * 20
```

Solche Strings fester Länge sind auch in eigenen Datentypes enthalten. Da die Einträge in einen solchen String in der Regel nicht genauso lang sind, wie die definierte Länge des Feldes, werden die zugewiesenen Zeichen linksbündig in diesen String gesetzt und mit 0-Bytes (CHR$(0)) aufgefüllt. Wenn Sie daher schreiben:

```
Text20 = "Hilden"
PRINT LEN(Text20)
```

werden Sie feststellen, daß als Länge dieses Strings nicht etwa 6, sondern volle 20 Zeichen angegeben werden.

Dies führt oft zu Fehlfunktionen in Programmen, die von Strings mit variabler Länge ausgehen. Eine der häufigsten Fehlerquellen dürfte dabei das Versagen normaler Vergleiche sein. Hier ein Beispiel:

```
DIM Text20 AS STRING * 20
Text20 = "Hilden"
IF Text20 = "Hilden" THEN
  PRINT "Stimmt !"
ELSE
  PRINT "Ungleich!"
ENDIF
```

Dieses Programm wird als Ergebnis "Ungleich!" melden, obwohl dies aller Wahrscheinlichkeit nach nicht erwünscht ist!

Um dieses Problem zu entschärfen, kann eine FUNCTION erstellt werden, die den eigentlichen Inhalt eines Strings fester Länge als Funktionsergebnis, also als String variabler Länge, zurückliefert. Eine solche FUNCTION kann mit dem Namen *ZTrim$()* folgendermaßen aufgebaut sein:

ZTrim$()

```
FUNCTION ZTrim$ (T$)
 '** Nachfolgende Leerzeichen und CHR$(0) entfernen

 IF INSTR(T$, CHR$(0)) THEN
```

```
  ZTrim$ = LEFT$(T$, INSTR(T$, CHR$(0)) - 1)
 ELSE
  ZTrim$ = RTRIM$(T$)
 END IF
END FUNCTION
```

Hier wird zunächst geprüft, ob sich in dem übergebenen String überhaupt Nullzeichen befinden. Wenn dies der Fall ist, so geht die FUNCTION davon aus, daß hinter dem ersten Nullzeichen nichts relevantes mehr folgt, und ermittelt als Rückgabeargument den linken Teil des Strings vor diesem Zeichen. Andernfalls werden mit der BASIC-Funktion *RTRIM$()* eventuell vorhandene nachfolgende Leerzeichen entfernt, und dies wird als Ergebnis zurückgeliefert.

Um das eingangs gezeigte Beispiel mit Hilfe dieser FUNCTION korrekt ablaufen zu lassen, muß nun nur noch folgendes geschrieben werden:

```
DIM Text20 AS STRING * 20
Text20 = "Hilden"
IF ZTrim$(Text20) = "Hilden" THEN
  PRINT "Stimmt !"
ELSE
  PRINT "Ungleich!"
ENDIF
```

In dieser Version liefert das Programm das erwartete Ergebnis: "Stimmt!".

3.3 Tastatureingaben

Für die Eingabe von Daten über die Tastatur bietet QBasic den Befehl *INPUT* an. Mit diesem Befehl kann nach der wahlweisen Ausgabe einer Eingabeaufforderung (Prompt) eine Eingabe stattfinden, innerhalb der auch editiert werden kann. Beendet wird diese Eingabe mit [Return].

Ein recht häufiger Fall bei der Eingabe von Daten ist es, einen bestehenden Wert oder Text verändern zu müssen. Hierfür ist der *INPUT*-Befehl nur bedingt zu gebrauchen, da er keine Vorgabe akzeptiert. Zur Lösung dieses Problems hilft also nur, den gesamten Text bzw. die gesamte Zahl neu einzugeben. Um dies ein wenig zu erleichtern, kann die Eingabe so erfolgen, daß bei *INPUT*

Betätigen von [Return] ohne eine Änderung der alte Wert wieder übernommen wird, etwa so:

```
Text$ = "Testeingabe"
PRINT "Alter Text: "; Text$
INPUT "Neuer Text: "; Text1$
IF Text1$ <> "" THEN Text$ = Text1$
PRINT Text$
```

Diese Methode ist allerdings nur ein recht kleiner Schritt hin zu einem komfortablen Programm. Wirkliche Abhilfe kann hier nur eine selbstgeschriebene Eingaberoutine schaffen, die in der Lage ist, einen bestehenden Text zur Änderung anzubieten.

Eine solche Routine kann als SUB oder auch als FUNCTION ausgeführt werden, je nach der gewünschten Einsatzart. Sie muß den bestehenden Text ausgeben, den Cursor setzen und dann auf gedrückte Tasten entsprechend reagieren. Die folgende SUB *EdLine* erledigt diese Aufgabe.

Ein INPUT-Ersatz

Da bei der eigenen Eingaberoutine alle Möglichkeiten offen sind, die dem *INPUT*-Befehl versagt sind, können hier noch weitere Funktionen eingebaut werden. In dem hier gezeigten Beispiel ist dies die Möglichkeit, eine maximale Länge der Eingabe vorzugeben und das Eingabefeld mit dieser Länge zu markieren. Hierdurch werden Masken- und Formulareingaben ermöglicht.

```
SUB EdLine (Edl$, le%, X%, Y%)
 ' Form_Input:
 ' edl$  : übergabestring
 ' le%   : max. Länge
 ' x%/y% : Position (0=aktuelle Pos.)
 ' Ende durch Return,ESC oder Cursor hoch/runter

 IF Y% = 0 THEN Y% = CSRLIN       '** aktuelle Zeile
 IF X% = 0 THEN Y% = POS(0)       '** aktuelle Spalte
 xc% = 1                          '** Cursorposition im String
 Ed$ = Edl$

EdLineLoop:
 DO
  IF xc% > le% THEN xc% = le%

  LOCATE Y%, X%, 0

  PRINT MID$(Ed$ + STRING$(le%, "_"), 1, le%);
  LOCATE Y%, X% + xc% - 1, 1, 5 * ins%, 7
```

```
DO
 Key$ = INKEY$                          '** auf Taste warten
LOOP UNTIL LEN(Key$)

R$ = MID$(Ed$, xc%)

IF LEN(Key$) = 2 THEN '*******  Sondertasten auswerten *******
 sk% = ASC(RIGHT$(Key$, 1))
 SELECT CASE sk%
  CASE 72, 80                          '*** Cursor hoch/runter
   Edl$ = Ed$
   EXIT DO

  CASE 71: xc% = 1                     '*** Home
  CASE 79: xc% = LEN(Ed$) + 1          '*** End
  CASE 75                              '*** Cursor links
   xc% = xc% - 1
   IF xc% = 0 THEN xc% = 1
  CASE 77                              '*** Cursor rechts
   xc% = xc% + 1
   IF xc% > LEN(Ed$) + 1 THEN xc% = LEN(Ed$) + 1
  CASE 82                              '*** Insert
   ins% = 1 - ins%
  CASE 83                              '*** Delete
   IF xc% < LEN(Ed$) + 1 THEN Ed$ = LEFT$(Ed$, xc% - 1) +
      MID$(R$, 2)

  CASE ELSE
 END SELECT
ELSE

 k% = ASC(Key$)
 SELECT CASE k%  '*******  Taste auswerten  *******
  CASE 9
  CASE 13, 27                          '*** Return oder Escape
   Edl$ = Ed$
   EXIT DO
  CASE 8                               '*** BackSpace
   IF xc% > 1 THEN
    Ed$ = LEFT$(Ed$, xc% - 2) + R$
    xc% = xc% - 1
   END IF
  CASE 25: xc% = 1: Ed$ = ""           '*** Ctl-Y
  CASE 21: Ed$ = Edl$: EXIT SUB        '*** Ctl-U: UNDO

  CASE ELSE                            '*** normales Zeichen...
    Ed$ = LEFT$(Ed$, xc% - 1) + Key$
    IF ins% THEN
     Ed$ = Ed$ + R$
    ELSE
     IF LEN(R$) THEN Ed$ = Ed$ + MID$(R$, 2)
    END IF
    Ed$ = LEFT$(Ed$, le%)
    xc% = xc% + 1
```

```
   END SELECT
  END IF
 LOOP

 LOCATE , , 0
END SUB
```

Der SUB werden neben dem zu editierenden String noch die Länge sowie die X- und Y-Position des Eingabefeldes übergeben. Mit dem folgenden Programmbeispiel können Sie die Funktion der SUB ausprobieren. Hier wird ein Text so lange editiert und angezeigt, bis er gelöscht und bestätigt wird. Dieses Löschen kann mit der Tastenkombination [Strg]+[Y] geschehen. Eine weitere interessante Tastenkombination, [Strg]+[U], macht die letzten Änderungen im Text rückgängig und zeigt den Originaltext wieder an (Undo).

```
'*** Eingabe ***

CLS
LOCATE 10, 1
PRINT "Eingabe:"

DO
 EdLine Text$, 20, 10, 10        '** Text eingeben
 PRINT          '** Leerzeile
 PRINT "Text="; Text$; TAB(30); '** Text anzeigen
LOOP UNTIL Text$ = ""
```

Adreßeingabe

Dieses Beispielprogramm ist zugegebenermaßen nicht besonders sinnvoll. Eine sinnvolle Anwendung der *EdLine*-Routine wäre die Eingabe mehrerer Daten in Form einer Eingabemaske. Hier könnten zum Beispiel die Daten einer Adresse eingegeben bzw. geändert werden. Hierzu ein Beispiel:

```
DECLARE SUB EdLine (Edl$, le%, X%, Y%)
DIM SHARED Key$

CLS
LOCATE 10, 1

PRINT "Name:    "
PRINT "Vorname: "
PRINT "Telefon: "

DIM Adr$(3)

Feld% = 1
DO
  EdLine Adr$(Feld%), 20, 10, 9 + Feld%      '** Eintrag editieren
```

```
  LOCATE 9 + Feld%, 10
  PRINT Adr$(Feld%); TAB(30);               '** Unterstriche weg

  SELECT CASE ASC(RIGHT$(Key$, 1))          '** Taste auswerten:
   CASE 72: Feld% = Feld% + (Feld% > 1)     '** hoch
   CASE 80, 13: Feld% = Feld% - (Feld% < 3) '** runter, <Return>
   CASE ELSE: EXIT DO                       '** sonst: Ende
  END SELECT

LOOP

LOCATE 16, 1
PRINT "Name:    "; Adr$(1)
PRINT "Vorname: "; Adr$(2)
PRINT "Telefon: "; Adr$(3)
```

In diesem Beispiel kann schon zwischen den einzelnen Eingabefeldern mit den Cursortasten [↑] und [↓] beliebig gewechselt werden. Außerdem wird bei Betätigen von [Return] der Cursor in die nächste Zeile gesetzt, was ein zügiges Eingeben ermöglicht. Beendet wird die Eingabe mit [Esc].

3.4 Hinweise und Meldungen auf dem Bildschirm

Oft kommt es vor, daß ein Programm während der Arbeit eine Meldung ausgeben soll. Der einfachste Weg ist es natürlich, diese Meldung mit dem *PRINT*-Befehl anzuzeigen.

Der Nachteil dieser simplen Methode ist aber, daß diese Meldung einfach an der Cursorposition erscheint und auch ggf. das Scrollen des Bildes nach oben bewirkt. Dies mag erwünscht sein, ist aber bei einem vorgegebenen Bildaufbau sehr störend. Besser wäre es, die Meldung gut sichtbar in der Bildmitte darzustellen, am besten in einer Box, und nach dem Bestätigen wieder verschwinden zu lassen.

Hier sind schon drei verschiedene Problemstellungen angesprochen: die mittige Ausgabe eines Textes auf dem Bildschirm, die Darstellung einer Box und das Wiederherstellen des Bildschirm-Inhaltes. Gehen wir diese Probleme einmal von hinten nach vorne durch.

Bild retten und wiederherstellen

Da wäre zunächst einmal das Verschwindenlassen von Bildschirmveränderungen, in diesem Fall von Hinweisboxen. QBasic stellt hierfür einen speziellen Befehl zur Verfügung, der zwar einige interessante Möglichkeiten bietet, jedoch auch einen Haken hat.

Der Haken ist der, daß dieser Befehl nur in Verbindung mit Farbgrafik-Karten wie CGA, EGA oder VGA funktioniert, nicht jedoch bei einer HERCULES-Karte. Besitzer von HERCULES-Karten müssen den Bildschirm also leider selbst neu aufbauen!

PCOPY

Der QBasic-Befehl, von dem hier die Rede ist, lautet *PCOPY*. Er bewirkt das Kopieren einer Bildschirmseite in eine andere. Eine Grafikkarte wie VGA stellt mehrere solcher Bildschirmseiten zur Verfügung, von denen natürlich nur eine sichtbar ist. Die anderen Seiten sind aber im Speicher der Karte auch vorhanden.

Wird nun der aktuell sichtbare Bildschirm, welcher normalerweise die Seitennummer 0 trägt, mit *PCOPY 0, 1* in die Seite 1 kopiert, geschieht zunächst nichts Sichtbares. Wird nun das Bild etwa durch die Ausgabe einer Meldung verändert, verändert sich hierbei nur die aktive Seite 0, nicht jedoch die kopierte Seite 1. Um die Änderungen der Seite 0 also rückgängig zu machen, braucht nur die Seite 1 wieder in die Seite 0 kopiert zu werden und der Bildschirm erscheint wieder mit dem alten Inhalt. Dies sieht in der Praxis etwa so aus:

```
CLS
PRINT "Dies ist der Original-Bildschirm"
PCOPY 0, 1
PRINT "Nun wird die Seite 0 verändert..."
SLEEP 1
PCOPY 1, 0
```

In diesem simplen Beispiel wird ein Text ausgegeben, welcher dann als Originalbild mit *PCOPY 0, 1* in die Seite 1 kopiert wird. Danach wird das Bild in Seite 0 mit einem weiteren *PRINT*-Befehl verändert. Nach einer kurzen Pause (*SLEEP 1*) wird durch den Befehl *PCOPY 1, 0* der alte Bildschirminhalt wiederhergestellt. Wie schon gesagt: dies funktioniert leider nicht bei HERCULES-Karten!

Box zeichnen

Das nächste Problem ist die Darstellung einer Box, also eines rechteckigen Kastens, in dem die Meldung des Programmes dargestellt werden soll. Eine solche Box wird auch von vielen Programmen verwendet, um verschiedenartige Bildschirm-Abschnitte voneinander zu trennen, wie etwa der Editor und der Direktmodus in QBasic.

Der QBasic-Befehl *LINE*, der für das Zeichnen von Linien und Rechtecken vorgesehen ist, funktioniert hier leider nicht, da dieser nur im Grafikmodus eingesetzt werden kann. Es muß also eine eigene Funktion in Form einer SUB geschrieben werden, die diese Box im Textmodus zeichnet.

Grafikzeichen

Für das Zeichnen selbst können die Grafikzeichen aus dem IBM-Zeichensatz verwendet werden. Diese Zeichen sind erreichbar, indem die `Alt`-Taste gedrückt und festgehalten wird und dabei auf dem Ziffernblock der Tastatur der ASCII-Code des Zeichens eingegeben wird. Hier eine Übersicht über alle IBM-Zeichen mit dem hexadezimalen Wert, der aus der Tabelle abgelesen werden kann:

*** ASCII-Tabelle nach Hex-Werten ***

	0	1	2	3	4	5	6	7	8	9	A	B	C	D	E	F
0		►		0	@	P	`	p	Ç	É	á	░	└	╨	α	≡
1	☺	◄	!	1	A	Q	a	q	ü	æ	í	▒	┴	╤	β	±
2	☻	↕	"	2	B	R	b	r	é	Æ	ó	▓	┬	╥	Γ	≥
3	♥	‼	#	3	C	S	c	s	â	ô	ú	│	├	╙	π	≤
4	♦	¶	$	4	D	T	d	t	ä	ö	ñ	┤	─	╘	Σ	⌠
5	♣	§	%	5	E	U	e	u	à	ò	Ñ	╡	┼	╒	σ	⌡
6	♠	▬	&	6	F	V	f	v	å	û	ª	╢	╞	╓	µ	÷
7	•	↨	'	7	G	W	g	w	ç	ù	º	╖	╟	╫	τ	≈
8	○	↓	)	9	I	Y	i	y	ë	Ö	⌐	╣	╔	┘	Θ	•
9	◙	→	*	:	J	Z	j	z	è	Ü	¬	║	╩	┌	Ω	·
A	♂	←	+	;	K	[	k	{	ï	¢	½	╗	╦	█	δ	√
B	♀	∟	,	<	L	\	l	¦	î	£	¼	╝	╠	▄	∞	ⁿ
C	♪	↔	–	=	M	]	m	}	ì	¥	¡	╜	═	▌	ø	²
D	♫	♦	.	>	N	^	n	~	Ä	₧	«	╛	╬	▐	∈	■
E	☼		/	?	O	_	o	⌂	Å	ƒ	»	┐	╧	▀	∩	
F																

Für die Rahmenzeichen des IBM-Zeichensatzes sind folgende Zeichen einsetzbar:

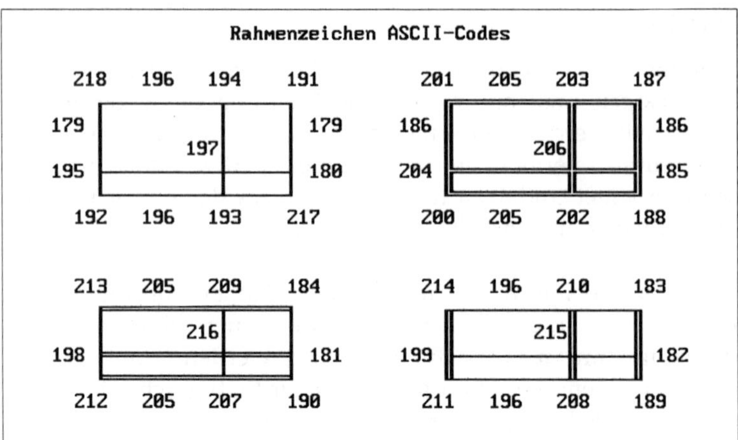

Um mit diesen Zeichen eine Box auf den Bildschirm zu bringen, deren Ausmaße frei einstellbar sind, kann folgendes Programm verwendet werden:

Rahmen zeichnen

```
SUB DrawBox (xl%, yl%)
 cl% = POS(0)
 PRINT "┌"; STRING$(xl% - 2, "─"); "┐"
 B$ = "│" + SPACE$(xl% - 2) + "│"
 FOR i% = 1 TO yl% - 2
  LOCATE , cl%
  PRINT B$
 NEXT i%
 LOCATE , cl%
 PRINT "└"; STRING$(xl% - 2, "─"); "┘";
END SUB
```

Diese SUB *DrawBox* zeichnet ab der aktuellen Cursorposition ein Rechteck nach rechts unten, und zwar mit der Breite xl% und der Höhe yl%. Für das Zeichnen der vertikalen Ränder wird hier ein kleiner Trick angewendet, um die Position nicht immer neu berechnen zu müssen. Hierbei wird bei dem Befehl *LOCATE,* welcher ja den Cursor an die gewünschte Position stellt, der erste Parameter einfach weggelassen, wodurch die aktuelle Zeile jeweils erhalten bleibt. Die Feststellung der aktuellen horizontalen Cursorposition (Spalte) wird zu Beginn der SUB mit der QBasic-Funktion *POS(0)* erledigt. Das Gegenstück hierzu, also die Ermittlung der aktuellen Cursorzeile, kann auch mit der Funktion *CSRLIN* stattfinden, was hier aber nicht notwendig ist.

Eine solche Box soll nun in die Bildschirmmitte gezeichnet werden, in die dann auch der Hinweistext geschrieben wird.

Für die Ermittlung der Position sowie Höhe und Breite der Box muß erst einmal der Text selbst bekannt sein.

Die SUB, die für die Anzeige der Meldung geschrieben werden muß, benötigt somit lediglich diesen Text. Aus dessen Länge ermittelt sich dann leicht die Breite der Box, deren Höhe ebenfalls immer 3 Zeichen betragen muß. Leider ist dies in der Praxis selten ausreichend, da oft auch eine Meldung mit mehr als den sonst maximal möglichen 78 Zeichen (80 Zeichen Bildbreite minus linker und rechter Rand der Box) ausgegeben werden soll. Aus diesem Grund kann der Text, der mit der folgenden SUB ausgegeben wird, wahlweise einmal mit einem Trennzeichen versehen werden. Ist ein solches Zeichen im Text enthalten, so wird die Box vier Zeichen hoch und der Text in zwei Zeilen darin ausgegeben.

Als weitere Funktion kann diese SUB auch noch zwischen zwei verschiedenen Meldungsarten unterscheiden, wofür sie einen weiteren Parameter übergeben bekommt. Dieser Parameter namens *WaitFlag%* bestimmt, ob die SUB die Meldung nur anzeigen oder ob sie noch auf das Quittieren der Meldung warten soll. Hierdurch werden Abfragen wie Ja/Nein-Fragen mit minimalem Aufwand möglich. Voraussetzung hierfür ist allerdings, daß die quittierende Taste dem aufrufenden Programm bekannt gemacht wird, was im Hauptprogramm durch die Anweisung

```
DIM SHARED Key$
```

realisiert wird. Doch hier zunächst einmal die SUB *Message*, die alles dies kann:

Zentrierte Meldung

```
SUB Message (M$, waitflag%)
'** Text in Message-Box anzeigen
' Zeilentrennung im Text: max 1* \
' waitflag%=1:warten auf Taste, =0: nicht warten

 v% = 5: le% = LEN(M$)
 zt% = INSTR(M$, "\")
 IF zt% THEN
  v% = 6: le% = zt%
  IF le% < LEN(M$) / 2 THEN le% = LEN(M$) - le%
 END IF

 BX% = 39 - le% / 2
 by% = 11 - v% / 2

 LOCATE by%, BX%
```

```
 DrawBox le% + 4, v%

 LOCATE by% + 2, BX% + 2
 IF zt% = 0 THEN
  PRINT M$;
 ELSE
  PRINT LEFT$(M$, zt% - 1)
  LOCATE , BX% + 2
  PRINT MID$(M$, zt% + 1);
 END IF

 IF waitflag% THEN
  DO
   Key$ = INKEY$
  LOOP UNTIL LEN(Key$)
 END IF

END SUB
```

Ein Hauptprogramm, welches mit Hilfe dieser SUB z.B. eine Sicherheitsabfrage zum Beenden des Programmes erstellen soll, könnte folgendermaßen arbeiten:

```
DIM SHARED Key$

...

PCOPY 0, 1      '** nicht bei HERCULES!
Message "Programm wirklich beenden (J/N) ?", 1
PCOPY 1, 0
IF UCASE$(Key$) = "J" THEN END
```

Hier wird der Bildschirm mit **PCOPY** in die Seite 1 kopiert (nur bei CGA/EGA/VGA!) und dann die Meldung ausgegeben. Wird diese Meldung mit **j** oder **J** quittiert, wird das Programm beendet, andernfalls läuft es weiter. Die Meldung selbst wird unabhängig davon mit dem erneuten *PCOPY* wieder vom Bild entfernt.

3.5 Menüs

Eine eigentlich in jedem einigermaßen modernen Programm eingesetzte Technik ist die Anzeige möglicher Programmfunktionen, aus denen der Anwender sich auf einfache Weise eine heraussuchen kann. Diese Funktionen à la carte werden dabei als Menü dargestellt. Die Darstellung eines Menüs kann auf vielerlei Arten geschehen, wobei sich allerdings einige wenige als Standards herausgestellt haben.

Die beiden grundsätzlichen Typen sind Balken- und Pulldown-Menüs. Die erste Gruppe erscheint als Liste auf dem Bildschirm, meistens in der Bildmitte und mit einem Rahmen versehen, in dem die einzelnen Menüpunkte eingetragen sind. Mit Hilfe von Kurzwahlbuchstaben oder auch mit den Cursortasten kann aus einer solchen Liste die gewünschte Funktion herausgesucht werden.

Die zweite Gruppe, welche sich immer größerer Beliebtheit erfreut, sind die Pulldown-Menüs. Diese sind zunächst lediglich als Menüleiste am oberen Bildrand zu sehen, ebenso wie in QBasic selbst. Wird einer dieser Menütitel aktiviert, erscheint das eigentliche Menü, welches in der Funktion einem Balkenmenü ähnelt. Sie kennen diese Menüvariante ja bereits vom Umgang mit QBasic her.

MONEY.BAS

In dem mitgelieferten BASIC-Programm MONEY.BAS, einer einfachen Kontenverwaltung, sind ebenfalls solche Pulldown-Menü enthalten, welche natürlich vollständig in BASIC programmiert sind. Dieses Menü erscheint ähnlich den QBasic-Menüs:

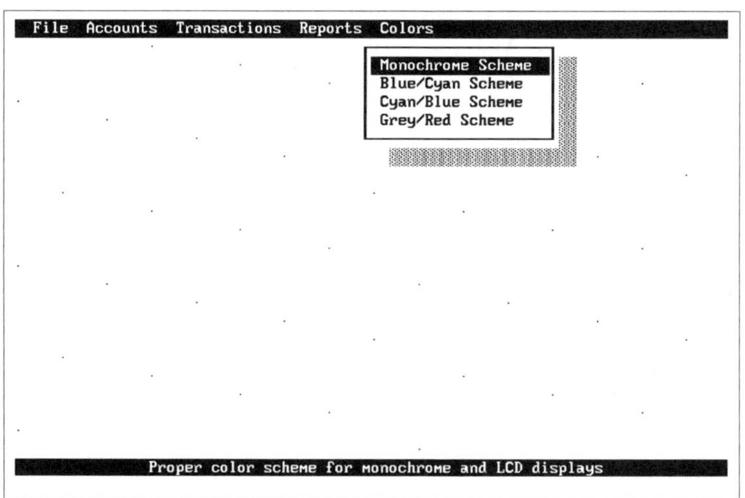

Sicherlich hat diese Menüart große Vorteile, da ja immer mehr Programme mit Pulldown-Menüs ausgestattet werden. Aus diesem Grund ist es auch empfehlenswert, ein solches Menü in eigene Programme einzubauen. Leider erfordert dies jedoch normalerweise einen relativ großen Programmieraufwand.

Wenn Sie aber in ein Programm, welches Sie nicht weitergeben wollen, ein solches Menü einbauen wollen, so empfiehlt es sich, auf die ja schon in MONEY.BAS enthaltenen Menüroutinen zurückzugreifen. Der Hinweis auf das Nichtweitergeben eines solchen Programmes ist allerdings durchaus wichtig, da die von Microsoft erstellten Programme einem Copyright unterliegen und daher nicht ohne weiteres weitergegeben werden dürfen.

Um die Menüroutinen aus dem MONEY-Programm herauszuholen, können zunächst einige der SUBs und FUNCTIONs des Programmes gelöscht werden. Die Routinen, die für die Menügestaltung notwendig sind, sind folgende:

- Das Hauptprogramm, welches jedoch auch noch reduziert werden kann

- Die folgenden SUBs und FUNCTIONs:

box	Zeichnen einer Box
center	Zentrieren einer Ausgabe
fancyCls	Löschen des Bildschirms
Initialize	Initialisierung der Farben
Menu	Anzeige und Verwaltung des Menüs
MenuSystem	Zentrale Verwaltung der Menüauswahl
printHelpLine	Anzeige des Hilfetextes am unteren Bildrand

Alle anderen Routinen können Sie zunächst einmal löschen, indem Sie mit `F2` die Funktionen-Übersicht einblenden und jeden nicht benötigten Eintrag anwählen und mit `Alt`+`L` löschen. Sind dann nur noch die oben aufgeführten SUBs übrig, so verlassen Sie bitte die Übersicht mit `Esc` und speichern das Programm mit *Speichern unter...* unter dem Namen MENU.BAS ab.

Hauptprogramm

Im Hauptprogramm können nun ebenfalls einige Zeilen gelöscht werden, die für die reine Menüverwaltung unnötig sind. Hierzu gehören:

- Alle *DECLARE*-Zeilen, da ja die wirklich benötigten beim Speichern wieder eingefügt werden.
- Die Typendeklarationen von *TYPE* bis *END TYPE*.
- Alle Dimensionierungen bis auf *Colors()* und *ColorPref*.

- Alle Programmzeilen bis auf *Initialize, MenuSystem* und die *DATA*-Zeilen für die Farben.

Wenn Sie dieses Programm nun starten wollen, erhalten Sie einige Fehlermeldungen. Diese weisen Sie darauf hin, daß einige SUBs aufgerufen werden sollen, die nicht (mehr) existieren. Diese Aufrufe sind in der SUB *MenuSystem* enthalten und können entfallen bzw. durch eigene ersetzt werden. Hier ist nämlich die eigentliche Menüverwaltung enthalten, die abhängig vom gewählten Menüpunkt die zugehörige Funktion aufruft.

Menü anpassen

Die eigentlichen Veränderungen zur Anpassung der Menüroutinen an Ihre Vorstellungen werden in der SUB *MenuSystem* vorgenommen. Diese SUB besteht aus mehreren Teilen: der Verwaltung der Menüzeile und pro Menü aus einer Unterroutine, in der das Pulldown-Menü angezeigt und die Auswahl ausgewertet werden.

Die erste Anpassung des Programmes wird sein, die Menütitel abzuändern. Angenommen, Sie wollen ein Menü mit drei Titeln erstellen, etwa *Datei, Bearbeiten* und *Hilfe,* so ändern Sie die ersten drei Einträge in das Feld *Choice$()* entsprechend ab. Die anderen Einträge in diese Liste können Sie dann löschen. Der nächste Schritt besteht darin, die horizontalen Positionen der Menüeinträge festzulegen. Diese werden in das Feld *MenuCol()* eingetragen; für das Beispiel wären dies etwa die Werte 2, 8 und 19. Ebenso wie zuvor können die restlichen Eintragungen in das Feld für die bisher bestehenden Menüs gelöscht werden.

Als letztes brauchen Sie nur noch die Hilfetexte anzupassen, welche bei Anwahl eines Menütitels in der untersten Bildschirmzeile angezeigt werden. Diese werden in das Feld *Help$()* eingetragen, die überflüssigen Einträge werden gelöscht.

Wenn Sie diese Änderungen vorgenommen haben, müssen Sie nur noch im Aufruf der FUNCTION *Menu* den zweiten Parameter auf 3 ändern, da dieser die Anzahl der in den Feldern enthaltenen Menütitel enthält.

Dies waren die Änderungen für die Menütitel. Wenn das Programm bis hierhin gelaufen ist, wird in der FUNCTION *Menu* die Auswahl des Menüs bearbeitet. Die Nummer, die diese FUNCTION zurückliefert, entspricht dem vom Anwender aktivierten Menü. Dieser Wert wird in die Variable *subchoice* eingetragen, welche dann in einer *SELECT..CASE*-Konstruktion ausgewertet wird. In dieser Auswertung wird abhängig von dem gewählten Menütitel mit *GOSUB* eine Unterroutine aufgerufen, welche die Darstellung und Verwaltung des Pulldown-Menüs übernimmt.

Diese Unterroutinen sind alle auf die gleiche Weise aufgebaut, so daß Sie diesen Aufbau beliebig erweitern und ändern können. Ebenso wie bei der Zusammenstellung der Menütitel sowie deren Positionen und Hilfetexte wird auch hier jeder Eintrag einzeln vorgenommen. Sie müssen also für jeden Eintrag in dem Pulldown-Menü einen Menütext, die horizontale und vertikale Position des Menüeintrages sowie dessen Hilfetext anpassen. Als letztes muß dann noch die Anzahl der darzustellenden Menüeinträge im Aufruf der FUNCTION *Menu* angepaßt werden.

Der Rückgabewert dieser FUNCTION ist schließlich das eigentliche Endergebnis. Die Auswertung dieses Wertes wird ebenfalls in einer *SELECT..CASE*-Konstruktion vorgenommen, in der pro Eintrag ein Aufruf der zugehörigen SUB eingesetzt werden kann.

Eine einfachere Variante

Diese für ein größeres Menü recht aufwendige Manipulation der verschiedenen Programmelemente kann allerdings auch wesentlich vereinfacht werden. Hierfür habe ich Ihnen eine SUB vorbereitet, mit deren Hilfe das Menü sehr einfach zusammengestellt und ausgewertet werden kann. Sie wird anstelle der SUB *MenuSystem* eingesetzt und liest die Daten der Menüs, also Titel, Einträge und die jeweiligen Hilfetexte aus *DATA*-Zeilen des Hauptprogrammes.

Ein einfaches Beispiel hierfür ist das oben angeführte Beispiel, erweitert um die Farbpaletten-Auswahl des Originalprogrammes MONEY.BAS. Die hierzu benötigten *DATA*-Zeilen bestehen aus zwei Gruppen, den Menütiteln und den Menüeinträgen pro Titel, jeweils mit dem entsprechenden Hilfetext. Bei den Menüeinträgen sollten Sie darauf achten, daß alle Einträge eines Menüs dieselbe Gesamtlänge besitzen, da sonst der Schatten unter dem jeweiligen Menü unregelmäßig dargestellt wird!

Menü-Daten

```
'*****  Menü-DATAs für alternative Menüverwaltung  *****
MenuDATA:        '** DATAs für Menütitel
 DATA "Datei", "Info und Programmende"
 DATA "Bearbeiten", "Text bearbeiten"
 DATA "Farben", "Farbkombinationen wählen"
```

```
 DATA "Hilfe", "Hilfestellung"
 DATA "",""

PulldownDATA:   '** Menü-DATAs für Menüeinträge
 DATA "Info", "Info über das Programm"
 DATA "Ende", "Beenden des Programmes"
 DATA "",""

 DATA "Ausschneiden", "Text ausschneiden"
 DATA "Einfügen    ", "Ausgeschnittenen Text einfügen"
 DATA "",""

 DATA "Monochromes Bild"
 DATA "Farben für monochrome bzw. LCD-Bildschirme"
 DATA "Blau/Cyan Bild  ", "Farbthema Cyan"
 DATA "Cyan/Blaues Bild", "Farbthema Blau"
 DATA "Grau/Rotes Bild ", "Farbthema Rot"
 DATA "",""

 DATA "Programm ", "Hinweise zum Programm"
 DATA "Copyright", "Copyright-Vermerk"
 DATA "",""
```

Die neue SUB *MenuSystem* hat einen sehr allgemeinen Aufbau, so daß in ihr fast keine Änderungen für ein neues Menü vorgenommen werden müssen. Die einzige Änderung, die wohl auch die wichtigste ist, stellt die Auswertung des jeweils gewählten Menüpunktes am Ende der SUB statt. Hier kann innerhalb einer *SELECT..CASE*-Konstruktion für jeden Menüeintrag eine SUB aufgerufen werden, die die zugehörige Funktion ausführt.

Menü-Verwaltung

```
SUB MenuSystem
DEFINT A-Z

  DIM Choice$(20), Help$(20)
  DIM menuRow(20), menuCol(20), PDCol(20)

  Choice = 1
  finished = FALSE

  WHILE NOT finished
    fancyCls Colors(2, ColorPref), Colors(1, ColorPref)
    GOSUB MenuTitles

    DO
      GOSUB PullDown
      fancyCls Colors(2, ColorPref), Colors(1, ColorPref)

      SELECT CASE SubChoice
        CASE -2: Choice = (Choice + MaxPD - 2) MOD MaxPD + 1
        CASE -3: Choice = Choice MOD MaxPD + 1
      END SELECT
```

```
    LOOP WHILE SubChoice < 0
  WEND
EXIT SUB

MenuTitles:                   '*******  Menüzeile bearbeiten  *******
  RESTORE MenuDATA                    '** DATA-Zeiger auf Menütitel
  Col% = 2
  FOR i% = 1 TO 20
   READ Choice$(i%), Help$(i%)        '** Menütitel und Hilfetexte
                                      '** lesen
   IF Choice$(i%) = "" THEN MaxPD = i% - 1: EXIT FOR
   Choice$(i%) = " " + Choice$(i%) + " "
   menuRow(i%) = 1                    '** alle obere Zeile
   menuCol(i%) = Col%                 '** Spalte setzen
   PDCol%(i%) = Col%                  '** merken für Pulldown-Menüs
   Col% = Col% + LEN(Choice$(i%))     '** nächste Spalte berechnen
  NEXT i%

  DO
   NewChoice = Menu(Choice, MaxPD, Choice$(), menuRow(),
             menuCol(), Help$(), TRUE)
  LOOP UNTIL NewChoice               '** alles, nur nicht <Escape>!

  Choice = NewChoice                 '** Auswahl zurückliefern
RETURN


PullDown:                   '**********  Pulldown-Menü bearbeiten
  RESTORE PulldownDATA
  FOR i% = 2 TO Choice               '** Vorläufer-Menüs überlesen
   DO
    READ Dummy$, Dummy$
    IF Dummy$ = "" THEN EXIT DO
   LOOP
  NEXT i%

  FOR i% = 1 TO 20
   READ Choice$(i%), Help$(i%)          '** Menüeinträge und
                                        '** Hilfetexte lesen
   IF Choice$(i%) = "" THEN Anz% = i% - 1: EXIT FOR
   Choice$(i%) = " " + Choice$(i%) + " "
   menuCol(i%) = PDCol%(Choice)         '** Spalte entspricht
                                        '** Titelspalte
   menuRow(i%) = 2 + i%                 '** Zeilen setzen
  NEXT i%

  SubChoice = Menu(1, Anz%, Choice$(), menuRow(), menuCol(),
            Help$(), FALSE)


  '****** hier wird der gewählte Menüeintrag ausgewertet! ******

  SELECT CASE Choice * 20 - 20 + SubChoice
    CASE 1: BEEP            '** Menü 1, Eintrag 1
```

```
    CASE 2: finished = TRUE '** Menü 1, Eintrag 2

    CASE 21                 '** Menü 2 , Eintrag 1
    '... usw.

    CASE 41 TO 44: ColorPref = SubChoice        '** Farben!

    CASE ELSE
  END SELECT

RETURN

END SUB
```

3.6 Druckersteuerung

Fast jedes Programm berechnet oder ermittelt Daten, die es dann ausgibt. Die einfachste Art der Ausgabe ist natürlich der *PRINT*-Befehl, der die Daten auf dem Bildschirm darstellt. Dies ist aber oft nicht ausreichend, wenn die Ausgaben weiterverwendet werden sollen: ein Drucker muß her.

LPRINT

Die Ausgabe auf den Drucker statt den Bildschirm zu bringen, ist in QBasic sehr einfach: Sie brauchen nur den *PRINT*-Befehl gegen *LPRINT* auszutauschen. *LPRINT* steht für LinePrint, also Ausgabe auf einem Zeilendrucker, funktioniert aber natürlich auch mit Nadel-, Tintenstrahl- oder Laserdruckern. Die Schreibweise des *LPRINT*-Befehls ist ansonsten identisch mit *PRINT*, also muß im Programm sonst nichts geändert werden, außer dem zusätzlichen *L*. Beispiel:

```
PRINT "Heute ist der "; DATE$
```

wird zu

```
LPRINT "Heute ist der "; DATE$
```

Sicherlich haben Sie schon einmal Bildschirmausgaben dadurch übersichtlicher gestaltet, daß Sie einige Zeichen oder Texte in einer anderen Farbe oder hell dargestellt haben. Auf dem Bildschirm kann dies leicht mit dem *COLOR*-Befehl erreicht werden. Auf einem Drucker hat dieser Befehl allerdings keine Wirkung!

Attribute

Um also dem Drucker Texte zu entlocken, die auf irgendeine Art hervorgehoben sind, stellt sich zunächst die Frage nach den

Möglichkeiten des Druckers. So gut wie jeder Drucker verfügt standardmäßig über die Fähigkeit, Attribute darzustellen. Solche Attribute sind z.B. Fettdruck oder Unterstreichung. Manche Drucker verfügen auch über besondere Attribute wie kursiven, doppelt hohen Ausdruck. Dazu kommt noch die Möglichkeit, verschiedene Zeichensätze im Drucker zu aktivieren, was die Gestaltungsmöglichkeiten eines Ausdrucks enorm bereichert.

Wie bringt man nun den Drucker dazu, diese Attribute zu aktivieren?

Die meisten Drucker verfügen über einige Tasten an der Frontseite, mit denen bereits einige Attribute oder Zeichensätze manuell aktiviert werden können. Dies ist zwar ganz nett, aber für den praktischen Einsatz zu unbequem. Damit auch ein Programm diese Attribute aktivieren kann, sind zudem noch einige speziellen Steuerzeichen für den Drucker definiert, mit denen dies möglich wird.

Diese Steuerzeichen sind im allgemeinen für alle Drucker gleichen Typs identisch, zumindest für die Standard-Attribute wie Fett oder Unterstreichung. Bei Nadeldruckern ist oft die Rede von EPSON-kompatiblen Druckern, was bedeutet, daß die Steuerzeichen dieselben sind, wie bei einem EPSON-Drucker. Dieser Standard wird als ESC/P-Standard bezeichnet; daneben steht noch der IBM-Standard. Diese beiden Standards für Nadeldrucker sind sehr ähnlich, unterscheiden sich jedoch in einigen wichtigen Details. Um mit einem IBM-PC vernünftige Ausdrucke zu ermöglichen, sollte der Drucker auf den IBM-Standard eingestellt sein. Wie dies bei Ihrem Drucker gemacht wird, entnehmen Sie bitte dem Druckerhandbuch.

Die folgenden Ausführungen und Beispiele basieren auf dem Einsatz eines Druckers im IBM-Modus. Für die Besitzer eines Laserdruckers folgen jeweils einige Anmerkungen, mit denen Sie diese Beispiele auch auf diesem Gerät zum Laufen bringen können.

Drucker-Steuerbefehle

Der IBM-Standard definiert für die Druckeffekte und Attribute jeweils eine Steuerzeichenfolge, die der Drucker nicht zu Papier bringt, sondern die ihn zum Aktivieren eines Effektes veranlassen. Die meisten dieser Befehle beginnen mit dem Escape-Zeichen CHR$(27), gefolgt von einem oder mehreren weiteren Byte(s) für die gewünschte Funktion. In der folgenden Tabelle sind die wichtigsten Steuersequenzen aufgeführt:

Steuerbefehle für IBM-Modus-Drucker

ESC E	Fettdruck an
ESC F	Fettdruck aus
ESC - 1|0	Unterstreichung an/aus (1 bzw. 0 sind hier die Werte CHR$(1) bzw. CHR$(0))
CHR$(15)	Schmaldruck aktivieren
CHR$(18)	Schmaldruck deaktivieren
CHR$(14)	Breitdruck aktivieren
CHR$(20)	Breitdruck deaktivieren

Ihr Drucker verfügt sicherlich über weitaus mehr Befehle, die hier aber nicht aufgeführt werden sollen. Sie können diese und weitere Befehle in Ihrem Druckerhandbuch wiederfinden.

Wenn Sie einen Laserdrucker besitzen, haben Sie zwei Möglichkeiten, um die folgenden Beispiele nachzuvollziehen. Einerseits verfügen die meisten Laserdrucker über einen speziellen Modus, in dem sie einen Nadeldrucker emulieren, also nachbilden. In diesem Modus verhält sich der Drucker ebenso wie der entsprechende Nadeldrucker, zumindest, was die Standard-Steuerzeichen betrifft. Wenn Sie diesen Modus aktivieren, müßten alle folgenden Beispiele auch auf diesem Drucker funktionieren; Sie müssen nur jeweils die Taste für den Papierauswurf drücken oder den Befehl

Papiervorschub

```
LPRINT CHR$(12);
```

anhängen, um das Ergebnis zu sehen. Sollte der Drucker nicht über einen solchen Modus verfügen, oder sollten Sie ihn nicht umstellen wollen, so müssen Sie die Steuerzeichen der Beispiele gegen die Sequenzen für Ihren Drucker austauschen.

Um mit diesen Befehlen eine Überschrift auszudrucken, die fettgedruckt wird, können Sie folgenden Befehl eingeben:

```
LPRINT CHR$(27); "EÜberschrift"
```

Hier ist durch *CHR$(27)* und das Zeichen **E** im Text der Befehl zum Einschalten des Fettdrucks eingesetzt worden. Das Ausschalten des Fettdrucks durch

```
LPRINT CHR$(27); "F";
```

ist in diesem Fall nicht notwendig, da der Drucker das Attribut üblicherweise nur für maximal eine Druckzeile aufrechterhält. Soll neben die fettgedruckte Überschrift allerdings noch beispielsweise das Datum in normaler Schreibweise gedruckt werden, so kann dies folgendermaßen programmiert werden:

```
LPRINT CHR$(27); "EÜberschrift"; CHR$(27); "F, "; DATE$
```

Ähnlich verhält es sich auch mit den anderen Druckeffekten. Um dieses Beispiel einmal mit einer breit gedruckten Überschrift und einem normal dargestellten Datum zu realisieren, lautet die Zeile:

```
LPRINT CHR$(14); "Überschrift"; CHR$(20); ", "; DATE$
```

Werden in einem Programm solche Attribute häufig eingesetzt, ist es etwas lästig, jedesmal diese Kommandofolgen einzugeben. Hierzu bietet sich eine Methode an, die Druckersteuerung nicht nur einfacher, sondern auch übersichtlicher und flexibler zu gestalten.

Zu diesem Zweck werden zu Beginn des Programmes die benötigten Attributs-Steuerzeichen in spezielle Variablen eingelesen, deren Name auch selbsterklärend gewählt werden kann. Dies kann dann etwa so programmiert werden:

Steuersequenzen definieren

```
DIM SHARED D.Norm$, D.Fett$, D.Unter$, D.Breit$, D.Schmal$

Esc$ = CHR$(27)                    '** Drucker-Sequenzen

D.Norm$ =   Esc$ + "F" + Esc$ + "-" +CHR$(0) +CHR$(20) +CHR$(18)
D.Fett$ =   Esc$ + "E"
D.Unter$ =  Esc$ + "-" + CHR$(1)
D.Breit$ =  CHR$(14)
D.Schmal$ = CHR$(15)
```

Für einen Laserdrucker im HP-Laserjet-Modus sehen diese Sequenzen etwa so aus:

Laserdrucker

```
D.Norm$ =   Esc$ + "E" + Esc$ + "&l0O" + Esc$ + "(sp10hb12V" +
            Esc$ + "&d@" + Esc$ + "&k0S"
D.Fett$ =   Esc$ + "(s3B"
D.Unter$ =  Esc$ + "&dD"
D.Schmal$ = Esc$ + "&k2S"
```

In diesem Beispiel wird für den Schmaldruck der Zeichensatz LinePrinter verwendet, da nicht jeder Laserdrucker über echte

Schmalschrift verfügt. Ebenso ist hier die Sequenz für Breitdruck nicht enthalten, da auch dies nicht jedem Laserdrucker möglich ist.

Das obige Beispiel der Überschrift in Fettdruck mit dem Datum in Normalschrift wird nun folgendermaßen realisiert:

```
LPRINT D.Fett$; "Überschrift"; D.Norm$; ", "; DATE$
```

Durch die eingangs als SHARED vorgegebene Dimensionierung kann nun auch jede SUB und FUNCTION des Programmes diese Steuersequenzen einsetzen, wodurch das Programm auch leichter zu lesen und zu ändern wird. Auch das Umstellen auf einen anderen Drucker ist hierdurch kein Problem mehr: Sie brauchen nur die Sequenzen neu zu definieren.

3.7 Dateiauswahl

Ein leidiges Problem vieler Programme, die mit Dateien arbeiten, ist die Auswahl einer Datei. Viele Programme fragen mit einer einfachen Eingabe nach dem Namen einer zu ladenden Datei, wodurch das Problem auftaucht, wie denn noch diese Datei gleich hieß..?

Wesentlich schöner ist für eine solche Abfrage eine Dateiauswahl, in der alle möglichen Dateien in Form einer Liste angeboten werden. Die einfachste Variante kann zumindest mit Hilfe des *FILES*-Befehls die möglichen Dateinamen anzeigen:

FILES

```
FILES "*.DAT"
INPUT "Dateinamen eingeben: "; DateiName$
```

Hier werden erst alle Dateien mit der Endung .DAT auf dem Bildschirm angezeigt, damit Sie die möglichen Namen sehen können. Dies ist zwar schon besser, als die völlig blinde Eingabe, aber besonders elegant ist dies nicht.

Eine besonders elegante Methode der Dateiauswahl ist in QBasic selbst realisiert. Diese Methode ist allerdings etwas aufwendig in der Programmierung. Wir wollen daher eine wesentlich simplere Methode entwickeln, die aber immerhin die Auswahl einer Datei mit Hilfe der Cursortasten ermöglicht.

Die hier eingesetzte Methode basiert auf zwei Grundlagen. Die eine ist die stets gleiche Form der Anzeige, die der *FILES*-Befehl auf den Bildschirm bringt. Dazu kommt die Möglichkeit in QBasic, das Zeichen an einer vorgegebenen Bildschirmposition zu ermitteln, und zwar mit der *SCREEN*-Funktion.

Die SCREEN-Funktion

Diese Funktion arbeitet eigentlich recht einfach. Es handelt sich um eine Funktion, die den ASCII-Wert des Zeichens oder dessen Attribut an der angegebenen Bildposition zurückliefert. Dies kann in einem einfachen Beispiel demonstriert werden:

```
CLS
PRINT "A"

Zeichen% = SCREEN(1, 1)
PRINT "Das Zeichen an der Position 1/1 ist "; CHR$(Zeichen%)
```

Wollen Sie das Attribut dieses Zeichens ermitteln, so wird als dritter Parameter bei der *SCREEN*-Funktion noch eine 1 angegeben.

```
Attribut% = SCREEN(1, 1, 1)
```

Dieses Attribut ist das Byte, welches die Farben für Vorder- und Hintergrund enthält. Wenn Sie einen *COLOR*-Befehl eingeben, interpretiert QBasic die beiden Farben und fügt sie in das Attributsbyte zusammen.

Mit dieser *SCREEN*-Funktion können also Zeichen vom Bildschirm abgelesen werden. Dies bietet also die Möglichkeit, die Ausgabe des *FILES*-Befehls auf dem Bildschirm auszuwerten, was für die angestrebte Dateiauswahl-Funktion genutzt werden kann.

Die folgende SUB arbeitet auf dieser Grundlage. Als Parameter werden ihr die Erweiterung der darzustellenden Dateien sowie die auszufüllende Variable für den gewählten Dateinamen übergeben. Die Funktion der Auswahl ist dann folgende:

Zunächst werden der Bildschirm gelöscht und die Überschrift angezeigt. In der dritten Bildschirmzeile wird dann der *FILES*-Befehl aufgerufen, welcher ab der vierten Zeile die Dateien in Viererreihen ausgibt, jeden Dateinamen 12 Zeichen lang und mit 6 Leerzeichen getrennt. Die Positionen der Dateinamen auf dem Bildschirm sind also bekannt.

Nach der Bestimmung des aktiven Dateinamens in X% und Y% wird der Dateiname an der daraus errechenbaren Bildposition in einer *FOR..NEXT*-Schleife ausgelesen. Das Ergebnis steht dann in der Variablen *FilN$*, welche nun an der Position der Anzeige mit invertierten Farben wieder ausgegeben wird. Dies stellt den Cursor dar, welcher mit den Cursortasten bewegt werden soll. Der so dargestellte Dateiname soll bei der Betätigung von [Return] oder [Esc] als Ergebnis der SUB in *FilN$* an das aufrufende Programmteil zurückgeliefert werden.

Nach der Darstellung des Cursors wird nun auf einen Tastendruck gewartet. Ist dieser erfolgt, wird erst der Cursor durch Normaldarstellung des aktuellen Dateinamens entfernt. Danach beginnt die Auswertung der gedrückten Taste mit einer *SELECT..CASE*-Konstruktion.

War es [Return] oder [Esc], so wird die *DO..LOOP*-Schleife und damit die SUB verlassen. In der an die SUB übergebenen String-Variablen steht dann das Ergebnis. Soll bei [Esc] dieses Ergebnis nicht genutzt oder die entsprechende Funktion wie Laden oder Speichern abgebrochen werden, so muß die Variable *Key$* als *SHARED* definiert sein. In diesem Fall kann die zuletzt gedrückte Taste, deren Code ja in dieser Variablen steht, ausgewertet werden.

Außer [Return] und [Esc] müssen nun noch die Cursortasten überprüft werden. Eine solche Taste liefert bei der *INKEY$*-Funktion ein zwei Zeichen langes Ergebnis zurück, wobei in dem rechten Zeichen der Code der Taste steht. Dieser Code bedeutet:

Tastatur-Codes

Code	Taste
15	[Shift]+[Tab]
16 - 25	[Alt]+[Q] - [Alt]+[P]
30 - 38	[Alt]+[A] - [Alt]+[L]
44 - 50	[Alt]+[Z] - [Alt]+[M]
59 - 68	[F1] - [F10]
71	[Pos1]
72	[↑]
73	[Bild ↑]
75	[←]
77	[→]
79	[Ende]
80	[↓]
81	[Bild ↓]
...	

Code	Taste
...	
82	Einfg
83	Entf
84 - 93	Shift+F1 - Shift+F10
94 - 103	Strg+F1 - Strg+F10
104 - 113	Alt+F1 - Alt+F10
115	Strg+←
116	Strg+→
117	Strg+Ende
118	Strg+Bild ↓
119	Strg+Pos1
120 - 131	Alt+1 - Alt+0
132	Strg+Bild ↑
133 - 134	F11 - F12
135 - 136	Shift+F11 - Shift+F12

Für die Auswertung der Cursortasten müssen also die Werte 72, 75, 77 und 80 überprüft werden. Diese Tasten werden in der *SELECT..CASE*-Konstruktion mit angegeben und bewirken das Verändern der Koordinaten X% und Y%, sofern dies möglich ist. Das Ende der Liste wird bei ↓ dadurch festgestellt, daß das erste Zeichen der nächsten Zeile überprüft wird. Steht hier ein Leerzeichen, so ist die Liste beendet und Y% wird nicht erhöht.

Dateiauswahl

```
SUB GetFN (Ext$, FilN$)

 CLS
 PRINT "Bitte "; Ext$; "-Datei auswählen:"
 PRINT

 FILES Ext$                          '** Dateien anzeigen
 X% = 1: Y% = 4

 DO

  FilN$ = ""                         '** Dateinamen aus Bild auslesen
  FOR i% = 0 TO 11
   FilN$ = FilN$ + CHR$(SCREEN(Y%, X% + i%))
  NEXT i%
  FilN$ = RTRIM$(FilN$)

  COLOR 0, 7: LOCATE Y%, X%
  PRINT FilN$                        '** Namen invers darstellen

  DO
   Key$ = INKEY$
  LOOP UNTIL LEN(Key$)               '** auf Taste warten

  COLOR 7, 0: LOCATE Y%, X%
```

```
  PRINT FilN$                        '** Namen wieder normal darstellen

  SELECT CASE ASC(RIGHT$(Key$, 1))        '** Taste auswerten
   CASE 13, 27: EXIT DO                   '** <Return> oder
                                          '** <Escape>: Ende

   CASE 72: Y% = Y% + (Y% > 4)            '** Cursor hoch
   CASE 80                                '** Cursor runter
    IF CHR$(SCREEN(Y% + 1, X%)) <> " " THEN Y% = Y% + 1
   CASE 75: X% = X% + 18 * (X% > 1)       '** Cursor links
   CASE 77: X% = X% - 18 * (X% < 54)      '** Cursor rechts

   CASE ELSE
  END SELECT

 LOOP

END SUB
```

Um diese SUB auszuprobieren, können Sie das folgende kleine Programm verwenden, welches die Auswahl einer Datei mit der Endung .DAT aufruft. Das Ergebnis wird danach auf dem Bildschirm angezeigt.

```
'** Einfache Dateiauswahl **

DECLARE SUB GetFN (Ext$, FilN$)

GetFN "*.DAT", File$

CLS
PRINT "Gewählte Datei: "; File$
```

Den so erhaltenen Dateinamen können Sie nun in einem *OPEN*-Befehl einsetzen, der die Datei zum Lesen öffnet, etwa so:

```
OPEN File$ FOR INPUT AS #1
```

Nähere Informationen zu der Programmierung von Dateien finden Sie in einem späteren Kapitel.

3.8 Sortieren

Eine sehr häufig benötigte Funktion ist das Sortieren von Datenfeldern. Eine solche Funktion stellt QBasic jedoch leider nicht von Hause aus zur Verfügung, man muß sie also selbst programmieren.

Es gibt eine große Auswahl an Methoden und Algorithmen für die Sortierung von Datenfeldern, die alle ihre Vor- und Nachteile haben. Ihnen alle diese Möglichkeiten hier vorzustellen, würde nicht nur den Rahmen sprengen, sondern auch wenig Sinn haben. Der wichtigste Gesichtspunkt für die Auswahl des Sortierverfahrens ist schließlich die Geschwindigkeit, mit der das Sortieren abläuft.

Aus diesem Grund möchte ich Ihnen hier den schnellsten Algorithmus sowie dessen Programmierung und Einsatz vorstellen: den Quick-Sort-Algorithmus.

Das Ziel dieser Variante ist es, eine möglichst einfache und flexible Sortierroutine vorzubereiten, die so einfach wie möglich in ein eigenes Programm eingesetzt werden kann.

Sortieren mit dem QuickSort-Algorithmus

Dieses Sortierverfahren arbeitet gegenüber den anderen Möglichkeiten enorm schnell, was in den später durchgeführten Tests sehr deutlich wird. Das Prinzip dieses Vorgangs jedoch ist weniger einfach zu durchschauen, obwohl es sich auch relativ leicht programmieren läßt. Auf den ersten Blick mag dieser Algorithmus wie schwarze Magie erscheinen, zumal er manchmal sogar auf der Basis von Zufallszahlen (!) arbeitet. Der zweite Blick lüftet dieses Geheimnis jedoch schnell.

QuickSort

Für die Programmierung von QuickSort gibt es zwei grundsätzliche Varianten: rekursiv und nicht rekursiv. Da QBasic durch seine lokalen Variablen die rekursive Programmierung erlaubt, was ja in dem Beispiel der FUNCTION *Rechne#* in einem früheren Kapitel vorgestellt wurde, werden wir diesen Weg einschlagen.

Wie arbeitet nun der Quick-Sort-Algorithmus?

Zunächst wird das zu sortierende Feld in zwei Hälften geteilt. Abhängig von einem mittleren Wert, der zu Beginn willkürlich aus dem mittleren Element des Feldes entnommen wird, wird von unten nach oben und von oben nach unten je ein größerer bzw. ein kleiner Wert als dieser Grenzwert gesucht. Es laufen also zwei Zeiger in das Feld von den äußeren Grenzen des Feldes aufeinander zu. Dabei wäre es der Idealfall, wenn der willkürlich gewählte Grenzwert möglichst genau der mittlere aller vorkommenden Zahlen ist.

Treffen sich diese beiden Zeiger in der Mitte des Feldes, ohne daß ein größerer bzw. kleinerer Wert gefunden wurde, so ist das Feld bereits sortiert und der Vorgang beendet. Andernfalls werden die gefundenen Werte vertauscht, so daß diese beiden Werte bezüglich des Grenzwertes die richtige Position erhalten.

Ist durch das Zusammenlaufen der beiden Zeiger eine scheinbare Mitte gefunden, so werden die beiden Hälften wiederum durch den rekursiven Aufruf der QuickSort-Funktion sortiert.

Hier das durch Rekursion überraschend kurze Listing der QuickSort-Routine: Übergeben werden das zu sortierende INTEGER-Feld selbst sowie Anfang und Ende des zu sortierenden Feldbereiches.

```
SUB QSort (Z%(), Von%, Bis%)
 '*** QuickSort: aufsteigend sortieren von Z%()

 i% = Von%: j% = Bis%   '** Anfang und Ende retten
 X% = Z%((i% + j%) \ 2) '** Grenzwert ermitteln

 DO
  WHILE Z%(i%) < X%: i% = i% + 1: WEND        '** Suche von unten
  WHILE Z%(j%) > X%: j% = j% - 1: WEND        '** Suche von oben
  IF i% <= j% THEN
   SWAP Z%(i%), Z%(j%)                        '** Elemente tauschen
   i% = i% + 1
   j% = j% - 1
  END IF
 LOOP UNTIL i% > j%

 IF j% > Von% THEN QSort Z%(), Von%, j%      '** unteren Teil
                                             '** sortieren
 IF i% < Bis% THEN QSort Z%(), i%, Bis%      '** oberen Teil
                                             '** sortieren

END SUB
```

Mit dem folgenden einfachen Hauptprogramm können die Funktion und die Geschwindigkeit dieser Sortierfunktion festgestellt werden.

```
'***** QuickSort-Demo *****
'*** Autor: Stefan A. Dittrich

DECLARE SUB QSort (Z%(), Von%, Bis%)

PRINT "*****  QuickSort-Demo, aus DATA BECKERs QBasic-
       Buch  *****"
PRINT
```

```
INPUT "Wieviele Zahlen "; Max%
DIM Z%(Max%)

PRINT "Zahlen werden ermittelt..."
FOR i% = 1 TO Max%
 Z%(i%) = 32000 * RND    '** Zufallszahlen ins Feld schreiben
NEXT i%

t = TIMER

PRINT "Sortiere..."
QSort Z%(), 1, Max%      '** Sortieren!

PRINT "Fertig nach"; TIMER - t; "Sekunden"
```

Die hier einzugebende Anzahl der zu generierenden und zu sortierenden Zahlen sollte nicht höher als etwa 16.000 gewählt werden, da die Felddimensionierung nur bis 32.766 möglich ist und, je nach Verteilung der Zahlen, in der QSort-Routine ein Überlauf in der Addition der INTEGER-Zahlen i% und j% auftreten könnte.

Varianten

Die hier vorgestellte QuickSort-FUNCTION ist für die Sortierung von INTEGER-Zahlen vorgesehen. Sollten Sie in einem Programm das Sortieren von String-Feldern benötigen, so müssen Sie hierzu einige kleine Änderungen vornehmen, die allerdings kein Problem sind.

Sie müßten hierzu lediglich alle *Z%(* gegen *Z$(* sowie die Hilfsvariable *X%* gegen *X$* austauschen. Daß dies so einfach möglich ist, basiert auf der Tatsache, daß QBasic auch Strings miteinander vergleichen kann. Der Vergleich *Z$(i%) < X$* liefert also ebenso ein sinnvolles Ergebnis wie *Z%(i%) < X%*. Zu beachten ist hierbei allerdings, daß bei der Sortierung bzw. bei dem Vergleich zweier Strings ein Kleinbuchstabe stets als größer als ein Großbuchstabe angesehen wird, da dessen ASCII-Code höher ist.

Der Buchstabe a ist somit für QBasic größer als ein Z. Wenn Sie aber die Sortierung unabhängig von der Groß-/Kleinschreibung (Graphie) vornehmen wollen, so müssen Sie die Vergleiche folgendermaßen programmieren:

```
IF UCASE$(Z$(i%)) < UCASE$(X$) THEN ...
```

Ein weiteres Problem bei der Sortierung von Strings entsteht durch die Tatsache, daß die deutschen Umlaute Ä, Ö, Ü und das ß ebenfalls mit hohen ASCII-Codes versehen sind und daher immer nach hinten sortiert werden. Dazu kommt noch, daß auch die Graphie-Umsetzung mit *UCASE$()* oder *LCASE$()* bei Umlauten nicht funktioniert und damit die Einsortierung der mit einem Umlaut beginnenden Worte scheinbar willkürlich an das Ende der Liste stattfindet. Dies ist auch leider nicht ohne größeren Aufwand zu verhindern.

4. Grafik

Der PC ist ja schon lange aus dem Schattendasein gegenüber vielen anderen Home- und Personal-Computertypen herausgetreten, was die Grafikfähigkeit betrifft. In den Anfängen dieses Rechners hatten die Geräte keine Grafikfähigkeit, was erst nach und nach auf den Markt kam. Grafikkarten wie CGA (Color Graphics Adapter) oder HERCULES wurden zum Standard, der heute bereits durch den VGA ersetzt wurde.

Die Programmierung von Grafiken ist unter QBasic recht einfach möglich. Da aber die verschiedenenen Grafikkarten, besonders die HERCULES-Karte, spezielle Eigenarten und Fähigkeiten besitzen, kommt man als Programmierer nicht darum herum, die Programme nach den verschiedenenen Karten auszurichten.

4.1 Grundlagen

Die QBasic-Befehle für Grafik sind für alle gängigen Karten geeignet. In den folgenden Beispielen wird jeweils von dem Einsatz einer CGA-, EGA- oder VGA-Farbgrafikkarte ausgegangen, wobei jedoch auch stets die Hinweise für den Einsatz von HERCULES-Karten gegeben werden.

Im Normalzustand erscheint der PC-Bildschirm im Textmodus, das heißt in einem Darstellungsmodus, der ausschließlich Zeichen erlaubt. Dieser Modus wird auch als Textmodus oder Grafikmodus 0 bezeichnet. Um nun eine Grafik darstellen zu können, muß ein anderer Grafikmodus eingeschaltet werden, der die Ansteuerung einzelner Bildpunkte erlaubt.

Auf einem Rechner mit einer VGA-Karte gibt es hierfür die meisten Variationen. Für das Aktivieren eines Grafikmodus dient der *SCREEN*-Befehl, welcher allerdings von der verwendeten Grafikkarte abhängt. Die Grafikmodi sind von 0 bis 13 definiert, wobei jeder Modus andere Eigenarten hat. Im folgenden nun eine Liste der möglichen Grafikmodi für *SCREEN <Modus>*, wobei die Auflösung, die Textdarstellungswerte und natürlich die Karte angegeben werden, für die dieser Modus gültig ist. Sollten Sie versuchen, einen für Ihre Karte ungültigen Modus einzuschalten, so gibt QBasic eine Fehlermeldung aus.

Übersicht über die verschiedenen SCREEN-Modi

SCREEN-Modi

SCREEN 0	**Textmodus, alle Karten** Je nach Karte kann mit der *WIDTH*-Anweisung die Anzahl der Spalten und Zeilen eingestellt werden. Außerdem kann der Text in bis zu 16 Farben dargestellt werden.
SCREEN 1	**320 * 200 Grafik, CGA/EGA/VGA** Text mit 40 * 25 Zeichen, Grafik mit 2 (CGA) oder 4 (EGA/VGA) Farben
SCREEN 2	**640 * 200 Grafik, CGA/EGA/VGA** Text mit 80 * 25 Zeichen, Grafik monochrom
SCREEN 3	**720 * 348 Grafik, HERCULES-Karte monochrom** Text mit 80 * 25 Zeichen, Grafik schwarz/weiß ACHTUNG: QBHERC bzw. MSHERC muß vor QBASIC gestartet werden!
SCREEN 4	**640 * 400 Grafik, spezielle Karten (z.B. Olivetti)** Text mit 80 * 25 Zeichen, Grafik Farbe auf schwarz
SCREEN 7	**320 * 200 Grafik, EGA/VGA** Text mit 40 * 25 Zeichen, Grafik mit 16 Farben
SCREEN 8	**640 * 200 Grafik, EGA/VGA** Text mit 80 * 25 Zeichen, Grafik mit 16 Farben
SCREEN 9	**640 * 350 Grafik, EGA/VGA** Text mit (Kartenspeicherabhängig) 80 * 25 oder 80 * 43 Zeichen, Grafik mit 4 oder 16 Farben
SCREEN 10	**640 * 350 Grafik, EGA/VGA nur monochromer Monitor!** Text mit (Kartenspeicherabhängig) 80 * 25 oder 80 * 43 Zeichen, Grafik mit 4 Attributen
SCREEN 11	**640 * 480 Grafik, VGA** Text mit 80 * 30 oder 80 * 60 Zeichen, Grafik monochrom
SCREEN 12	**640 * 480 Grafik, VGA** Text mit 80 * 30 oder 80 * 60 Zeichen, Grafik mit 16 Farben
SCREEN 13	**320 * 200 Grafik, VGA** Text mit 40 * 25, Grafik mit 256 Farben

Sieht man von der Unterstützung der HERCULES-Karte einmal ab, können die Modi 1 und 2 auf jeder Grafikkarte eingesetzt werden. Aus diesem Grund werden einige der folgenden Beispielprogramme für den Modus 2 ausgelegt sein, was jedoch meist sehr leicht auch auf die hochauflösenden Modi wie 8 oder 9 umzusetzen ist. Doch dazu später mehr.

Hinweis für die HERCULES-Karte

Bei Einsatz einer HERCULES-Karte muß das Programm MS-HERC.COM bzw. QBHERC.COM aus dem QBasic-Paket vor dem Aufruf von QBASIC gestartet werden! Dieses Programm ermöglicht es erst, den für die HERCULES-Karte gültigen Grafikmodus (*SCREEN 3*) einzuschalten. Andernfalls erfolgt eine Fehlermeldung.

Ist der Grafikmodus aktiviert, kann in diesen Bildschirm hinein gezeichnet werden. Hierfür stehen die grundlegenden Zeichenfunktionen wie Punkte setzen, Linien ziehen oder Rechtecke oder Ellipsen zeichnen zur Verfügung.

Die folgende Tabelle gibt eine kurze Übersicht über die hierzu existierenden Befehle. Hierbei bezeichnen die Koordinatenpaare (X,Y) eine Position in dem Grafikbereich, dessen wirkliche Position auf dem Bildschirm von dem verwendeten Modus und dem mit dem *WINDOW*-Befehl eingestellten Koordinatensystem abhängt. Die Koordinaten (0,0) bedeuten dabei normalerweise die obere linke Ecke des Bildes. Die letzten Koordinaten, an denen ein Punkt gesetzt wurde, werden von QBasic gespeichert.

Hierdurch ist es möglich, mit dem nächsten Befehl dort weiterzuzeichnen, ohne die Position explizit noch einmal angeben zu müssen. Soll in einem bestimmten Abstand von diesem Punkt weitergezeichnet werden, so kann dies durch relative Koordinaten, gekennzeichnet durch das *STEP*-Schlüsselwort, geschehen.

Grafik-Befehle in QBasic

Grafik-Befehle

CIRCLE [STEP] (X,Y), <Radius> [, <Farbe>] [, <Startwinkel>, <Endwinkel> [, <Verhältnis>]] Zeichnet eine Ellipse um die Position (X,Y) mit dem Radius <Radius> in der Farbe <Farbe> von <Startwinkel> bis <Endwinkel> Grad im Achsenverhältnis <Verhältnis> (1 = Kreis).
DRAW <String> Zeichnet die im <String> definierte Figur (siehe auch CUBE.BAS)
LINE [STEP] [(X1,Y1)] - [STEP] (X2,Y2) [, <Farbe>] [, B [F]] [, <Raster>] Zieht eine Linie zwischen (X1,Y1) und (X2,Y2) in der Farbe <Farbe>. Ist B angegeben, wird ein Rechteck zwischen den Punkten gezogen, wird noch F gesetzt, wird das Rechteck gefüllt. Mit <Raster> kann das Linienmuster festgelegt werden.

PAINT [STEP] (X,Y) [, <Farbe> | <Raster>] [, <Randfarbe>] [, <Hintergrundmuster>]

Füllt die den Punkt (X,Y) umgebende Fläche mit der aktuellen oder der angegebenen Farbe bzw. dem Raster. Die Farbe der Umrandung kann durch die <Randfarbe> sowie ein vorhandenes, zu füllendes Muster in <Hintergrundmuster> festgelegt werden.

farbe = point (x,y)

Diese Funktion ermittelt die Farbe des Punktes (X,Y).

PSET [STEP] (X,Y) [, Farbe]

An der Position (X,Y) wird ein Punkt der aktuellen Vordergrundfarbe oder der angegebenen Farbe gesetzt.

PRESET [STEP] (X,Y) [, Farbe]

An der Position (X,Y) wird ein Punkt der aktuellen Hintergrundfarbe oder der angegebenen Farbe gesetzt.

PALETTE <Attribut>, <Farbe>

Weist der Farbnummer <Attribut> die Farbe <Farbe> zu (nur bei EGA und VGA!)

PALETTE USING Feldname [(<Feldindex>)]

Weist allen möglichen Farbnummern die im Feld (wahlweise ab Feldeintrag <Index>) enthaltenen Farben zu (nur bei EGA und VGA!)

X = PMAP (<Koordinate>), <Modus>

Der in <Koordinate> angegebene Wert wird je nach <Modus> von der physischen in die logische X- bzw. Y-Position und umgekehret umgerechnet:

<Modus> =	**0**	X von logisch in physisch
	1	Y von logisch in physisch
	2	X von physisch in logisch
	3	Y von physisch in logisch

VIEW [SCREEN] (X1,Y1) - (X2,Y2) [, <Hintergrundfarbe>] [, <Rahmenfarbe>]

Einrichten eines Ausgabefensters zwischen den Koordinaten (X1,Y1) und (X2,Y2), Füllen des Fensters mit <Hintergrundfarbe> und Umranden mit <Rahmenfarbe>.

WINDOW [SCREEN] (X1,Y1) - (X2,Y2)

Definiert ein eigenes Koordinatensystem von den virtuellen Koordinaten (X1,Y1) bis (X2,Y2). (X1,Y1) liegt normalerweise unten links, bei Verwendung von *SCREEN* liegt dies oben links.

4.2 Grafikkarten-Programmierung

Die verwirrende Vielfalt der Grafikmodi erschwert zwar auf den ersten Blick die Programmierung, weil man sich ja für einen entscheiden muß, andererseits bietet diese Auswahl jedoch die Möglichkeit, die Grafikauflösung optimal an die Anforderungen eines Programmes anzupassen.

Sicherlich wollen Sie nun einmal sehen, wie diese Grafikmodi in der Praxis aussehen. Für diesen Zweck habe ich Ihnen ein kleines Programm zusammengestellt, welches alle Grafikmodi durchprobiert und, falls möglich, diesen Modus einschaltet und dessen Eigenheiten anzeigt.

Anzeige aller Grafik-Modi

```
'*** Test der Grafikkarte in QBasic ***

ON ERROR GOTO GehtNicht

GOSUB NormScreen

DO
 READ Sc%, cx%, cy%, Col%, gx%, gy%, Name$   '** SCREEN-Parameter
                                             '** lesen
 IF Sc% = -1 THEN EXIT DO                    '** Ende!

 Legal% = 1
 SCREEN Sc%                           '** SCREEN einschalten (?)
 IF Legal% THEN                       '** hat geklappt!
  GOSUB ZeigeModus                    '** Modusparameter anzeigen
 END IF

 SLEEP                                '** auf Taste warten
 IF INKEY$ = CHR$(27) THEN EXIT DO    '** Abbruch durch <Escape>

LOOP

GOSUB NormScreen                      '** Normalbild wieder-
                                      '** herstellen

END

ZeigeModus:
 WIDTH cx%, cy%                       '** Zeilenanzahl setzen

 LOCATE 2, 3: PRINT "SCREEN"; Sc%; ", "; Name$
 LOCATE 3, 3: PRINT USING "  ## *  ## Zeichen Text"; cx%; cy%

 FOR i% = 5 TO cy%
  LOCATE i%, 2: PRINT i%;                       '** Zeilen-Zähler
 NEXT i%

 IF gx% THEN LINE (0, 0)-(gx% - 1, gy% - 1), , B '** Rahmen

 LOCATE 4, 3
 IF gx% THEN
```

```
  PRINT USING " ### * ### Punkte Grafik, ### Farben"; gx%;
              gy%; Col%

  LINE (80, 65)-STEP(30, 30), , B          '** Beispiel-Quadrat
  CIRCLE (190, 80), 18                     '** Beispiel-Kreis

  dg% = (gx% - 60) / (Col% + 2)
  FOR i% = 1 TO Col% - 1                      '** Farb-Tabelle
   LINE (50 + i% * dg%, 100)-(50 + (i% + 1) * dg%, gy% - 3),
        i%, BF
  NEXT i%

 ELSE
  PRINT "  Keine Grafik!"
 END IF

RETURN

NormScreen:                                '** Standard-Bildschirm
 SCREEN 0
 WIDTH 80, 25
 CLS
RETURN

GehtNicht:                                 '** SCREEN ungültig!
 GOSUB NormScreen
 PRINT "SCREEN"; Sc%; ", "; Name$; ", nicht möglich!"
 Legal% = 0
RESUME NEXT

'** DATAs für Text- und Grafikmodi:

'**   SCREEN, Zeichen/Zeile, Zeilen, Farben, Auflösung X/Y, Name
DATA 0,  80,25, 16, 0,0,     Textmodus
DATA 0,  80,43, 16, 0,0,     Textmodus EGA
DATA 0,  80,50, 16, 0,0,     Textmodus VGA
DATA 1,  40,25,  2, 320,200, CGA-Grafik
DATA 1,  40,25,  4, 320,200, CGA/EGA-Grafik
DATA 2,  80,25,  2, 640,200, CGA-Grafik
DATA 3,  80,25,  2, 720,348, Hercules-Grafik
DATA 4,  80,25,  2, 640,400, Spezialmodus
DATA 7,  40,25, 16, 320,200, EGA-Grafik
DATA 8,  80,25, 16, 640,200, EGA-Grafik
DATA 9,  80,25, 16, 640,350, EGA-Grafik
DATA 9,  80,43, 16, 640,350, EGA-Grafik/2
DATA 10, 80,25,  4, 640,350, EGA-Grafik monochrom
DATA 10, 80,43,  4, 640,350, EGA-Grafik monochrom/2
DATA 11, 80,30,  2, 640,480, VGA-Grafik monochrom
DATA 11, 80,60,  2, 640,480, VGA-Grafik monochrom/2
DATA 12, 80,30, 16, 640,480, VGA-Grafik
DATA 12, 80,60, 16, 640,480, VGA-Grafik/2
DATA 13, 40,25,256, 320,200, VGA-Grafik

DATA -1,0,0,0,0,0, ENDE!
```

Wenn Sie dieses Programm starten, wird es jeden möglichen SCREEN-Modus zu aktivieren versuchen. Ist dieser Modus ungültig, so wird die dadurch auftretende Fehlermeldung in die Fehlerroutine *GehtNicht* umgeleitet, wo eine entsprechende Meldung angezeigt wird.

Andernfalls werden alle Angaben zu diesem Modus angezeigt sowie die Zeilen durchnumeriert, ein Quadrat und ein Kreis gezeichnet und eine Farbpalette ausgegeben. Nach einem Tastendruck wird dann der nächste Modus bearbeitet und so weiter, bis entweder die Modusliste der DATA-Zeilen zu Ende ist oder [Esc] gedrückt wird.

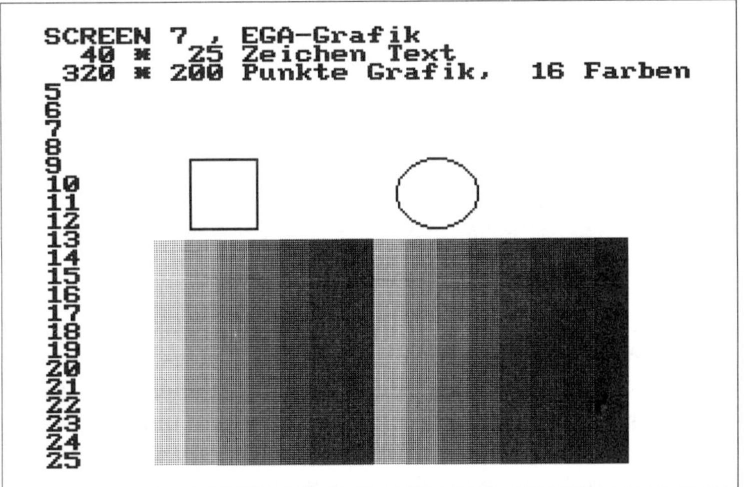

An den beiden Grundelementen Quadrat und Kreis können Sie sehr gut die Genauigkeit dieses Grafikmodus bzw. Ihres Monitors erkennen. Einige Modi verzerren auch diese Elemente, so daß aus dem Quadrat ein Rechteck oder aus dem Kreis eine Ellipse wird. Dies ist besonders im Modus 2 deutlich, wo auch ersichtlich wird, daß die Verzerrungen bei Rechtecken und Kreisen sehr unterschiedlich ausfallen!

Feuerwerk

Zur Einstimmung in die Grafikprogrammierung folgt nun erst einmal ein kleines Programm, welches ein buntes Feuerwerk auf dem Bildschirm darstellt. Dieses Programm ist für eine EGA- oder VGA-Karte ausgelegt und arbeitet daher im Grafikmodus 7. Das Programm ist zugegebenermaßen recht simpel, zeigt aber schon einen dem Aufwand gegenüber sehr schönen Effekt.

```
'*** Feuerwerk in QBasic ***

SCREEN 7                        '** SCREEN 7 (EGA/VGA!) einschalten

FOR i% = 199 TO 100 STEP -2            '** Raketen-Steigflug
 PSET (250 - i%, i%)
 t = TIMER: DO: LOOP UNTIL TIMER > t
 PRESET (250 - i%, i%)
NEXT i%

FOR R% = 1 TO 50                       '** Ausdehnungs-Radius 1-50

 FOR i% = 1 TO 10                      '** 10 Punkte pro Radius
  W = RND * 7                          '** Zufalls-Winkel
  PSET (150 + R% * SIN(W), 100 + R% * COS(W)), R% AND 7
  SOUND 6000 + 500 * W, .1             '** Geräusch...
 NEXT i%

NEXT R%

FOR R% = 0 TO 60                       '** Wolke von innen nach
                                       '** außen löschen
 CIRCLE (150, 100), R%, 0
 CIRCLE (151, 100), R%, 0
 t = TIMER: DO: LOOP UNTIL TIMER > t
NEXT R%
```

Ein Wort noch zu diesem Beispielprogramm: Das Löschen der Punkte-Wolke erfolgt durch das Zeichnen eines sich ausdehnenden Kreises in der Hintergrundfarbe. Da aber beim Zeichnen eines Kreises nicht alle denkbaren Punkte um den Mittelpunkt herum angesteuert werden, sind hier zwei *CIRCLE*-Anweisungen mit um einen Punkt versetztem Mittelpunkt eingesetzt. Wenn Sie probehalber eine dieser Anweisungen entfernen, werden Sie feststellen, daß dann einige Punkte gesetzt bleiben.

4.3 Bilder und Diagramme

Mit den eingangs aufgezeigten Grafikbefehlen können alle möglichen Zeichnungen erstellt werden, wenn diese aus den geometrischen Grundfiguren wie Linie oder Ellipse bestehen. Freihandlinien dagegen sind nicht so leicht herzustellen, da für sie jeder Punkt gespeichert werden muß. Wie dennoch eine Linie bzw. eine Kurve gezeichnet werden kann, die nicht aus den Grundelementen besteht, ist eine Frage der Mathematik.

Die wohl einfachste und bekannteste Linie dieser Art ist die Sinus-Kurve. Diese ist recht leicht herzustellen, da QBasic ja über die Funktionen *SIN()* und *COS()* verfügt. Eine einfache Sinus-Kurve kann durch das folgende Programm gezeichnet werden, wobei zuvor ein beliebiger Grafikmodus aktiviert werden muß:

Sinus-Kurve

```
'*****  Sinus-Kurve zeichnen  *****
LINE (1, 100)-(315, 100)

FOR Winkel = 0 TO 6.28 STEP .01          '** von 0 bis 2*Pi
 PSET (Winkel * 50, 100 + 50 * SIN(Winkel))
NEXT Winkel
```

In diesem Beispiel ist deutlich zu sehen, daß die Winkelangabe der trigonometrischen QBasic-Funktionen (*SIN(), COS()* oder *TAN()*) nicht in Winkelgrad, sondern in Bogengrad angegeben werden muß. Hierbei ist ein Kreis nicht von 0° bis 360°, sondern von 0 bis 2*Pi definiert. Die Umrechnung der beiden Systeme ist über einen Dreisatz leicht zu machen: 360° zu X° ist gleich 2*Pi zu Y, also

```
Y = X° * 2*Pi / 360°    bzw.
Y = X * 3.1415926 / 180
```

Aus einem Winkel von 90° ergibt sich somit

```
Y = 90 * 3.1415926 / 180
Y = 1.5707963
```

Dies entspricht Pi/2, was auch das richtige Ergebnis ist.

Auf der Basis der beiden Funktionen Sinus und Cosinus kann auch ein Kreis gezeichnet werden, was zwar durch die Existenz des *CIRCLE*-Befehls nicht notwendig, aber doch interessant ist. Hierbei wird ein kleiner Trick eingesetzt, um die Rechenzeit auf ein Viertel zu reduzieren, und zwar werden in Wirklichkeit vier Viertelkreise gezeichnet:

Kreis zeichnen

```
'*****  Kreis zeichnen  *****
FOR Winkel = 0 TO 1.57 STEP .01          '** von 0 bis 2*Pi
 CS% = 50 * COS(Winkel)
 SN% = 50 * SIN(Winkel)
 PSET (100 + CS%, 100 + SN%)
 PSET (100 - CS%, 100 + SN%)
 PSET (100 + CS%, 100 - SN%)
 PSET (100 - CS%, 100 - SN%)
NEXT Winkel
```

Auch andere Kurven können gezeichnet werden, wie etwa die Logarithmus-Kurve:

```
'*****  Logarithmus-Kurve zeichnen  *****
FOR i% = 1 TO 300
 PSET (i%, 200 - LOG(i%) * 10)
NEXT i%
```

Hier dient die in der Berechnung der vertikalen Y-Position des zu setzenden Punktes enthaltene Subtraktion 200-x zur Darstellung von unten nach oben, was ja in einem Koordinatensystem üblich ist. In QBasic ist aber die Koordinate (0,0) oben links, weshalb diese Umrechnung notwendig war.

Es gibt in QBasic einen Befehl, mit dem dies direkt umgeschaltet werden kann: den *WINDOW*-Befehl. Dieser Befehl kann das Koordinatensystem in ein virtuelles System umsetzen, in dem die danach angegebenen Koordinaten bei den Zeichenbefehlen in die physikalischen Koordinaten umgerechnet werden, wobei (0,0) standardmäßig unten links liegt. Wird hier noch das *SCREEN*-Schlüsselwort mit angegeben, ist diese Umkehrung von oben und unten wieder wie sonst, also ist die kleinere Y-Ordinate weiter oben.

Diagramme

Abgesehen von Tortendiagrammen bestehen die meisten grafischen Darstellungen von Zahlenkolonnen aus Balken, was aus diesem Grund auch Balkendiagramm genannt wird. Dies kann leicht mit dem *LINE*-Befehl dargestellt werden. Das folgende Beispiel soll eine Reihe von Zahlenwerten in Form eines Diagramms darstellen. Diese Werte werden aus einer Reihe *DATA*-Zeilen ausgelesen und nachher im Grafikmodus 2 mit einem durch den *WINDOW SCREEN*-Befehl festgelegten, angepaßten Koordinatensystem gezeichnet.

Verwenden Sie eine HERCULES-Karte, müssen Sie als Grafikmodus eine 3 einsetzen (Voraussetzung: MSHERC.COM bzw. QBHERC.COM ist geladen!). Ebenso können Sie auch einen höheren Modus verwenden, etwa 9 bei Einsatz einer EGA- oder VGA-Karte. Obwohl die darstellbare Breite und Höhe bei diesen Modi stark differiert, soll dennoch das Diagramm den gesamten Bildschirm ausfüllen.

Balken-Diagramm

```
'*** Beispielprogramm für Diagramm-Darstellung ***
'*** aus DATA BECKERs großem QBasic-Buch

DECLARE SUB Diagramm (Feld%())
```

```
DIM Werte%(10)                     '** Feld für darzustellende Werte
FOR i% = 1 TO 10
 READ Werte%(i%)                   '** Werte einlesen
NEXT i%

SCREEN 2                           '** Grafikmodus setzen
WINDOW SCREEN (0, 0)-(640, 400)    '** Koordinatensystem anpassen

Diagramm Werte%()                  '** Balkendiagramm zeichnen

DATA 10,30,35,20,7
DATA 26,13,32,28,4
```

Dies ist das Hauptprogramm für die Diagrammerstellung, während das Diagramm selbst in der folgenden SUB *Diagramm* gezeichnet wird. Hier wird zunächst das Feld dimensioniert, in dem die darzustellenden Werte enthalten sein sollen und danach werden die Werte aus DATA-Zeilen eingelesen. Die SUB *Diagramm* orientiert sich an der Größe dieser Dimensionierung, weshalb diese genau der Anzahl der darzustellenden Werte entsprechen muß.

Die nach dem Einschalten des Grafikmodus und dem Festlegen des Koordinatensystems aufgerufene SUB *Diagramm* zeichnet auf dem virtuellen Bildschirm der Größe (0,0)-(640,400) ein zweidimensionales Balkendiagramm, in dem alle Werte aus dem übergebenen INTEGER-Feld dargestellt werden. Hierfür wird zunächst das größte Element des Feldes ermittelt und anhand dessen der Umrechnungsfaktor ermittelt. Negative Werte sind hierbei allerdings nicht berücksichtigt!

Diagramm()

```
SUB Diagramm (Feld%())
 '*** Balkendiagramm aus den Werten in Feld%() bilden

 Anz% = UBOUND(Feld%)                    '** Anzahl Feldelemente

 FOR i% = 1 TO Anz%                      '** Maximum ermitteln
  IF Feld%(i%) > Max% THEN Max% = Feld%(i%)
 NEXT i%

 Faktor = 300 / Max%                     '** Darstellungsfaktor

 LINE (10, 10)-(10, 350)                 '** Koordinatensystem
 LINE -(630, 350)

 Breite% = 610 / Anz%                    '** Balkenbreite

 FOR i% = 1 TO Anz%                      '** Balken zeichnen
  LINE (14 + (i% - 1) * Breite%, 350)-STEP(Breite% - 4,
       -Feld%(i%) * Faktor), , B
```

```
  PAINT STEP(-2, 2), CHR$(i%) + CHR$(256 - i%)  '** Balken mit
                                                '** Muster füllen
 NEXT i%

END SUB
```

Balken füllen

Das Füllen der Balken wird hier nicht mit der **F**-Option des *LINE*-Befehls, sondern mit dem Füllbefehl *PAINT* realisiert. Dies hat einen sehr einfachen Grund. Wird die **F**-Option in *LINE* eingesetzt, so wird das Rechteck immer vollständig in einer Farbe ausgefüllt. Da aber die Darstellung des Diagrammes unabhängig von der verwendeten Grafikkarte sein soll und die Anzahl der darstellbaren Farben absolut abhängig davon ist, wird auf die Verwendung von Farben vollständig verzichtet. Dies hat auch den zusätzlichen Vorteil, daß ein Schwarzweißbild auf einem Drucker ohne Farboption ausgegeben werden kann, vorausgesetzt, der DOS-Befehl GRAPHICS wurde vorher gestartet.

Füllmuster

Um die Balken dennoch voneinander abzuheben, kann mit dem *PAINT*-Befehl das Füllen auch mit einem Füllmuster geschehen. Hierfür wird diesem Befehl anstelle einer Farbnummer ein String mitgegeben, dessen Bitmuster das Füllmuster definiert. Im hier eingesetzten einfachsten Fall wird diese Definition aus dem Zähler der Balken ermittelt. Die hierdurch entstehenden Muster sind zwar nicht unbedingt sehr schön, geben dem Diagramm aber ein wenig das Aussehen einer Städte-Skyline...

Um hierfür richtige Füllmuster einzusetzen, mit denen etwa in verschiedenen Winkeln schraffiert oder verschieden dicht gepunktet bzw. gerastert wird, müssen diese Füllmuster zuvor definiert werden, da QBasic von sich aus keine Füllmuster vorgibt.

Die folgende Definition von 10 verschiedenen Mustern ist so ausgelegt, daß sie zu Beginn des Programmes ein Stringfeld namens *Muster$()* mit den verschiedenartigen Definitionen belegt. Ist dies geschehen, kann in den folgenden *PAINT*-Befehlen als Füllmuster-Definition einer dieser Feldeinträge angegeben werden. Im obigen Beispiel würde dann die *PAINT*-Anweisung folgendermaßen aussehen:

```
PAINT STEP(-2, 2), Muster$(i%)  '** Balken mit Muster füllen
```

Dies setzt natürlich voraus, daß nicht mehr Balken dargestellt werden, als Füllmuster in *Muster$()* definiert sind. Ist dies dennoch der Fall, so kann die zwangsläufig auftretende Fehlermeldung beim 10. Balken verhindert werden, indem geschrieben wird

```
PAINT STEP(-2, 2), Muster$(i% MOD 10)  '** Balken mit Muster
füllen
```

Hier wird durch den Einsatz der Modulo-Funktion nur der Rest der Division i% / 10 verwendet, welcher ja nur zwischen 0 und 9 liegen kann.

Hier nun die Definition der Füllmuster in *Muster$(0)* bis *Muster$(9)*, deren Design natürlich je nach Geschmack verändert werden kann:

```
'*** Füllmuster ***
DIM SHARED Muster$(9)

Muster$(0) = CHR$(&HFF)
Muster$(1) = CHR$(&H44)
Muster$(2) = CHR$(&HAA)
Muster$(3) = CHR$(&HFF) + CHR$(0)
Muster$(4) = CHR$(&HAA) + CHR$(&H55)
Muster$(5) = CHR$(&HAA) + CHR$(0)
Muster$(6) = CHR$(&H88) + CHR$(&H44) + CHR$(&H22) + CHR$(&H11)
Muster$(7) = CHR$(&H11) + CHR$(&H22) + CHR$(&H44) + CHR$(&H88)
Muster$(8) = CHR$(&H88) + CHR$(&H44) + CHR$(&H22) + CHR$(&H11) +
             CHR$(&H22) + CHR$(&H44)
Muster$(9) = CHR$(0) + CHR$(&H81) + CHR$(&H42) + CHR$(&H24) +
CHR$(&H18)
```

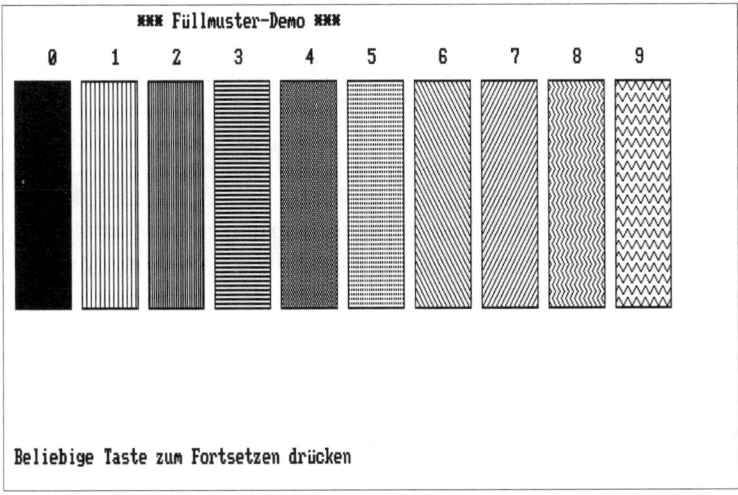

4.4 3D-Funktionen darstellen

Die Darstellung geometrischer Figuren findet normalerweise nur zweidimensional statt, also abgebildet auf die Ebene mit zwei Ausdehnungen: X und Y. Dennoch kann auch auf dem zweidimensionalen Bildschirm ein 3D-Effekt hergestellt werden, was zu sehenswerten Ergebnissen führt. Hierzu sei allerdings schon im Vorfeld gesagt, daß für eine gute 3D-Darstellung eine entsprechend gute Bildschirmauflösung notwendig ist. Besitzer einer CGA-Karte können zwar auch dreidimensionale Zeichnungen sichtbar machen, der Effekt leidet dabei jedoch stark.

Grundsätzlich wird für die Einrichtung einer dritten Dimension, der Tiefe, auch eine dritte Koordinate eingesetzt: Z. Um hiermit wieder auf die berechneten Kurven zurückzukommen, wird eine 3D-Kurve immer dann sehr sinnvoll, wenn eine darzustellende Funktion mit zwei Unbekannten vorliegt.

Für die grundsätzliche Darstellung einer solchen dreidimensionalen Funktion auf dem Bildschirm in Form einer auf den Schirm projizierten Funktionsebene folgt nun ein kleines Programm. Mit diesem Programm ist es möglich, die in der FUNCTION *YFunc* eingegebene Funktion mit den Parametern X und Z als Graph darzustellen, wobei gilt:

```
Y = f(X, Z)
```

Zur Verstärkung des 3D-Effektes wird dieser Graph schräg dargestellt, so daß man quasi von links oben in die Funktionsebene blickt. Auf diese Weise entstehen je nach Funktion Bilder wie etwa eine wellige Wasseroberfläche.

Das Programm ist bewußt kurz gehalten, was natürlich den Nachteil mit sich bringt, daß mehr Aufwand für die perfekte Darstellung der Funktion getrieben werden muß. Um eine bestimmte Funktion darstellen zu können, müssen folgende Schritte ausgeführt werden:

- Einsetzen der Funktion YFunc = f(X,Z) in *YFunc*
- Starten des Programmes zur ersten Überprüfung
- ggf. Ändern des Darstellungsfaktors in *Faktor*
- ggf. Ändern der Schrittweiten von X und Z
- erneutes Starten und Betrachten des 3D-Funktionsgraphs

Hier nun das Listing des im Vergleich zum Effekt überraschend kurzen Programmes:

3D-Diagramme

```
'*** 3D-Plotter in QBasic ***
'** Die Funktion Y = f(X,Z) muß in der FUNCTION YFunc stehen!

DECLARE FUNCTION YFunc! (X!, Z!)

Faktor = 18                              '** Darstellungsgröße **

SCREEN 9                                 '** EGA/VGA !
'SCREEN 3                                 '** HERCULES !

PRINT , "***  3D-Funktionsplotter  ***"

YMax% = 0

FOR Z = 1 TO 120
 FOR X = 1 TO 400 STEP 5

   Y = YFunc(X, Z) * Faktor            '** Y ermitteln

   YP% = 50 + Z - Y                    '** Bildpositionen errechnen
   XP% = X + Z * 2

   IF YP% > YMax% THEN YMax% = YP%     '** tiefster Pkt zum Löschen

   IF X > 1 THEN LINE -(XP%, YP%), 7         '** Linie ziehen (1)

   LINE (XP%, YMax%)-(XP%, YP%), 0           '** nach unten löschen

'   IF X > 1 THEN PSET (XP%, YP%), 7         '** Punkt setzen (2)

 NEXT X
NEXT Z
```

Varianten

Wie Sie sehen, sind hier zwei Varianten der Darstellung möglich, jeweils mit (1) und (2) gekennzeichnet. Während die Variante (1) von jedem berechneten Punkt einer Z-Ebene eine Linie zum nächsten Punkt zieht, setzt (2) nur den Punkt selbst. Variante (1) hat zwei Vorteile: Die Kurven werden richtig durchgezogen und können dadurch mit größerer Schrittweite für die X-Schleife gezeichnet werden, was die Rechenzeit natürlich drastisch verkürzt. Der Nachteil dabei ist aber, daß das Löschen der verdeckten Linien nicht vollständig funktioniert, was aber auch als leicht durchsichtige Darstellung gewünscht sein kann. Am besten probieren Sie beide Varianten einmal aus, jeweils mit verschiedenen Schrittweiten für X, und beurteilen selbst das Ergebnis!

Hier nun die FUNCTION *YFunc*, in der die darzustellende Funktion Y = f(X,Z) eingetragen wird. Hier sind zwei Funktionen vorgegeben, die Sie sich einmal ansehen sollten!

```
FUNCTION YFunc (X, Z)
 YFunc = SIN(X / 30) + COS(Z / 10) * COS(X / 100)
' YFunc = SIN(X / 30 + Z / 5)
END FUNCTION
```

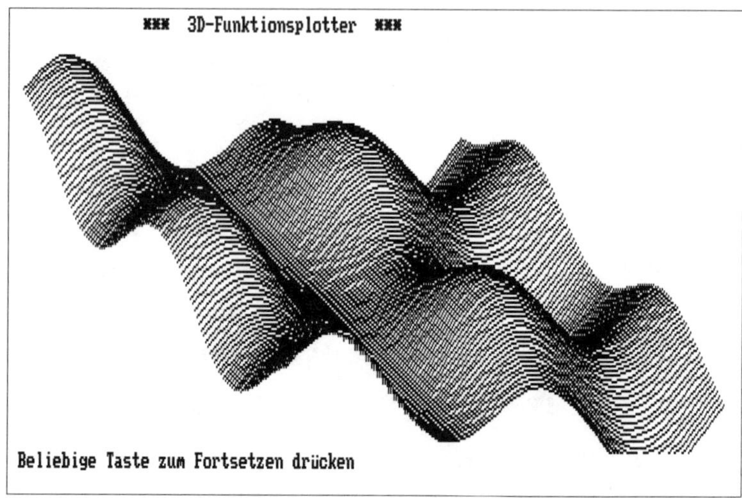

Wenn Sie mit diesem Programm ein wenig experimentieren, werden Sie feststellen, daß sich damit sehr interessante Grafiken darstellen lassen, wenn auch jeweils die Rechenzeit groß ist...

4.5 Zeichnen mit dem DRAW-Befehl

Ein sehr interessanter Grafik-Befehl ist *DRAW*. Hiermit kann eine in einem String enthaltene Anweisungsfolge abgearbeitet werden, wobei in diesem String diverse Befehle zum Zeichnen, Füllen oder Verändern des Koordinatensystems möglich sind. Diese Strings werden auch als Makros bezeichnet. Das Zeichnen findet dabei wie mit einem Stift statt, der in die angegebenen Richtungen über das Zeichenbrett, sprich den Bildschirm, bewegt wird.

Die meisten dieser Befehle bestehen aus einem Buchstaben, gefolgt von einer dezimalen Zahl. Wird die Zahl nicht angegeben, wird jeweils 1 angenommen.

DRAW-Kommandos

u[anzahl]	Zeichnen nach oben
D[Anzahl]	Zeichnen nach unten
L[Anzahl]	Zeichnen nach links
R[Anzahl]	Zeichnen nach rechts
E[Anzahl]	Zeichnen nach rechts oben
H[Anzahl]	Zeichnen nach links oben
F[Anzahl]	Zeichnen nach rechts unten
G[Anzahl]	Zeichnen nach links unten
B	Der nachfolgende Befehl bewegt nur den Stift, zeichnet jedoch nicht.
N	Nach der Ausführung des nächsten Befehls wird der Stift wieder an die Anfangsposition geführt.
M<X,Y>	Zeichnet zu der in X,Y angegebenen Position. X und Y sind dabei absolute Koordinaten, es sei denn, sie werden mit einem Vorzeichen versehen.
C<Farbe>	Setzt die Farbe für die folgenden Befehle fest, wobei <Farbe> eine Zahl von 0 bis 3 sein kann.
P<Füllfarbe>, <Randfarbe>	Füllt die durch <Randfarbe> umschlossene Figur mit der <Füllfarbe> aus. Der Stift muß innerhalb dieser Figur liegen.
A<Winkel>	Bestimmt den Winkel, um den alle folgenden Anweisungen gedreht werden sollen. Mögliche Werte für <Winkel> sind 0 bis 3, wobei der verwendete Winkel * 90 errechnet wird (0=0°, 1=90°, 2=180°, 3=270°)
TA<Winkel>	Wie A, jedoch kann hier der Winkel frei von -360° bis 360° direkt angegeben werden.
S<Faktor>	Legt den Vergrößerungsfaktor für die nachfolgenden Anweisungen fest. Hierbei werden alle relativen Bewegungen um den Faktor <Faktor>/4 vergrößert (also <Faktor>=4: Normalgröße).

Auf der Basis dieses Befehls können einige Probleme gelöst werden, deren Realisierung mit den normalen Grafikbefehlen wie *LINE* außerordentlich aufwendig und kompliziert würden. Dies gilt besonders für die Möglichkeit bei *DRAW*, den Winkel und den Maßstab der Zeichenaktionen zu verändern.

Genau dieses Problem tritt sehr schnell dann auf, wenn eine Grafik beschriftet werden soll. Hierbei werden nicht nur sehr kleine Ziffern benötigt, um die ganze Grafik nicht mit der Beschriftung zu überschreiben, sondern auch gedrehte Zeichen, etwa für die Beschriftung von vertikalen Linien.

Zeichen ausgeben mit DRAW

Leider fehlt in der Befehlsliste von *DRAW* die Möglichkeit, Zeichen auszugeben. Dennoch möchte ich Ihnen einen Weg zeigen, wie Sie zumindest Zahlen in einem beliebigen Maßstab und um 90, 180 oder 270 Grad gedreht darstellen können. Die dabei angewandte Methode mag auf den ersten Blick aufwendig erscheinen, bietet jedoch durch die so erreichte Flexibilität eine sehr sinnvolle Ergänzung der Grafikfähigkeit von QBasic!

Die Grundidee dieser Methode ist es, *DRAW*-Makros für jedes vorkommende Zeichen für das Zeichnen dieser Zeichen einzusetzen. Ist dies vorbereitet, können die Zeichen mit den *DRAW*-Befehlen **Sn** und **An** skaliert und gedreht werden.

Skalierbare Zeichen

Die Definition der Zeichen als *DRAW*-Makros ist eine etwas "fummelige" Arbeit, weshalb ich hier auch auf die Definition des gesamten Zeichensatzes verzichtet habe. Die einzelnen Zeichen werden hierbei stets bei der aktuellen Zeichenposition beginnend gezeichnet, wobei diese aktuelle Position die obere linke Ecke des Zeichens bestimmt. Nach dem Zeichnen jedes Zeichens muß daher die aktuelle Zeichenposition rechts oben neben die gezeichnete Ziffer gesetzt werden. Hierzu wird der Stift mit vorangesetztem **b** dorthin bewegt, ohne zu zeichnen.

```
'*** Skalier- und drehbare Zeichen in QBasic ***


'*** Zeichensatz für DrawChar ***
DIM SHARED c$(11)

c$(0) = "r2d4l2u4r2br2"
c$(1) = "brr1d4u4br2"
c$(2) = "r2d1g2d1r2bu4br2"
c$(3) = "r2d4l2bu2r2u2br2"
c$(4) = "d2r2d2u4br2"
c$(5) = "r2l2d2r2d2l2r2u2bu2br2"
c$(6) = "r2l2d4r2u2l2r2bu2br2"
c$(7) = "r2d1g2d1bu4br4"
c$(8) = "r2d4l2u4d2r2u2br2"
c$(9) = "r2d2l2u2r2d4l2r2u4br2"

c$(10) = "bd2r2bu2br2"                          '** Minus
c$(11) = "bd4r1brbu4br"                         '** Punkt
```

Wie funktioniert das? Nehmen wir als Beispiel das Zeichen 7, welchen in dem *DRAW*-Makro *c$(7)* enthalten ist. Dieses Makro arbeitet folgendermaßen:

```
DRAW "r2d1g2d1bu4br4"
```

r2 *2 Punkte nach rechts*
d1 *1 Punkt nach unten*
g2 *2 Punkte nach links unten*
d1 *1 Punkt nach unten*
bu4 *4 Punkte nach oben, ohne zu zeichnen*
br4 *4 Punkte nach rechts, ohne zu zeichnen*

Das Ergebnis ist ein Zeichen, welches wie eine 7 aussieht. Das Zeichnen erledigt eine SUB namens *DrawChar,* der drei Parameter übergeben werden: den zu schreibenden Zahlenwert und die X- und Y-Koordinaten.

```
SUB DrawChars (V#, xp, yp)

 PSET (xp, yp), 0: DRAW "c7"

 IF V# = 0 THEN
  DRAW c$(0)
 ELSE
  IF V# < 0 THEN DRAW c$(10)      '** Minus-Zeichen
  c$ = STR$(V#)
  FOR i% = 2 TO LEN(c$)
   w$ = MID$(c$, i%, 1)
   IF w$ = "." THEN w$ = "11"     '** Punkt
   DRAW c$(VAL(w$))
  NEXT i%
 END IF
END SUB
```

Der Ablauf dieses Vorganges ist folgender:

Ablauf

Zuerst wird an der übergebenen Position ein Punkt in der Hintergrundfarbe gesetzt, wodurch die aktuelle Zeichenposition festgelegt wird. Danach wird mit *DRAW "c7"* die Zeichenfarbe auf weiß gesetzt. Danach folgt eine Abfrage, ob der übergebene Zahlenwert 0 ist. Wenn das so ist, wird nur die Null gezeichnet und man ist fertig, wodurch diese Routine bei häufigem Einsatz mit Nullen schneller wird.

Ist ein Wert übergeben worden, wird zunächst überprüft, ob dieser negativ ist. Wenn das der Fall ist, wird das in *c$(10)* definierte Minus-Zeichen ausgegeben. Danach wird der Wert in einen String umgewandelt und dieser Zeichen für Zeichen dargestellt. Der Dezimalpunkt wird hierbei durch das Makro *c$(11)* gezeichnet.

Mit dieser SUB und den definierten Ziffer-Makros kann nun eine beliebige Beschriftung einer Grafik erfolgen. In dem folgenden Beispiel werden einige Effekte gezeigt, wobei zuvor ein beliebiger Grafikmodus eingestellt werden muß.

```
SCREEN 2                          '** CGA-Modus

FOR i% = 1 TO 30
 DrawChars (i%), 10, i% * 6
NEXT i%

Wert# = -12345.6789#

DRAW "S12"
DrawChars Wert#, 100, 20          '** große Zeichen

DRAW "A2"
DrawChars Wert#, 220, 50          '** auf dem Kopf

DRAW "A0S40"
DrawChars Wert#, 60, 80          '** Riesenzeichen

DRAW "A1S30"
DrawChars Wert#, 480, 180      '** auf der Seite

END
```

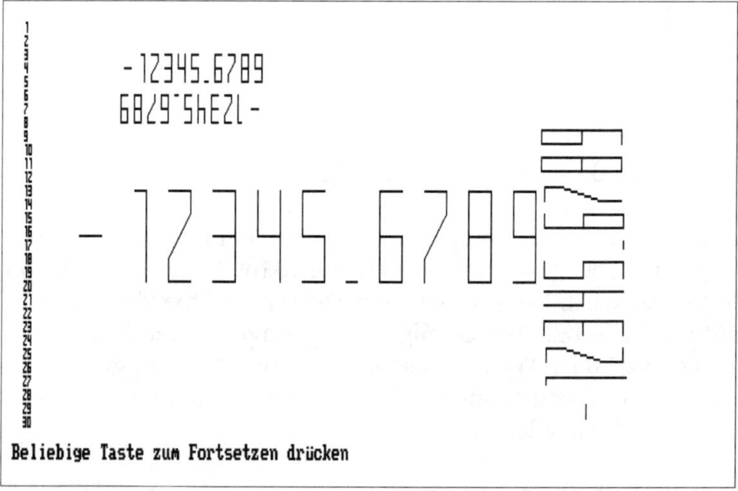

Sicher können Sie sich vorstellen, daß es mit Hilfe dieser Funktion recht bequem ist, Grafiken zu beschriften. Wenn Sie diese Grafiken und damit auch die Beschriftung in einem hochauflösenden Grafikmodus wie 11 oder 12 zeichnen, werden Sie feststellen, daß die Zeichen sehr sehr klein werden können. Andernfalls werden Sie in einem Modus wie 2 feststellen, daß die Zeichen erwartungsgemäß verzerrt sind, wodurch auch die in der kleinsten Größe und mit 90 bzw. 270 Grad auf die Seite gelegten Zeichen ineinander verschoben werden können. In diesem Fall müßten Sie entweder auf die vertikale Darstellung verzichten oder den Maßstab vergrößern.

4.6 Bilder bewegen

Neben der statischen Darstellung von Bildern ist auch die Anforderung bewegter Grafiken recht häufig, und das nicht nur in Spielen. Eine Bewegung im eigentlichen Sinne kann aber auf einem Computerbild nicht stattfinden, also wird dies durch wiederholtes Löschen und Neuzeichnen des Bildes an der neuen Position realisiert.

Dieses Neuzeichnen kann aber bei komplexeren Bildausschnitten recht lange dauern und somit als Methode ungeeignet sein. Doch auch für diesen Fall hält QBasic zwei Befehle bereit, mit denen ein Bildausschnitt in ein Variablenfeld kopiert und daraus wieder an einer beliebigen Position ins Bild gebracht werden kann: *GET* und *PUT*. Da hier nicht im eigentlichen Sinne gezeichnet wird, sondern nur einige Byte kopiert werden, ist diese Methode recht schnell und eignet sich sehr gut für die Darstellung von Bewegungen.

Bildausschnitte

Es sei hier auch gleich auf einen Nachteil dieser Methode hingewiesen: Ist der Bildschirm mit dem *WINDOW*-Befehl in ein virtuelles Koordinatensystem umgesetzt worden, interessieren sich diese beiden Befehle nicht für die neuen Koordinaten, sondern verwenden grundsätzlich die physikalischen Punkte. Hierdurch ist für das Ausschneiden einer Grafik aus einem im virtuellen Koordinatensystem gezeichneten Bild eine Umrechnung notwendig, was aber mit Hilfe der *PMAP()*-Funktion sehr einfach ist.

Für den *GET*-Befehl muß für das Speichern der Bilddaten zuerst ein genügend großes Variablenfeld definiert werden, in dem diese Daten dann der Reihe nach abgelegt werden. Ist dieses Feld zu klein dimensioniert, so meldet QBasic dies in einer Fehlermeldung.

Zum Speichern des Bildausschnittes müssen dann nur noch der zu sichernde Bildausschnitt in Form von Koordinaten und das zuvor dimensionierte Variablenfeld angegeben werden.

Um dies einmal zu demonstrieren, folgt nun ein kleines Programm, in dem eine Sonne gezeichnet und mit *GET* in ein Variablenfeld kopiert wird. Danach wird in einem Kreisbogen diese Sonne mit *PUT* angezeigt, nach einer kurzen Pause wieder gelöscht und an der nächsten Position des Bogens ausgegeben. Das Ergebnis scheint so, als ob sich diese Sonne bewegt, ähnlich wie ein Sonnenauf- und Untergang:

```
'*** Sonnenauf- / Untergang ***

SCREEN 7                          '** nur EGA/VGA !
'SCREEN 3                          '** nur HERCULES !
SunCol% = 14

DIM Sun%(493)

CIRCLE (100, 100), 10, SunCol%          '*** Sonne zeichnen ***
PAINT (100, 100), SunCol%               '** Kreis füllen
FOR w = 0 TO 6.28 STEP .628             '** Strahlen zeichnen
 LINE (100, 100)-STEP(20 * SIN(w), 20 * COS(w)), SunCol%
NEXT w

GET (80, 80)-STEP(40, 40), Sun%         '** Bild in Feld Sun%()
                                        '** einlesen

CLS                                     '** Bild löschen

LINE (1, 180)-(320, 200), 1, BF         '** Horizont

FOR w = -1.65 TO 1.65 STEP .05
 PUT (150 + 120 * SIN(w), 150 - 100 * COS(w)), Sun%, XOR
                                        '** Sonne zeichnen

 t = TIMER: DO: LOOP WHILE t = TIMER    '** kurze Pause...

 PUT (150 + 120 * SIN(w), 150 - 100 * COS(w)), Sun%, XOR
                                        '** Sonne löschen
NEXT w
```

Zu Beginn dieses Programmes wird zuerst einmal der Grafikmodus eingeschaltet. Verfügen Sie über eine HERCULES-Karte, so müssen Sie hier die Zeile *SCREEN 3* durch Entfernen des Kommentarhäkchens und des anderen *SCREEN*-Befehls aktivieren und vorher das MSHERC-Programm gestartet haben. Außerdem können Sie dann die Farbe der Sonne in der Variablen *SunCol%* anpassen.

Danach wird das Variablenfeld definiert, welches die Bilddaten der Sonne aufnehmen soll. Die notwendige Größe dieses Feldes hängt von verschiedenen Faktoren ab, und zwar von dem verwendeten Grafikmodus und der Größe des Bildausschnittes. Hierbei ist die insgesamt ausgeschnittene Anzahl von Bildpunkten horizontal durch die Anzahl der Bits pro Feldeintrag zu teilen und aufzurunden. Im Beispiel des INTEGER-Feldes, in dem jeder Eintrag 16 Bit breit ist, und einer auszuschneidenden Bildbreite von 41 Punkten ergibt sich so die pro Bildzeile benötigte Anzahl von 41/16=2.5625, also 3 INTEGER-Einträgen.

Dies ist wiederum mit der Anzahl der Bildzeilen, in diesem Fall ebenfalls 41, zu multiplizieren, und ergibt 123. Diese Zahl muß dann noch mit der Anzahl der Bits pro Bildpunkt multipliziert werden. Im Grafikmodus 7 sind 16 Farben möglich, also werden 4 Bits pro Bildpunkt benötigt. Hierdurch ergibt sich eine Anzahl von 123*4=492 INTEGER-Einträgen, wozu dann noch 4 Byte gleich 2 Einträge zur Verwaltung der Daten addiert werden. Die resultierende Dimensionierung des Feldes, in dem ja auch das Element 0 vorhanden ist, lautet also 493.

Danach wird die Sonne erst einmal gezeichnet und mit dem *GET*-Befehl in das so vorbereitete Feld eingelesen. Danach wird der Bildschirm wieder gelöscht, ein Horizont gezeichnet und die Darstellungsschleife begonnen.

Diese Schleife läuft zwischen den Winkeln -Pi/2 bis +Pi/2, also in einem Kreisbogen von links nach oben und rechts. An der aus diesem Winkel mit Hilfe der Sinus- und Cosinus-Funktionen berechneten Position wird nun mit dem *PUT*-Befehl die Sonne dargestellt. Diesem Befehl wird nur die Position angegeben, an dem der Bildausschnitt erscheinen soll, da Höhe und Breite in dem INTEGER-Feld vermerkt sind. Außerdem wird noch das Feld angegeben, in dem sich die Daten befinden. Als zusätzliche Parameter können dann noch die Farbe und der Darstellungsmodus angegeben werden. Die Farbe ist in diesem Fall in der Variablen *Sun%* enthalten.

Der Darstellungsmodus des *PUT*-Befehls bestimmt, wie die Daten des gesicherten Bildausschnittes mit denen des vorhandenen Bildschirminhaltes verknüpft werden. Hier kann eingesetzt werden:

PUT-Modi

PSET	Die neue Grafik überlagert den bestehenden Ausschnitt völlig.
PRESET	Die neue Grafik überlagert den bestehenden Ausschnitt völlig, wobei alle Punkte invertiert angezeigt werden.
XOR	Die Bildpunkte beider Ebenen werden XOR-verknüpft, das heißt, es wird immer dann ein Bildpunkt gesetzt, wenn die beiden Punkte unterschiedliche Inhalte haben.
OR	Die Bildpunkte beider Ebenen werden OR-verknüpft, das heißt, es wird immer dann ein Bildpunkt gesetzt, wenn einer der beiden oder beide Punkte gesetzt ist/sind.
AND	Die Bildpunkte beider Ebenen werden AND-verknüpft, das heißt, es wird immer dann ein Bildpunkt gesetzt, wenn die beiden Punkte gesetzt sind.

Der Vorteil der in obigem Beispiel verwendeten Art XOR liegt darin, daß ein nochmaliges Einbringen desselben Bildausschnittes an dieselbe Stelle das Bild wieder in den ursprünglichen Zustand versetzt, was auch nach einer kurzen Pause durch einen wiederholten *PUT*-Befehl stattfindet.

4.7 Bezier-Kurven

Über die normalen geometrischen Figuren hinaus, aus denen die meisten Bilder und Grafiken zusammengesetzt werden, gibt es auch Kurvenformen, die aus mathematischen Berechnungen resultieren. Dies wurde bereits in einem früheren Kapitel anhand einer Sinuskurve demonstriert.

Eine wesentlich kompliziertere, aber für verschiedene Anwendungen sehr wichtige Möglichkeit ist die Berechnung einer Kurve aus bestehenden Stützpunkten, etwa die Glättung einer aus Meßwerten resultierenden, eckigen Kennlinie oder die Rundung einer Figur. Hierfür existiert eine Reihe mathematischer Algorithmen, deren Hintergrund meist recht kompliziert ist. Ohne in die mathematischen Tiefen vorzudringen, möchte ich Ihnen hier ein Beispiel für eine solche berechnete Kurve vorstellen: die Bezier-Kurve.

Die Grundidee

Die Grundidee dieser Kurven- bzw. Berechnungsart war die Schaffung einer Möglichkeit, beliebige Kurven ohne exakte mathematische Funktionen darzustellen, indem die Kurve aus Stützpunkten selbst errechnet wird. Dies wurde ursprünglich von P. Bezier für die Firma Renault entwickelt, um gerundete und gekrümmte Autoteile damit auf einem Computer darstellen und verändern zu können.

Eine so entstehende Kurve spannt sich wie ein elastisches Seil um die Stützpunkte, wobei die elastischen Verformungen die Gesamtkurve auszeichnen. In dem folgenden Programmbeispiel, welches hier im EGA/VGA-Grafikmodus 9 arbeitet, werden einige Stützpunkte in Form von DATA-Zeilen vorgegeben, für die pro Punkt noch deren Gewichtigkeit angegeben kann. Mit einem höheren Wert wird dabei die Ablenkung dieses Stützpunktes vergrößert.

Die so eingelesene Figur wird dann erst normal als Polygon dargestellt, und danach wird mit dem Berechnen und Zeichnen der Bezier-Kurve begonnen. Die Anzahl der hierfür zu berechnenden Bildpunkte, die beim Zeichnen der Kurve miteinander verbunden werden, kann in der Zeile

```
S% = Anz% * 3                          '** zu berechnende
Einzelpunkte
```

bestimmt werden. Vorgegeben wird hier eine Anzahl von 3 mal der Anzahl der Stützpunkte. Wenn Sie hier einen höheren Wert einsetzen, wird die Kurve zwar genauer und damit runder, die Rechenzeit steigt jedoch stark an!

```
'*** Bezier-Kurven in QBasic ***

DIM Xk%(50), Yk%(50), G%

SCREEN 9                '** Grafik aktivieren
CLS
PRINT , "*** Bezier-Kurve ***"

FOR i% = 1 TO 50
 READ Xk%(i%), Yk%(i%), G%             '** Stützpunkte einlesen
 IF Xk%(i%) = -1 THEN EXIT FOR
 FOR j% = 1 TO G% - 1                  '** ggf. G% mal Stützpunkt
  i% = i% + 1
  Xk%(i%) = Xk%(i% - 1)
  Yk%(i%) = Yk%(i% - 1)
 NEXT j%
NEXT i%
Anz% = i% - 1                          '** Anzahl Stützpunkte

DATA  50,  50, 1
DATA 400,  50, 1
DATA 550,  10, 5
DATA 600,  50, 1
DATA 550,  80, 1
DATA 400, 150, 1
DATA 200, 150, 2
DATA  50,  50, 2
```

```
DATA -1,-1, -1

PSET (Xk%(1), Yk%(1)), 1
FOR i% = 2 TO Anz%
 LINE -(Xk%(i%), Yk%(i%)), 1        '** Rahmen zeichnen
NEXT i%

PSET (Xk%(1), Yk%(1)), 2            '** erster Punkt

S% = Anz% * 3                       '** zu berechnende Einzelpunkte

FOR T% = 1 TO S% - 1

 U = T% / S%

 P1% = Xk%(1)                       '** Startpunkt
 P2% = Yk%(1)

 FOR i% = 0 TO Anz%

  V = 1
  FOR j% = i% + 1 TO Anz%           '** Ablenkung berechnen
   V = V * j%
  NEXT j%
  FOR j% = 1 TO Anz% - i%
   V = V / j%
  NEXT j%

  V = V * U ^ i%
  V = V * (1 - U) ^ (Anz% - i%)

  P1% = P1% + Xk%(i%) * V           '** Ablenkung addieren
  P2% = P2% + Yk%(i%) * V

 NEXT i%

 LINE -(P1%, P2%)                   '** Kurvenstück zeichnen

NEXT T%
```

Bei einem Beispiel wie diesem (siehe Abbildung) zeigt sich, daß die fehlende Unterstützung eines im Rechner eingebauten Mathematik-Coprozessors in QBasic sich stark auswirkt. Ich habe dieses Beispiel einmal im Vergleich unverändert in Quick-BASIC 4.5 laufen lassen, was durch den dort möglichen Einsatz des Coprozessors eine bedeutende Steigerung der Rechengeschwindigkeit auf einem 80486 bedeutete!

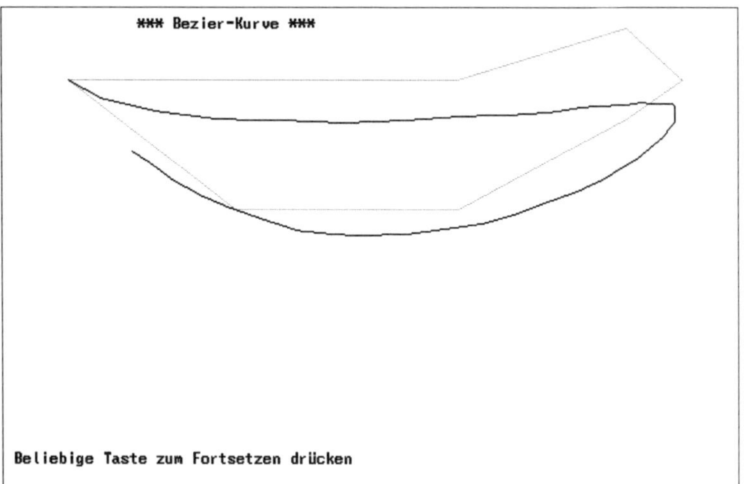
*** Bezier-Kurve ***
Beliebige Taste zum Fortsetzen drücken

5. Sound und Musik

Der in jedem PC eingebaute Lautsprecher ist ursprünglich nur dafür vorgesehen, akustische Meldungen zu ermöglichen. Die Qualität dieser Meldungen war für die Konstrukteure nicht wichtig, weshalb die Fähigkeiten des Rechners zur Ansteuerungen in Grenzen blieben.

QBasic bietet jedoch einige Befehle, die diesem Lautsprecher beachtliche Töne entlocken können, ja sogar Melodien. Diese Möglichkeiten werden in den nun folgenden Kapiteln betrachtet.

5.1 BEEP und SOUND

Für die Erzeugung von Tönen stellt QBasic drei Befehle zur Verfügung: *BEEP, SOUND* und *PLAY*. Die ersten beiden Befehle dienen dazu, einen Ton zu erzeugen, während der *PLAY*-Befehl schon ganze Melodien abspielen kann. Doch dazu später.

BEEP

Der erste Befehl, *BEEP*, stellt genau das dar, wofür von Anfang an der eingebaute Lautsprecher gedacht war. Er erzeugt einen kurzen Ton, dessen Tonhöhe und -dauer von dem Rechner selbst bzw. dessen Arbeitsgeschwindigkeit abhängen. Daß mit diesem Befehl keine Musik zu realisieren ist, dürfte wohl einleuchten. Dennoch ist es recht einfach, in einem Programm bei einer Meldung auf dem Bildschirm durch Hinzufügen eines *BEEP*-Befehls auch die akustische Meldung ertönen zu lassen.

SOUND

Eine wesentlich flexiblere Möglichkeit der Tonerzeugung bietet dagegen der *SOUND*-Befehl. Dieser kann zwar auch nur einen Ton abspielen, dessen Frequenz und Dauer können hier jedoch genau bestimmt werden. Wenn Sie also einen Ton mit 1.000 Hertz eine Sekunde lang spielen wollen, genügt der Befehl

```
SOUND 1000, 18
```

Wenn Sie in Ihrem Programm alle *BEEP*-Befehle durch solche Anweisungen ersetzen, können Sie der Art der Meldungen zusätzliche Qualitäten geben, indem Sie etwa bei wichtigen Meldungen einen höheren und/oder längeren Ton ausgeben lassen als bei weniger wichtigen. Dadurch ist außerdem gewährleistet, daß die Töne auf jedem Rechner gleich klingen.

Um mit diesem Befehl eine Melodie abzuspielen, ist für jeden einzelnen Ton ein eigener *SOUND*-Befehl nötig. Hier kann auch so verfahren werden, daß die Parameter des *SOUND*-Befehls in einer Schleife berechnet oder aus *DATA*-Zeilen bzw. einem entsprechend vorbereiteten Variablenfeld ausgelesen werden. Für die Berechnung des Tons kann etwa ein sinusförmiger Sirenenton folgendermaßen programmiert werden:

```
'*** US-Sirene mit dem SOUND-Befehl ***

FOR W = 0 TO 30 STEP .1
 SOUND (2 + SIN(W)) * 500, .1
NEXT W

FOR W = 0 TO 6 STEP .01
 SOUND (2 + SIN(W)) * 500, .1
NEXT W
```

Hier wird zuerst durch den größeren *STEP*-Wert ein schnell ablaufender Sirenenton erzeugt, gefolgt von einem langgezogenen Heulen, etwa so, wie sich die amerikanischen Sirenen anhören.

PLAY

Die andere Variante, nämlich das Abspielen einer Melodie durch Definition der einzelnen Töne in *DATA*-Zeilen, ist zwar auch möglich, wird jedoch durch den im folgenden Kapitel beschriebenen *PLAY*-Befehl unnötig.

5.2 Musik mit dem PLAY-Befehl

Speziell für das Abspielen einer Melodie gibt es neben dem *BEEP*- und dem *SOUND*-Befehl noch einen weiteren, der besonders vielseitig ist. Dieser Befehl heißt *PLAY* und tut genau das: er spielt eine Melodie ab. Die Beschreibung dieser Melodie wird in Form eines Strings mit angegeben, in dem Tonhöhe, Oktave, Tonlänge und Pausen sowie der Abspielmodus eingestellt werden können. Diese Angaben werden einfach hintereinandergesetzt, wobei auch Leerzeichen vorkommen dürfen, die ignoriert werden:

Oktave

PLAY-Befehle

On	(n = 0-6) Bestimmt die aktuelle Oktave
< oder >	Eine Oktave nach oben oder unten

Note

A *bis* **G**	Spielt die angegebene Note in der aktuellen Oktave. Hinter der Note kann ein + bzw. # oder ein - angegeben werden, + oder # für Erhöhung um einen Halbtonschritt und - für die Erniedrigung um einen Halbtonschritt.
Nn	Spielt Note n. Für n kann ein Wert von 0 bis 84 angegeben werden: 0 für eine Pause, 1 für die erste Note (C) in Oktave 0, 2 für Note Cis, 3 für Note D, 4 für Note Dis usw.

Länge

Ln	Setzt die Tonlänge einer Note fest (L1 für eine ganze Note, L2 für eine halbe Note usw. mit n = 1 bis 64
MS	Jede Note spielt 3/4 der Länge (Staccato)
MN	Jede Note spielt 7/8 der Länge (normal)
ML	Jede Note spielt die volle Länge (Legato)
Tn	Setzt den Takt fest mit n für die Anzahl von Viertel-Noten pro Minute (32 bis 255, normal ist 120)
Pn	Legt eine Pause mit einer Länge von n Viertel-Noten ein (n = 1-64)
.	Spielt die vorherige Note 1,5 Mal so lang wie angegeben.

Modus

MF	Spielt die Musik im Vordergrund (Das Programm läuft erst nach Abspielen der letzten Note weiter)
MB	Spielt die Musik im Hintergrund (Das Programm läuft weiter)

Melodien

Um eine Melodie mit *PLAY* zu erstellen, sind einige Versuche nötig, es sei denn, es wird eine Melodie vom Notenblatt übernommen. Hier kommt der große Vorteil von *PLAY* gegenüber *SOUND* zum Tragen, daß direkt die Noten und Oktaven angegeben werden können. Und jetzt noch ein kleines Beispiel zum Abspielen des Trauermarsch-Themas, was oft bei Spielen zum Signalisieren von "Verloren!" eingesetzt wird:

```
PLAY "o1 f. f. f f. a- g g f f e f."
```

Um eine solche Melodie auf einfache Art entwickeln zu können, habe ich ein kleines Programm erstellt, welches auf der Basis der Eingaberoutine *EdLine* arbeitet. Mit diesem Programm können Sie die Melodiezeile beliebig editieren und immer wieder abspielen lassen, bis die Melodie Ihren Vorstellungen entspricht.

Melodien-Editor

```
'*** Sequenz-Editor für PLAY ***

DECLARE SUB EdLine (EdStr$, le%, X%, Y%)

DIM SHARED Key$

PLAY "mb"        '** Modus: Hintergrund

'** Vorgabe: Anspiel Happy Birthday
Play$ = "l13o2 c.c.l4dcfe.. p18 l13c.c.l4dcgf.. p18 l13c.c.
         l4>c<afed l10 a+a+ l4afgf"

ON ERROR GOTO IllegalNote        '** Fehler abfangen!

CLS
PRINT "***  Melodie-Editor für den PLAY-Befehl, 4/91
       S.A.Dittrich  ***"
PRINT "   -- Bitte String für PLAY eingeben (<Return> spielt
       ab) --"

DO
 EdLine Play$, 78, 2, 4            '** Sequenz editieren

 IF Key$ = CHR$(13) THEN           '** bei <Return>: Abspielen
   SOUND 0, 0                      '** erst ggf. laufende Melodie
                                   '** stoppen
   PLAY Play$                      '** und spielen!
 END IF

LOOP UNTIL Key$ = CHR$(27)         '** Ende bei <Escape>

END

IllegalNote:                           '** Fehlerroutine **
 In% = PLAY(0)                         '** lfd. Nummer der Note
 SOUND 0, 0                            '** Melodie abschalten
 PLAY "l16cg"                          '** und Fehlerton ausgeben

 In1% = 0
 FOR i% = 1 TO LEN(Play$)              '** Noten zählen
  n$ = UCASE$(MID$(Play$, i%, 1))
  IF INSTR("CDEFGABP", n$) THEN In1% = In1% + 1
  IF In1% = In% THEN EXIT FOR
  IF n$ = "M" THEN i% = i% + 1         '** Modus überspringen
 NEXT i%
```

```
 LOCATE 5, 1 + i%                   '** (ungefähre) Fehlerposition
                                    '** anzeigen
 PRINT "↑"
 PRINT "*** Fehler nach Note"; In%; " ! ***"

 DO: LOOP UNTIL LEN(INKEY$)             '** Warten auf Taste

 LOCATE 4, 2
 PRINT SPACE$(160)                       '** Fehlermeldung löschen

RESUME NEXT                              '** und weiter...
```

Die für das Editieren des *PLAY*-Strings eingesetzte SUB *EdLine* entspricht derjenigen, die bereits in einem früheren Kapitel dieses Buches vorgestellt wurde. Hier das Listing dieser flexiblen Editierroutine:

```
SUB EdLine (Edl$, le%, X%, Y%)
 ' Form_Input:
 ' edl$  : übergabestring
 ' le%   : max. Länge
 ' x%/y% : Position (0=aktuelle Pos.)
 ' Ende durch Return,ESC oder Cursor hoch/runter

 IF Y% = 0 THEN Y% = CSRLIN     '** aktuelle Zeile
 IF X% = 0 THEN Y% = POS(0)     '** aktuelle Spalte
 xc% = 1                        '** Cursorposition im String
 Ed$ = Edl$

EdLineLoop:
 DO
  IF xc% > le% THEN xc% = le%

  LOCATE Y%, X%, 0

  PRINT MID$(Ed$ + STRING$(le%, "_"), 1, le%);
  LOCATE Y%, X% + xc% - 1, 1, 5 * ins%, 7

  DO
   Key$ = INKEY$                        '** auf Taste warten
  LOOP UNTIL LEN(Key$)

  R$ = MID$(Ed$, xc%)

  IF LEN(Key$) = 2 THEN        '****  Sondertasten auswerten ****
   sk% = ASC(RIGHT$(Key$, 1))
   SELECT CASE sk%
    CASE 72, 80, 59 TO 68         '*** Cursor hoch/runter, <Fx>
     Edl$ = Ed$
     EXIT DO

    CASE 71: xc% = 1                          '*** Home
    CASE 79: xc% = LEN(Ed$) + 1               '*** End
```

```
    CASE 75                                        '*** Cursor links
     xc% = xc% - 1
     IF xc% = 0 THEN xc% = 1
    CASE 77                                        '*** Cursor rechts
     xc% = xc% + 1
     IF xc% > LEN(Ed$) + 1 THEN xc% = LEN(Ed$) + 1
    CASE 82                                        '*** Insert
     ins% = 1 - ins%
    CASE 83                                        '*** Delete
     IF xc% < LEN(Ed$) + 1 THEN Ed$ = LEFT$(Ed$, xc% - 1)
                              + MID$(R$, 2)

    CASE ELSE
   END SELECT
  ELSE

   k% = ASC(Key$)
   SELECT CASE k%                       '*****  Taste auswerten  *****
    CASE 9
    CASE 13, 27                               '*** Return oder Escape
     Edl$ = Ed$
     EXIT DO
    CASE 8                                    '*** BackSpace
     IF xc% > 1 THEN
      Ed$ = LEFT$(Ed$, xc% - 2) + R$
      xc% = xc% - 1
     END IF
    CASE 25: xc% = 1: Ed$ = ""                '*** Ctl-Y
    CASE 21: Ed$ = Edl$: EXIT SUB             '*** Ctl-U: UNDO

    CASE ELSE                                 '*** normales Zeichen...
      Ed$ = LEFT$(Ed$, xc% - 1) + Key$
      IF ins% THEN
       Ed$ = Ed$ + R$
      ELSE
       IF LEN(R$) THEN Ed$ = Ed$ + MID$(R$, 2)
      END IF
      Ed$ = LEFT$(Ed$, le%)
      xc% = xc% + 1

   END SELECT
  END IF
 LOOP

 LOCATE , , 0
END SUB
```

Fehlerbehandlung

Eine Besonderheit dieses *PLAY*-Editors stellt die Fehlerbehandlung dar. Wenn Sie in dem String ein Zeichen eingeben, welches der *PLAY*-Befehl nicht interpretieren kann, so stoppt dieser und QBasic erzeugt eine Fehlermeldung. Diese wird durch die *ON ERROR*-Anweisung abgefangen und ruft die Routine *IllegalNote* auf. Hier wird durch die QBasic-Funktion

PLAY(0) die Nummer der zuletzt gespielten Note ermittelt, die der *PLAY*-Befehl vor dem Fehler abgespielt hat. Um nun die Position des Fehlers in dem String zu ermitteln, reicht es leider nicht aus, die Nummer der Note zu kennen. Hierfür muß zunächst die Note dieser Nummer gefunden werden, da ja nicht unbedingt jedes Zeichen des *PLAY*-Strings eine Note darstellt.

Es folgt daher eine Schleife, die den gesamten *PLAY*-String nach Notenzeichen durchsucht. Findet diese Schleife die Note der ermittelten Nummer, so wird die Schleife durch *EXIT FOR* verlassen und unter der so ermittelten Stringposition eine Markierung angezeigt. Um den Fehler zu finden, müssen Sie nun nur unmittelbar rechts von dieser Markierung nach dem fehlerhaften Zeichen suchen, es korrigieren und erneut mit `Return` die Melodie abspielen lassen.

6. Dateien

Das Betriebssystem Ihres Rechners nennt sich DOS, Disc Operating System. Dies deutet bereits darauf hin, wie wichtig das Verwalten der Diskette und damit von Dateien für diesen Rechner ist. Den ersten Kontakt mit Dateien haben Sie bereits beim Starten von QBasic gehabt, da dieses Programm ja auch eine Datei ist, die beim Aufruf geladen wird.

Über die Programmdateien .EXE oder .COM hinaus gibt es noch eine ganze Reihe andere Dateiarten, deren Typ meist an der Erweiterung des Dateinamens erkennbar ist. Dateien mit der Erweiterung .BAS beispielsweise sind stets BASIC-Dateien bzw. -Programme. Andere Dateien wiederum haben Erweiterungen wie .DAT oder .TXT und beinhalten Daten oder Texte.

Die Möglichkeit, solche Dateien anzulegen und zu bearbeiten, ist auch in QBasic gegeben. Hierfür gibt einige Befehle, die solche Dateien für den Zugriff öffnen oder wieder schließen. Beim Öffnen der Datei für den Zugriff kann auch gleich bestimmt werden, in welcher Art auf die Daten zugegriffen werden sollen. Abgesehen von der Möglichkeit, eine Datei nur zum Lesen oder nur zum Schreiben zu öffnen, gibt es noch verschiedene grundlegende Methoden, um Dateien zu verwalten. Hierzu gibt es zwei Hauptgruppen: Sequentielle und RANDOM-Dateien.

6.1 Sequentielle Dateien

Eine sequentielle Datei ist eine Datei, in die der Reihe nach (sequentiell) Daten hineingeschrieben werden, die auch wieder der Reihe nach herausgelesen werden können. Ein solcher Ein- und Ausgabetyp liegt auch bei Tastatur oder Drucker vor, wo ebenfalls die Daten sequentiell übertragen werden.

Der Zugriff selbst kann auch fast genauso programmiert werden wie Druckausgaben oder Tastatureingaben. Das Schreiben von Daten in eine Datei kann nämlich auch mit dem bekannten *PRINT*-Befehl erfolgen, wobei diesem Befehl lediglich eine zusätzliche Angabe mitgegeben wird: die Dateinummer, die beim Öffnen der Datei definiert wird.

Dateizugriff

Grundsätzlich läuft die Programmierung eines Dateizugriffes folgendermaßen ab:

1. Öffnen der Datei mit dem *OPEN*-Befehl
2. Lesen von Daten aus der Datei mit *INPUT #* oder
   Schreiben von Daten mit *PRINT #*
3. Schließen der Datei mit *CLOSE*

Diese Schritte im einzelnen:

Bevor auf eine Datei zugegriffen werden kann, muß dieser Zugriff erst einmal angemeldet werden. Dieses Anmelden wird als Öffnen der Datei bezeichnet und findet dementsprechend mit dem Befehl *OPEN* statt. Mit diesem Befehl werden einige Angaben gemacht: Der Name und ggf. der Pfad der Datei, die Art des gewünschten Zugriffs (Lesen, Schreiben oder beides) und eine Kennummer. Alle weiteren Zugriffe auf eine so geöffnete Datei finden danach nur noch über diese Kennummer statt, und zwar in Verbindung mit dem #-Zeichen. Ein Beispiel:

Datei öffnen

```
OPEN "TEST.DAT" FOR OUTPUT AS #1
```

Hier wird die Datei TEST.DAT im aktuellen Verzeichnis zum Schreiben (*FOR OUTPUT*) mit der Kennummer 1 (*AS #1*) geöffnet. Sollte diese Datei bereits existieren, so wird sie vorher gelöscht.

Alle folgenden Zugriffe hängen davon ab, für welche Zugriffsart (Modus) die Datei geöffnet wurde. Wird sie zum Lesen geöffnet, können mit *INPUT #* oder *LINE INPUT #* Daten dort herausgelesen werden. Der Versuch, in eine so geöffnete Datei mit *PRINT #* zu schreiben, führt zu einer Fehlermeldung. Mit einer zum Schreiben geöffneten Datei verhält es sich genau umgekehrt, hier führt ein Leseversuch zu einer Fehlermeldung.

In Datei schreiben

Das folgende Programm öffnet eine Datei, schreibt einen Text hinein und schließt sie wieder.

```
OPEN "TEST.DAT" FOR OUTPUT AS #1
PRINT #1, "Dies ist ein Test!"
CLOSE #1
```

Wenn Sie nach Ausführung dieses Programmes auf Ihrer Diskette bzw. Festplatte nachsehen, werden Sie die Datei TEST. DAT im aktuellen Verzeichnis finden. Obwohl der dort hineingeschriebene Text nur 18 Zeichen lang ist, hat die Datei eine Länge von 20 Zeichen. Der Grund hierfür ist der Zeilenvorschub, welcher nach jeder *PRINT*-Anweisung auch auf dem Bildschirm ausgeführt wird. Auf dem Bildschirm bewirkt dies das Setzen des Cursors an den Anfang der nächsten Zeile, in der Datei werden zwei Zeichen an den Text angehängt: Wagenrücklauf (CR, Carriage Return) und Zeilenvorschub (LF, Line-Feed).

Aus Datei lesen

Um diese Datei nun wieder einzulesen, können Sie folgendes Programm einsetzen:

```
OPEN "TEST.DAT" FOR INPUT AS #1
INPUT #1, Text$
CLOSE #1

PRINT Text$
```

Dieses Programm öffnet die zuvor erstellte Datei zum Lesen (*FOR INPUT*) und liest mit dem *INPUT* #-Befehl die dort enthaltene Textzeile in die Variable Text$ ein. Danach wird die Datei mit *CLOSE* wieder geschlossen und zur Kontrolle der eben eingelesene Text auf dem Bildschirm angezeigt. Sie sehen: das Speichern von Texten in einer Datei sowie das Wiedereinlesen dieses Textes sind sehr einfach!

Sicherlich ist der Einsatz von Datendateien für das Speichern einer einfachen Textzeile nicht besonders sinnvoll. Aufbauend auf der hier beschriebenen Grundlage kann mit Dateien auch noch wesentlich mehr angefangen werden, wenn viele Daten gesichert und wahlfrei wieder eingelesen werden sollen.

Aufbau von Datendateien

Das Sichern von Daten in Dateien kann auf sehr viele verschiedene Arten stattfinden, abhängig davon, welche Art Daten gesichert werden soll und wie der Zugriff stattfinden soll. Diese Bandbreite reicht von der oben gezeigten, einfachsten Methode bis hin zur relationalen Datenbank.

Grundsätzlich unterscheidet man zwischen zwei Dateiarten: den sequentiellen und den wahlfreien Dateien. Eine sequentielle Datei haben Sie im vorherigen Kapitel bereits angelegt. Hierbei werden die Daten einfach der Reihe nach (sequentiell) in die Datei geschrieben. Um diese Daten wieder einzulesen, müssen ebenfalls alle Daten der Reihe nach eingelesen werden. Diese Methode ist zwar sichtbar die einfachste, sie hat allerdings eine Reihe Nachteile.

Der wohl gravierendste Nachteil tritt besonders dann auf, wenn in der Datei größere Datenmengen enthalten sind, von denen aber immer nur einige wirklich benötigt werden. Angenommen, Sie haben eine Datei angelegt, in der 1.000 Worte und ihre englischen Übersetzungen enthalten sind. Aus dieser Datei möchten Sie nun die Übersetzung des Wortes "Zufall" herauslesen.

Ist die Datei sortiert, so müssen Sie nun fast die gesamte Datei durchlesen, um das gewünschte Wort zu finden. Daß dies einen großen Zeitaufwand erfordert, ist offensichtlich. In einem solchen Fall wäre es noch möglich und damit auch sinnvoll, die gesamte Datei zunächst in den Speicher zu laden und dort die Suche durchzuführen. Bei einem vollständigen Deutsch/Englisch-Lexikon wäre aber auch dieser Weg nicht mehr möglich, da hierfür wohl kaum der Speicherplatz ausreichen würde!

Vokabel-Trainer

Die Programmierung der oben beschriebenen Methode der Vokabelabfrage ist dagegen recht einfach. Hier ein bewußt einfach gehaltenes Programm, mit dem dies realisiert ist:

```
'*** Einfacher Vokabeltrainer in QBasic ***
'*** zur Demonstration einer sequentiellen Datei

DECLARE SUB Liste ()
DECLARE SUB Eingabe ()
DECLARE SUB Abfrage ()

CLS

DO
 PRINT
 INPUT "Möchten Sie: Vokabeln (e)ingeben, (a)bfragen, (L)iste
       oder (P)rogrammende ?", f$

 SELECT CASE UCASE$(f$)
  CASE "P": END                   '** Programmende
  CASE "E": Eingabe               '** Vokabel-Eingabe
  CASE "A": Abfrage               '** Vokabel-Abfrage
  CASE "L": Liste                 '** Vokabel-Liste
  CASE ELSE
 END SELECT

LOOP
```

Dieses Hauptprogramm stellt die einfache Benutzeroberfläche dar, mit der Sie die Programmfunktion wählen können. Abhängig von dem bei *INPUT* eingegebenen Buchstaben wird dann die SUB mit der gewünschten Funktion aufgerufen bzw. das Programm beendet.

Die erste SUB *Eingabe* muß zuerst aufgerufen werden, um eine Vokabel-Datei anzulegen. Hier wird zunächst die Datei VOKABEL.DAT mit dem Dateityp *APPEND* geöffnet. Dies bedeutet, daß die Datei angelegt wird, wenn sie noch nicht existiert, oder andernfalls so zum Schreiben geöffnet wird, daß alle Daten hinten an die bestehende Datei angehängt werden. Durch diese Möglichkeit können jederzeit weitere Vokabeln an die bestehende Datei angehängt werden.

Der Rest der SUB ist recht einfach. Sie werden hier aufgefordert, jeweils das deutsche Wort und dessen englische Übersetzung einzugeben. Diese beiden Worte werden dann mit *WRITE* abgespeichert. Wenn Sie als deutsches Wort nur ein X eingeben, wird die Eingabe beendet, die Datei geschlossen und die SUB beendet.

Vokabeln erfassen

```
SUB Eingabe

 OPEN "VOKABEL.DAT" FOR APPEND AS #1     '** Vokabel-Datei öffnen

 DO
  LINE INPUT "Deutsches Wort (X=Ende) "; Deutsch$
  IF UCASE$(Deutsch$) = "X" THEN EXIT DO

  LINE INPUT "Englisches Wort         "; Englisch$

  WRITE #1, Deutsch$, Englisch$          '** Wortpaar speichern
 LOOP

 CLOSE #1                                '** Datei wieder schließen

END SUB
```

WRITE

Der hierbei zum Schreiben der Worte verwendete Befehl *WRITE* arbeitet sehr ähnlich wie der *PRINT*-Befehl. Der Unterschied dabei ist aber der, daß *WRITE* die zu schreibenden Argumente in Anführungszeichen setzt und mit Kommata trennt. Sind beispielsweise die beiden Eingaben Auto und car, so wird mit dem *WRITE*-Befehl folgendes in die Datei geschrieben:

```
"Auto","car"
```

Wenn Sie dagegen in dieser Zeile *WRITE* gegen *PRINT* austauschen, so wird in die Datei eingetragen:

```
Auto    car
```

Der Unterschied ist offensichtlich, da diese beiden Worte später bei der Abfrage der Vokabeln mit *INPUT #* eingelesen werden sollen. In der ersten Variante ergibt dies die richtigen beiden Worte, da der *INPUT #*-Befehl die Anführungszeichen nicht mit einliest. Im zweiten Fall würde in die erste, mit *INPUT #* eingelesene Stringvariable der gesamte Ausdruck eingelesen, was natürlich falsch wäre.

Ein weiterer Vorteil von *WRITE* gegenüber *PRINT* ist die zusätzliche Möglichkeit, innerhalb der einzelnenen Worte bzw. Begriffe auch Kommata zu verwenden. Da diese dann ebenfalls innerhalb der Anführungszeichen liegen, werden sie durch den *INPUT #*-Befehl mit eingelesen.

Beide hier erwähnten Vorteile des *WRITE*-Befehls können allerdings auch mit *PRINT* realisiert werden, wenn anstelle des einen kombinierten *WRITE*-Befehls zwei *PRINT*-Zeilen und für das Einlesen dieser Wortpaare *LINE INPUT*-Befehle eingesetzt werden. *LINE INPUT* liest nämlich immer den gesamten Ausdruck bis zum Zeilenendezeichen ein, also auch ein eventuelles Komma. Dennoch ist dies mit dem *WRITE*-Befehl ein wenig eleganter.

Die nächste SUB dient dazu, aus der zuvor angelegten Vokabel-Datei alle Wortpaare einzulesen und auf dem Bildschirm anzuzeigen.

Liste ausgeben

```
SUB Liste

 OPEN "VOKABEL.DAT" FOR INPUT AS #1     '** Vokabel-Datei öffnen

 PRINT "*** Vokabel-Liste ***"
 PRINT

 DO
  INPUT #1, Deutsch$, Englisch$         '** Wortpaar einlesen
  PRINT "Deutsch: "; Deutsch$; " => Englisch: "; Englisch$
 LOOP UNTIL EOF(1)                      '** bis Dateiende...

 CLOSE #1                               '** Datei wieder schließen

END SUB
```

Die Funktion dieser SUB ist mit wenigen Worten erklärt: erst wird die Datei VOKABEL.DAT zum Lesen geöffnet, danach werden in einer Schleife die Wortpaare eingelesen und angezeigt, bis das Ende der Datei erreicht ist.

Vokabeln abfragen

Die aufwendigste SUB ist die nun folgende. Hier wird die Abfrage der Variablen realisiert, welche zusätzlich noch wahlweise das deutsche oder das englische Wort aus der Datei sucht und das Wortpaar anzeigt. Für die Vereinfachung der Auswertung wird das Wortepaar in ein Stringfeld eingelesen. Für den Vergleich des richtigen Wortes mit dem eingegebenen Wort wird dann in Abhängigkeit von der Variablen *Richtung%* auf den entsprechenden Eintrag dieses Feldes zugegriffen.

```
SUB Abfrage

 DIM Worte$(2)

 OPEN "VOKABEL.DAT" FOR INPUT AS #1      '** Vokabel-Datei öffnen

 PRINT "*** Vokabel-Abfrage ***"
 PRINT " (D=Deutsch, E=Englisch, X=Ende)"
 PRINT

 Richtung% = 1                           '** 1=Deutsch-Englisch,
                                         '** 2=Englisch-Deutsch

 DO
  IF Richtung% = 1 THEN                  '** Wort eingeben
   INPUT "Deutsches Wort  :"; Wort$
  ELSE
   INPUT "Englisches Wort :"; Wort$
  END IF

  Wort$ = UCASE$(Wort$)
  SELECT CASE Wort$                      '** Eingabe auswerten
   CASE "X": EXIT DO                     '** Ende
   CASE "D": Richtung% = 1               '** Deutsch-Englisch
   CASE "E": Richtung% = 2               '** Englisch-Deutsch

   CASE ELSE
    OK% = 0
    SEEK #1, 1                           '** zum Dateianfang
    DO
     INPUT #1, Worte$(1), Worte$(2)      '** Wortpaar einlesen
     IF UCASE$(Worte$(Richtung%)) = Wort$ THEN
      OK% = 1                            '** gefunden!
      EXIT DO
     END IF
    LOOP UNTIL EOF(1)                    '** suchen bis Dateiende
```

```
    IF OK% THEN
     PRINT "Deutsch: "; Worte$(1); " => Englisch: "; Worte$(2)
    ELSE
     PRINT "*** Nicht gefunden ! ***"
    END IF

  END SELECT

 LOOP

 CLOSE #1                                        '** Datei wieder schließen

END SUB
```

Der SEEK-Befehl

Die Suche nach dem eingegebenen Begriff, die hinter *CASE ELSE* beginnt, muß stets die Vokabel-Datei von Anfang an durchsuchen. Um die Stelle in der Datei zu bestimmen, ab der die nächsten Daten eingelesen werden, kann der *SEEK*-Befehl eingesetzt werden. Mit diesem Befehl kann der Zeiger, der auf die aktuelle Position in der Datei weist, beliebig verstellt werden. In diese Fall, wird der Zeiger durch *SEEK #1, 1* auf das erste Zeichen in der Datei mit der Nummer #1 gesetzt.

Danach werden wieder die Wortpaare eingelesen und das eingegebene Wort, mit dem ersten oder zweiten Wort dieses Paares verglichen, abhängig von der Übersetzungsrichtung. Der Vergleich findet dabei stets in Großbuchstaben statt, wodurch die Schreibweise des eingegebenen Suchwortes keine Rolle spielt.

```
Möchten Sie: Vokabeln (e)ingeben, (a)bfragen, (L)iste oder (P)rogrammende ?a
*** Vokabel-Abfrage ***
 (D=Deutsch, E=Englisch, X=Ende)

Deutsches Wort  :? auto
Deutsch: Auto => Englisch: car
Deutsches Wort  :? e
Englisches Wort :? house
Deutsch: Haus => Englisch: house
Englisches Wort :? x

Möchten Sie: Vokabeln (e)ingeben, (a)bfragen, (L)iste oder (P)rogrammende ?p







Beliebige Taste zum Fortsetzen drücken
```

Der oben eingesetzte *SEEK*-Befehl kann also durch die Position des Datenzeigers innerhalb der Datei verstellt werden. Im Gegensatz hierzu gibt es natürlich auch die Möglichkeit, die aktuelle Position dieses Zeigers zu ermitteln. Hierfür gibt es die *SEEK()*-Funktion, die durch

Die SEEK-Funktion

```
Zeiger = SEEK(1)
```

die Position in Byte oder, bei RANDOM-Dateien, die aktuelle Datensatznummer angibt.

Obwohl diese Methode bzw. dieses Programm schon recht gut funktioniert, werden Sie mir sicher zustimmen, daß dies nicht gerade optimal ist. Werden aus der Datei nur gelegentlich Daten benötigt, so kann dies zwar so programmiert werden; bei häufigen gezielten Zugriffen stellt sich diese Methode jedoch bald als ungeeignet heraus.

Nehmen wir ein anderes Beispiel hierzu. Angenommen, Sie schreiben ein Kassenprogramm, mit dem eine bestimmte Anzahl Artikel verwaltet werden soll. Jeder Artikel hat dabei eine Nummer, einen Namen und natürlich einen Preis. Wenn Sie sich nun den praktischen Fall vorstellen, etwa im Supermarkt an der Kasse, erkennen Sie die Notwendigkeit eines anderen Dateizugriffs, mit dem anhand der Artikelnummer schnell auf die anderen Daten des Artikels zugegriffen werden muß.

6.2 RANDOM-Dateien

Für einen Fall wie dem oben beschriebenen stellt QBasic auch eine Dateiart zur Verfügung, die einen solchen Direktzugriff ermöglicht. Es handelt sich hierbei um sogenannte RANDOM-Dateien, die im *OPEN*-Befehl durch das Schlüsselwort *FOR RANDOM* definiert werden.

In einer solchen Datei müssen alle Einträge dieselbe Länge besitzen, wodurch die Position eines bestimmten Datensatzes innerhalb der Datei durch eine einfache Berechnung bestimmbar ist. Hat beispielsweise jeder Eintrag die Gesamtlänge 20, so kann der X-te Eintrag an der Position X*20+1 (X einschließlich 0) gefunden werden. Doch auch diese Berechnung nimmt Ihnen QBasic ab.

GET und PUT

Innerhalb von RANDOM-Dateien werden die einzelnen Einträge nicht mit *PRINT* und *INPUT* verwaltet, sondern mit den Befehlen *GET* und *PUT*. Jeder dieser beiden Befehle betrifft einen ganzen Datensatz. Sind diese Datensätze definiert, kann mit *GET* direkt der gewünschte Datensatz eingelesen werden.

FIELD

Diese Definition der Datensätze kann auf zweierlei Arten stattfinden. Hierbei kann ein Datensatz aus mehreren einzelnen Variablen zusammengestellt werden, welche dann mit dem *FIELD*-Befehl zusammengefaßt werden. Für das Beispiel mit den Artikeln kann dies etwa so aussehen:

```
OPEN "ARTIKEL.DAT" FOR RANDOM AS #1 LEN = 20
```

Der *OPEN*-Befehl öffnet die Datei ARTIKEL.DAT für den Zugriff auf die mit *FIELD* definierten Datensätze. Der Parameter *LEN = 20* bedeutet bei QBasic, daß die gesamte Datensatzlänge 20 Byte betragen wird.

```
FIELD #1, 16 AS ArtikelName$, 4 AS Preis$
```

Mit diesem *FIELD*-Befehl werden die beiden Variablen *ArtikelName$* und *Preis$* in der Länge festgelegt und als Datensatzvariablen definiert. Alle Operationen mit *GET* und *PUT* beziehen sich ab sofort auf diese Variablen.

Hier zeigt sich aber auch der erste Nachteil des *FIELD*-Befehls: er kann nur Stringvariablen verarbeiten. Um den Datensatz Nummer 1 in diese Datei zu schreiben, wobei die Datensatznummer der Artikelnummer entspricht, muß also der als SINGLE-Wert vorliegende Preis in einen String umgewandelt werden, wobei die *STR$()*-Funktion nicht geeignet ist. Für diese Umwandlung dienen die *MKx$()*-Funktionen, bei denen für x der umzuwandelnde Datentyp eingesetzt wird. Diese Funktion wandelt den angegebenen Wert in einen gepackten String um, welcher in der Regel weniger Speicher benötigt, als der ausgeschriebene Wert (STR$). Im Fall der SINGLE-Variable für den Artikelpreis wird *MKS$()* verwendet.

```
ArtNum% = 1                      '** Artikelnummer = Datensatznummer
ArtikelName$ = "Erbsensuppe"     '** Name definieren
Preis$ = MKS$(9.8)               '** Preis in String umwandeln

PUT #1, ArtNum%                  '** Datensatz schreiben
```

Der *PUT*-Befehl schreibt in die Datei Nummer #1 den mit *FIELD* definierten Datensatz Nummer 1. Das ist schon alles. Ebenso können nun noch beliebig weitere Datensätze bestimmt und gespeichert werden, wodurch ein richtiger Artikelstamm angelegt werden kann.

Das Auslesen der Datensätze gestaltet sich ebenso leicht, nur mit umgekehrter Reihenfolge. Während *PUT* den Datensatz schreibt, list *GET* ihn wieder ein:

```
GET #1, 1                      '** Datensatz 1 holen
PRINT ArtikelName$             '** Name zeigen
PRINT CVS(Preis$); "DM"        '** Preis zeigen

CLOSE
```

Die QBasic-Funktion *CVS()* stellt das Gegenstück zu *MKS$()* dar und wandelt den String wieder in einen SINGLE-Wert um.

Die Notwendigkeit der Umwandlung von Zahlenwerten in Strings fester Länge ist in diesem Fall recht lästig. In QBasic gibt es aber eine andere Möglichkeit, um Datensätze zu definieren, bei der die gesamte Handhabung wesentlich bequemer ist: Die Verwendung eigener Datentypen.

Die Grundlage der RANDOM-Dateien ist ja, daß alle Datensätze gleich lang sind. Wie sich diese Datensätze zusammensetzen, spielt für QBasic keine Rolle. Aus diesem Grund kann ein selbstdefinierter Datentyp, der ja garantiert eine feste Länge besitzt, ebenso als Datensatz definiert werden, was den Voraussetzungen für die Zugriffe mit *GET* und *PUT* genügt.

Datensatz-Typ definieren

Für das Beispiel mit den Artikeln kann daher ein Datentyp definiert werden, welcher etwa folgende Zusammensetzung hat:

```
TYPE ArtikelTyp
 ArtikelName  AS STRING * 16
 Preis        AS SINGLE
END TYPE
```

Danach wird eine Variable mit diesem Typ definiert:

```
DIM Artikel AS ArtikelTyp
```

Mit dieser Variablen kann nun auch ohne den *FIELD*-Befehl eine RANDOM-Datei verwaltet werden. Hierbei wird den Befehlen *GET* und *PUT* direkt der Variablenname mitgegeben, der den gesamten Datensatz beinhaltet. Obiges Beispiel der (ziemlich teuren) Erbsensuppe kann dann so programmiert werden:

```
OPEN "ARTIKEL.DAT" FOR RANDOM AS #1

ArtNum% = 1                     '** Artikelnummer = Datensatznummer

Artikel.ArtikelName = "Erbsensuppe"  '** Name definieren
Artikel.Preis = 9.8                  '** Preis setzen

PUT #1, ArtNum%, Artikel             '** Datensatz schreiben
```

Mit dem einfachen Befehl

```
GET #1, ArtNum%, Artikel
```

kann danach der zuvor abgespeicherte Artikel Nummer 1 wieder in die Artikel-Variable eingelesen werden, wobei für das Auswerten des Preises hier keine Umwandlung nötig ist!

Durch den Umstand, daß der *GET*-Befehl bei Auslassen der Datensatznummer den nächsten Datensatz einliest, zeigen sich auch Gemeinsamkeiten zwischen der sequentiellen und der RANDOM-Datei. Zusammenfassend kann man sagen, daß für das Abspeichern einer kleineren, bekannten Datenmenge, deren Elemente verschiedene Länge haben, der Einsatz der sequentiellen Datei sinnvoller ist, vor allem dann, wenn der gesamte Dateiinhalt sowieso in den Speicher geladen werden soll.

RANDOM-Dateien eignen sich dagegen besonders dann, wenn die Datensätze anhand der Datensatznummer schnell gefunden werden sollen, also für einen Einsatz wie die erwähnte Artikelverwaltung.

7. Die Schnittstellen

Der Kontakt eines Programmes mit der Außenwelt findet in erster Linie über Tastatur und Bildschirm statt, was für viele Fälle auch schon ausreicht. Für weitergehende Ein- und Ausgabemöglichkeiten sorgen die in jedem PC eingebauten Schnittstellen, die meist als Stecker oder Buchsen an der Geräterückwand eingebaut sind.

Druckerschnittstelle

Hier ist zunächst die Druckerschnittstelle zu nennen, die Sie wahrscheinlich bereits mit einem Kabel zum Drucker belegt haben. Das Ansprechen des Druckers ist in QBasic sehr einfach, da einfach anstelle des *PRINT*-Befehls *LPRINT* eingesetzt wird.

Dieser Befehl bringt die Ausgaben nicht auf den Bildschirm, sondern sendet sie über die Druckerschnittstelle an den Drucker. Es ist zwar auch möglich, andere Geräte an diese Schnittstelle anzuschließen, was jedoch selten ist und daher keiner besonderen Erläuterung bedarf.

Serielle Schnittstellen

Eine weitere und für die Programmierung sehr interessante Schnittstelle ist die serielle Schnittstelle, welche unter der Bezeichnung COM bekannt ist. Viele Rechner verfügen über zwei oder auch mehr dieser Schnittstellen, die dann meist mit COM1, COM2 usw. bezeichnet sind. An diese Schnittstellen können verschiedenartige Geräte angehängt werden, etwa eine Maus, ein Verbindungskabel zu einem zweiten Rechner (Nullmodem) oder auch ein Telefonmodem oder Akustikkoppler, um über die Telefonleitung mit dem Rest der Welt Daten auszutauschen.

Die Programmierung dieser Schnittstelle gestaltet sich verhältnismäßig einfach, obwohl QBasic über keine direkten Befehle hierfür verfügt. Die Schnittstelle wird dagegen wie eine Datei behandelt, also mit *OPEN* geöffnet, die Daten werden mit *PRINT #* und *INPUT #* geschrieben und gelesen, und die Datei wird wieder mit *CLOSE* geschlossen.

Grundsätzlich wäre das schon alles, was zwingend über diese Schnittstelle und deren Programmierung zu wissen ist, wenn es nicht so wichtig wäre, die Einstellungen der Geräte an beiden Enden des hier angeschlossenen Kabels abzustimmen. Es gibt nämlich für den Betrieb dieser Schnittstelle, welche nach der Norm *RS232* oder *V.24* definiert ist, eine Reihe von Parametern, die den Betrieb bestimmen.

Die wichtigsten Parameter für den Betrieb der Schnittstelle sind im folgenden aufgelistet. Die genaue Syntax entnehmen Sie bitte dem Anhang.

Schnittstellen-Parameter

Baudrate Geschwindigkeit der Datenübertragung, gibt etwa die Anzahl der übertragenen Bits pro Sekunde an. Gültige Geschwindigkeiten sind hier 75, 110, 150, 300, 600, 1.200, 1.800, 2.400, 4.800, 9.600 und entgegen dem Handbuch 19.200 Baud.

Parität Wird das Paritätsbit eingeschaltet, wird nach 7 Datenbits (s.u.) immer noch ein Prüfbit gesendet.

Datenbits Es können pro Byte entweder 7 oder 8 Bits gesendet werden, wobei 8 Bits für den kompletten Zeichensatz benötigt werden.

Stoppbits Nach jedem übertragenen Byte wird eine kurze Pause eingelegt, die sogenannten Stoppbits. Üblich ist hier 1 bei der Verwendung höherer Baudraten.

Diese Einstellungen können in QBasic in einer Sonderform des *OPEN*-Befehls direkt vorgenommen werden. Ein solcher *OPEN*-Befehl, der beispielsweise die erste Schnittstelle COM1 als Kanal #1 öffnet, mit 2.400 Baud, keiner Parität, 8 Datenbits und 1 Stoppbit, lautet:

```
OPEN "COM1: 2400,N,8,1" FOR RANDOM AS #1
```

Als Dateiart wurde hier RANDOM eingesetzt, wodurch die Schnittstelle beliebig gelesen und geschrieben werden kann.

Es gibt noch eine Reihe weiterer optionaler Parameter, die mit diesem Befehl angegeben werden können. Mit diesen Parametern können Sie etwa die Größe des Sende- und Empfangspuffers oder das Verhalten bei Verbindungsfehlern einstellen. Sie finden diese Parameter im Anhang dieses Buches oder auch in dem QBasic-Hilfesystem. Für die hier beschriebenen Vorgänge sind diese Einstellungen jedoch nicht notwendig, da schon die voreingestellten Standardwerte den Anforderungen entsprechen.

Mit diesem *OPEN*-Befehl bzw. der so geöffneten Schnittstelle kann nun als Beispiel ein Programm erstellt werden, mit dem zwei Rechner miteinander gekoppelt werden können. Sollten Sie selbst über einen zweiten PC verfügen, so verbinden Sie die beiden Rechner bitte mit einem sogenannten Nullmodem-Kabel, erhältlich bei jedem Fachhändler, und laden bzw. geben in beiden Seiten das folgende Programm ein. Ist der zweite Rechner ein Gerät anderen Typs, so starten Sie dort ein beliebiges Terminal-Programm und stellen es auf die oben erwähnten Schnittstellen-Parameter und Halb-Duplex ein.

Das folgende Listing stellt ein minimales Terminal-Programm dar. Die Arbeitsweise ist einfach: wird über die Tastatur ein Zeichen eingegeben, so wird dies sowohl auf dem Bildschirm (in grau) dargestellt als auch über die serielle Schnittstelle gesandt. Kommt im Gegenfall ein Zeichen über diese Schnittstelle an, so wird dieses in hell auf dem Bildschirm angezeigt. Auf diese Weise ist eine Unterhaltung oder auch das Bedienen eines Mailbox-Programmes per Modem möglich.

Terminal-Programm

```
'*** Mini-Terminal in QBasic ***

CLS
PRINT "*******  Terminal-Programm (Ende mit <Strg>-<C>)  *******"

LOCATE , , 1                          '** Cursor einschalten

'*** COM1: öffnen mit 2400 Baud
OPEN "COM1: 2400,N,8,1" FOR RANDOM AS #1

DO

 Key$ = INKEY$                        '** ggf. Taste holen

 IF Key$ = CHR$(3) THEN EXIT DO       '** Ende bei <Strg>-<C>

 IF LEN(Key$) = 1 THEN                '** Zeichen gedrückt:
  COLOR 7                             '** Farbe grau
  IF Key$ = CHR$(8) THEN              '** <Backspace>:
   IF POS(0) > 1 THEN
    LOCATE , POS(0) - 1               '** ein Schritt zurück
    PRINT " ";                        '** Zeichen löschen
    LOCATE , POS(0) - 1               '** wieder zurück
   END IF
  ELSE
   PRINT Key$;                        '** sonst Zeichen anzeigen
  END IF

  PRINT #1, Key$;                     '** Zeichen senden
 END IF
```

```
 IF LOC(1) THEN                                '** Zeichen empfangen:
  Empfang$ = INPUT$(1, #1)                     '** Zeichen holen
  COLOR 7 + 8                                  '** Farbe weiß
  PRINT Empfang$;                              '** Zeichen anzeigen
 END IF

LOOP

CLOSE
```

Die Funktionen dieses Programmes im einzelnen:

Zuerst wird die erste serielle Schnittstelle als Kanal #1 geöffnet. Sollten Sie an dieser Schnittstelle eine Maus angeschlossen haben, so können Sie hier auch den zweiten Anschluß mit *COM2:* in der *OPEN*-Anweisung einsetzen.

Die dann folgende Schleife läuft endlos und wird erst abgebrochen, wenn Sie die Tastenkombination [Strg]+[C] drücken (CHR$(3)). Innerhalb der Schleife werden sowohl die Tastatur als auch die serielle Schnittstelle auf den Empfang eines Zeichens hin überprüft.

Wurde ein Zeichen auf der Tastatur eingegeben, wird dieses Zeichen mit *INKEY$* in die Variable *Key$* gelesen und ausgewertet. Hierbei wird zunächt geprüft, ob es sich dabei um das Backspace-Zeichen (CHR$(8)) handelt. Wenn das so ist, wird der Cursor um eine Stelle zurückbewegt, ein Leerzeichen wird ausgegeben und der Cursor wiederum zurückgestellt. Bei einem anderen Zeichen wird dieses unmittelbar in der Farbe 7 (grau) angezeigt. Danach wird das Zeichen über den Kanal #1 bzw. die serielle Schnittstelle an den anderen Rechner gesendet.

Wird ein Zeichen an der seriellen Schnittstelle empfangen, so wird dies durch die Funktion *LOC(1)* erkannt, welche die Anzahl der empfangenen und noch nicht vom Programm ausgelesenen Bytes liefert. In diesem Fall wird das Zeichen mit *INPUT$(1, #1)* eingelesen und in der Farbe 7+8 (weiß) auf dem Bildschirm dargestellt.

Mit diesem recht einfachen Programm sind Sie also schon in der Lage, über die serielle Schnittstelle zu kommunizieren. Wie Sie sehen, ist dies recht einfach und eröffnet eine Menge Möglichkeiten.

8. Maschinensprache-Einbindung

Es wird wohl niemand bezweifeln, daß QBasic-Programme recht schnell laufen und sehr viele Fähigkeiten des Rechners nutzen können. Dennoch stößt man hier und da mal an die Grenzen, sei es in Punkto Geschwindigkeit oder Systemnutzung. Um diese Grenzen zu sprengen, können in ein QBasic-Programm Unterprogramme eingebaut werden, welche in einer anderen Programmiersprache geschrieben sind, und zwar in Maschinensprache.

Diese Sprache besteht eigentlich nur aus Zahlen, wovon allerdings jede Zahl eine bestimmte Bedeutung hat. Mit speziellen Programmen, sogenannten Assemblern, können solche Maschinenprogramme auch aus Befehlsworten und Parametern entwickelt werden, entfernt ähnlich einem BASIC-Programm. Der Assembler setzt dann die als Text geschriebenen Befehle in die entsprechenden Schlüsselzahlen um, welche der Prozessor Ihres Rechners unmittelbar verstehen und ausführen kann. Der daraus resultierende Vorteil ist, daß durch die Programmierung des Prozessors ohne Umwege eine optimale Geschwindigkeit in der Ausführung erreichbar ist.

8.1 Bildschirm verschieben

In dem mit QBasic ausgelieferten Beispielprogramm MONEY. BAS sind schon eine bzw. zwei Maschinenroutinen enthalten, die das Verschieben eines Bildschirmausschnittes nach oben bzw. unten auslösen. Die eigentliche Funktion des Bildverschiebens wird vom BIOS, also vom Betriebssystem, erledigt, so daß die im Programm enthaltene Routine lediglich die entsprechenden Befehlsparameter setzen und das BIOS aufrufen muß.

Die beiden Routinen sind in den Beispielprogrammen in Form von *DATA*-Zeilen enthalten, welche sich auch nur um ein Byte unterscheiden. Diese *DATA*-Zeilen bestehen aus je 14 Bytes, welche in ein Variablenfeld eingelesen und dort gestartet werden. Diese Bytes und deren Maschinenbefehle sind folgende, wobei alle Zahlen als Hexadezimalzahlen geschrieben sind:

Maschinenroutine zum Verschieben eines Bildausschnittes nach unten

```
B8 01 07        MOV  AX, 0701
B9 01 04        MOV  CX, 0401
BA 4E 16        MOV  DX, 164E
B7 00           MOV  BH,0
CD 10           INT  10
CB              RETF
```

Das Gegenstück hierzu, das Verschieben nach oben, unterscheidet sich lediglich darin, daß in der ersten Zeile anstelle der 07 eine 06 eingesetzt wird.

Wie arbeitet dieses Programm?

Für ein tiefergehendes Verständnis dieses Maschinenprogrammes ist die Kenntnis der Assembler-Sprache des 80x86-Prozessors notwendig. Dennoch ist das hier enthaltene Programm kurz genug für eine Erläuterung. Wie Sie vielleicht wissen, wird das Betriebssystem MS-DOS zusammen mit dem BIOS über sogenannte Interrupts programmiert. Dies sind durch entsprechende Befehle (*INT*) ausgelöste Ereignisse, die eine entsprechende Funktion im Betriebssystem auslösen. Die auszuführende Funktion wird dabei sowohl durch die Interrupt-Nummer als auch durch verschiedene Variablen, Register genannt, bestimmt. In obigem Programm werden die 16-Bit-Register AX, CX und DX sowie BH verwendet, wobei BH nichts anderes ist, als der höherwertige Teil des BX-Registers.

Das Maschinenprogramm

In AX wird mit dem *MOV*-Befehl (Move) der hexadezimale Wert 0701 geladen. Dies bedeutet, daß im höherwertigen Byte von AX (AH) der Wert 07, im niedrigeren Byte (AL) die 01 steht. In AH erwartet der Interrupt stets die Funktionsnummer, in diesem Fall also die 7. Abhängig von dieser Funktionsnummer wird die gewünschte Betriebssystemsfunktion aufgerufen, von der wiederum die Bedeutung der weiteren Register abhängt.

Die Funktionen 06 und 07 des aufzurufenden BIOS bewirken das Hoch- bzw. Herunterscrollen eines Bildschirmausschnittes. Hierfür wird in AL die Anzahl der zu scrollenden Zeilen übergeben, in CX die linke, obere und in DX die rechte, untere Ecke des Bildausschnittes. BH enthält zudem noch die Farbe bzw. das Farbattribut, mit dem die beim Scrollen freiwerdende(n) Zeile(n) gefüllt werden soll(en).

Das obige Programm kann folglich so aufgeschlüsselt werden:

```
B8 01 07    MOV  AX, 0701
```

Wahl der Funktionsnummer *07, 01* Zeile nach unten scrollen

```
B9 01 04    MOV  CX, 0401
```

Zu scrollendes Fenster liegt zwischen Zeile *04*, Spalte *01* ...

```
BA 4E 16    MOV  DX, 164E
```

... und Zeile *16* (dezimal 22) und Spalte *4E* (dezimal 78)

```
B7 00       MOV  BH,0
```

Die oben freiwerdende Zeile soll mit dem Farbattribut *0* gefüllt werden (schwarz)

```
CD 10       INT  10
```

Aufruf des BIOS über Interrupt *10*

```
CB          RETF
```

Rückkehr (*RET*urn) an das ggf. in einem anderen Segment liegende Aufruferprogramm (*F*ar)

Wie Sie sehen, sind die Bedeutungen der einzelnen Parameterbytes recht einfach einzusehen. Sie können daher leicht in dem Beispielprogramm durch Verändern der Werte den Effekt verändern, indem Sie etwa einen anderen Bildausschnitt verschieben lassen oder die Anzahl der Zeilen verändern. Die Funktionsnummer in AH und die Interruptnummer sollten Sie jedoch unbedingt unverändert lassen, wenn Sie nicht genau über die so aufgerufene Funktion informiert sind. In diesem Fall können Sie allerdings die Funktionsnummer in 06 ändern, wodurch der definierte Bildausschnitt nach oben verschoben wird.

Aufruf

Sind nun aus den *DATA*-Zeilen die Bytes des Maschinenprogrammes in den Speicher abgelegt, so kann das Programm gestartet werden. Dies geschieht mit dem QBasic-Befehl *ABSOLUTE*, der wie eine SUB behandelt wird. Eingesetzt wird *ABSOLUTE* mit einem *CALL*-Befehl, wobei entsprechend die Parameter in Klammern gefaßt hinter dem *ABSOLUTE*-Schlüsselwort angegeben werden müssen. Diese Parameter sind im Gegensatz zu einer vordefinierten SUB nicht fest definiert, sondern es können je nach dem aufzurufenden Maschinenprogramm verschieden viele Parameter angegeben werden. Ein Parameter muß allerdings immer mit angegeben werden, und zwar die Adresse des aufzurufenden Programmes selbst. Da das Maschinenprogramm in einer Variablen abgelegt ist, wird einfach deren Adresse übergeben. Für Insider sei gesagt, daß es sich hierbei um Short-Pointer innerhalb des aktuellen Segmentes handelt. Dieses Segment bezeichnet den 64 KByte-Speicherblock, in dem die Variable und damit das Maschinenprogramm gespeichert ist. Damit dieses auch richtig eingestellt wird, muß vor dem Aufruf von *ABSOLUTE* das Segment mit *DEF SEG* angewählt werden. Die Details dieses Vorganges finden Sie im nächsten Kapitel vorgeführt.

In dem folgenden Kapitel werden Sie erfahren, wie diese Methode der Betriebssystems-Programmierung flexibler und somit einfacher gestaltet werden kann, als es in dem Beispielprogramm MONEY.BAS der Fall ist.

8.2 DOS-Programmierung

Wie schon im vorhergehenden Kapitel gezeigt, kann über einen kleinen Umweg das Betriebssystem des PCs direkt programmiert werden. Die dort gezeigte Anwendung ist zwar sicher schon interessant, aber nicht besonders flexibel gelöst. Im großen Bruder von QBasic, in QuickBASIC, gibt es die Möglichkeit, eine Interrupt-Funktion einzubinden, die die direkte Programmierung der Interrupts ermöglicht. Diese Möglichkeit besteht zwar in QBasic nicht, kann jedoch mit einem entsprechenden kleinen Programm gelöst werden.

Interrupts programmieren

Dieses Programm arbeitet grundsätzlich ähnlich dem oben gezeigten Beispiel für das Verschieben des Bildschirmes, ist jedoch frei parametrisierbar. Es besteht aus drei Teilen: einer Reihe *DATA*-Anweisungen mit dem grundlegenden Maschinenprogramm, einer SUB zum Einlesen und Initialisieren dieses Programmes und einer FUNCTION namens *Interr%()*, deren Rückgabewert das Ergebnis der aufgerufenen Funktion darstellt.

Ein Programm, welches diese Technik einsetzt, muß also die *DATA*-Zeilen im Hauptprogramm enthalten. Zudem muß das INTEGER-Feld *MS%()*, in welches das Maschinenprogramm eingelesen werden soll, als *SHARED* dimensioniert werden. Danach wird durch Aufruf der SUB *ReadData* dieses Feld eingelesen und für den Interrupt vorbereitet.

```
'*****  Interrupt-Aufruf über ABSOLUTE-Funktion  *****

DECLARE FUNCTION Interr% (Num%, AX%, BX%, CX%, DX%)
DECLARE SUB ReadData ()

DIM SHARED MS%(30)
ReadData

MS.Data:        '***** DATAs des Maschinenprogrammes für Interr%()
 '                         Register retten
 DATA 55,8b,ec,56,57
 '                         DX holen
 DATA 8b,76,06,8b,14
 '                         CX holen
 DATA 8b,76,08,8b,0c
 '                         BX holen
 DATA 8b,76,0a,8b,1c
 '                         AX holen
 DATA 8b,76,0c,8b,04
 '                         INT 21 (Nummer wird verändert!)
 DATA cd,21
 '                         AX zurückschreiben
 DATA 8b,76,0c,89,04
 '                         Register holen
 DATA 5f,5e,5d
 '                         RETF 8  =>  Ende
 DATA ca,08,00
 DATA #

SUB ReadData

 RESTORE MS.Data
 DEF SEG = VARSEG(MS%(0))

 FOR i% = 0 TO 99
  READ Byte$
  IF Byte$ = "#" THEN EXIT FOR
  POKE VARPTR(MS%(0)) + i%, VAL("&H" + Byte$)
 NEXT i%

END SUB
```

Die so vorbereitete Interrupt-Funktion *Interr%()* hat einen sehr einfachen Aufbau. Zunächst wird hier überprüft, ob das Maschinenprogramm auch in *MS%()* enthalten ist, damit durch einen ungezielten *ABSOLUTE*-Befehl nicht der Rechner abstürzt. Ist das Feld korrekt initialisiert, so wird die Interruptnummer in das Programm eingesetzt und das Maschinenprogramm mit allen Parametern aufgerufen. Da die meisten DOS- und BIOS-Funktionen ein Ergebnis in AX liefern, wird der Inhalt dieses Registers von dem Maschinenprogramm und als Funktionswert der *Interr%()*-FUNCTION zurückgeliefert.

Die Interr%()-FUNCTION

```
FUNCTION Interr% (Num%, AX%, BX%, CX%, DX%)

 IF MS%(0) = 0 THEN
  PRINT "FEHLER: Maschinenprogramm nicht eingelesen! Abbruch!"
  END
 END IF

 DEF SEG = VARSEG(MS%(0))
 POKE VARPTR(MS%(0)) + 26, Num%          '** Interrupt-Nummer

 CALL ABSOLUTE(AX%, BX%, CX%, DX%, VARPTR(MS%(0)))

 Interr% = AX%

END FUNCTION
```

In dieser FUNCTION wird zuerst das INTEGER-Feld dahingehend überprüft, ob das Maschinenprogramm dort überhaupt eingelesen wurde. Ist hier der erste Eintrag eine 0, so liegt das Maschinenprogramm nicht vor, was höchstwahrscheinlich einen Absturz des Rechners bei dem *ABSOLUTE*-Aufruf zur Folge hätte. In diesem Fall wird auch eine Fehlermeldung ausgegeben und das Programm abgebrochen.

DEF SEG und ABSOLUTE

Ist das Programm im Feld *MS%()* enthalten, so wird mit der *DEF SEG*-Anweisung das Datensegment aktiviert, in dem das Feld liegt. Danach wird das Maschinenprogramm selbst manipuliert, indem die als Parameter angegebene Interruptnummer mit einem *POKE*-Befehl direkt in den Maschinenbefehl *INT* eingetragen wird. Nach diesen Vorbereitungen kann das Maschinenprogramm selbst gestartet werden. Hierzu wird mit *CALL ABSOLUTE* das im aktuellen Segment befindliche Programm zusammen mit den der SUB übergebenen Parametern aufgerufen, wobei der letzte Parameter in der Liste die Offset-Adresse des Feldeintrages *MS%(0)* und somit des Maschinenprogrammes ist.

Status-Meldung

Das Maschinenprogramm selbst liefert in der Variablen *AX%* den Zustand des Prozessorregisters AX zurück, da in diesem

Register meist ein Status vom Betriebssystem zurückgemeldet wird. Dieser Wert wird dann auch als Ergebnis der FUNCTION zurückgeliefert und kann ausgewertet werden.

Nach diesen speziellen, aber geringen Vorbereitungen kann nun die DOS- und BIOS-Programmierung ausprobiert werden. An dieser Stelle alle DOS- und BIOS-Funktionen aufzuführen, würde sicherlich den Rahmen dieses Buches sprengen, weshalb hier nur einige Beispiele vorgestellt werden. Für weitergehende Informationen verweise ich Sie auf entsprechende Literatur, wie z.B. den DATA BECKER Führer zur PC-Systemprogrammierung oder das PC-Intern vom gleichen Verlag.

DOS- und BIOS-Funktionen

Im folgenden Beispiel werden eine DOS- und eine BIOS-Funktion aufgerufen. Die BIOS-Funktion 9 dient zur mehrfachen Ausgabe eines Zeichens mitsamt einem angegebenen Attribut. In der üblichen Dokumentation finden Sie diese Funktion etwa so erläutert:

Interrupt 10h, Funktion 09h (BIOS)
Bildschirm: Schreiben eines Zeichens / Farbe

Eingabe:

```
AH = 09
BH = Nummer der Bildschirmseite
CX = Anzahl der auszugebenden Zeichen
AL = ASCII-Code des Zeichens
BL = Attribut
```

Soll nun mit dieser Funktion das Zeichen *A* 50 Mal ausgegeben werden, kann dies über die *Interr%()*-FUNCTION folgendermaßen realisiert werden:

```
CLS
PRINT "***** Interrupt-Test *****"
PRINT
PRINT ">> BIOS-Interrupt &H10, Funktion 9: Ausgabe mehrerer
      Zeichen mit Attribut"
R% = Interr%(&H10, &H900 + ASC("A"), &H12, 50, 0)
PRINT
```

Die Parameter der FUNCTION sind der Reihe nach:

&H10	Interrupt-Nummer BIOS
&H900 + ASC("A")	Funktion 09 in AH, ASCII-Code von *A* in AL
&H12	Bildschirmseite 0 in BH, Attribut &H12 in BL
50	Wiederholungsanzahl in CX
0	Wert für DX, spielt hier keine Rolle

Als weiteres Beispiel eine verwandte Funktion, diesmal mit dem DOS-Interrupt &H21. In dieser Funktion 02 wird nur das in DL übergebene Zeichen an der aktuellen Cursorposition ausgegeben:

```
PRINT ">> DOS-Interrupt &H21, Funktion 2: Ausgabe eines Zeichens"
R% = Interr%(&H21, &H200, 0, 0, ASC("X"))
PRINT : PRINT "Rückgabewert = $"; HEX$(R%)
PRINT
```

Das letzte Beispiel dieser Reihe ist etwas komplexer, löst jedoch ein häufig auftretendes Problem von QBasic-Programmen. Mit Hilfe einer DOS-Funktion wird hierbei nämlich ermittelt, ob eine bestimmte Datei auf Diskette oder Festplatte existiert. Da dies häufiger benötigt wird, stelle ich Ihnen diese Funktion als QBasic-FUNCTION namens *Exists%()* vor. Die Handhabung dieser FUNCTION ist sehr einfach:

Datei suchen

```
PRINT ">> Mal nachsehen, ob eine Datei existiert (mit Exists%())"
DO
 INPUT "Dateiname (auch mit * oder ?), <Return>=Ende "; F$
 IF F$ = "" THEN EXIT DO
 IF Exists%(F$) THEN PRINT F$; " existiert!" ELSE PRINT F$;
    " nicht da!"
LOOP
```

Die FUNCTION *Exists%()* selbst ruft die DOS-Funktion Find-First auf, mit der ein Disketten- bzw. Festplatten-Inhaltsverzeichnis nach einem bestimmten Dateinamen durchsucht werden kann.

```
FUNCTION Exists% (FileName$)
 '*** ermitteln, ob Datei/Verzeichnis FileName$ existiert

 FilN$ = FileName$ + CHR$(0)
 R% = Interr%(&H21, &H4E00, 0, 0, SADD(FilN$))  '*** Find First

 Exists% = (R% = 0)

END FUNCTION
```

Als Ergebnis liefert diese Funktion in AX eine 0 zurück, wenn die Datei gefunden wurde, oder einen Fehlercode, wenn nicht. Durch die Zeile

```
Exists% = (R% = 0)
```

wird dieser Rückgabewert überprüft. Ist er 0, so ist das Ergebnis der Klammer -1, also WAHR, andernfalls liefert *Exists%()* eine 0 als Zeichen für "Nicht gefunden" zurück.

8.3 Mausprogrammierung

Ohne eine Tastatur ist ein Computer wohl nicht denkbar. Unmittelbar nach diesem Eingabegerät kommt allerdings ein weiteres, ohne das moderne Programme kaum noch auskommen: die Maus.

Für Anwender, die längere Zeit ohne eine Maus an einem Rechner gearbeitet haben, ist die Verwendung dieses kleinen Helfers recht ungewohnt. Dennoch gilt üblicherweise die Aussage: einmal mit Maus, immer mit Maus. Innerhalb kürzester Zeit wird das intuitive Auswählen von Menüpunkten oder gar das Zeichnen auf dem Bildschirm ohne die Hilfe einer Maus undenkbar, besonders bei der Arbeit mit grafisch orientierten Programmen oder Betriebssystemen wie z.B. WINDOWS von Microsoft.

Leider jedoch ist die Erstellung eines BASIC-Programmes, welches sich der Umgebung eines solchen Betriebssystems bedient, sehr schwierig. Soll dennoch die Maus eingesetzt werden, so müssen die entsprechenden Programmteile selbst geschrieben werden. In diesem Kapitel sollen die grundlegenden Schritte zur Programmierung und Anwendung der Maus beschrieben werden.

Installation einer Maus

Ausgehend von einem "nackten" Computer ohne bereits installierte Maus muß zunächst die Frage gestellt werden, welche Maus angeschafft werden soll. Dazu gibt es allerdings keine globale Antwort. Sicher ist nur, daß bei der Auswahl darauf geachtet werden sollte, daß die Maus auch kompatibel zum

Microsoft-Standard ist. Nur dann kann garantiert werden, daß alle mausunterstützten Programme auch mit dieser Maus funktionieren.

Maustreiber

Ist dann eine Maus gewählt und gekauft, muß sie erst einmal installiert werden. Dies bedeutet sowohl den Anschluß des Steckers an den Rechner als auch die Installation des Programmes, welches die Funktionen der Maus auswertet und verwaltet. Dieses Programm nennt sich Maustreiber. Den genauen Vorgang dieser Installation entnehmen Sie bitte der Anleitung, die dem Mauspaket beiliegen sollte. In den meisten Fällen wird der Aufruf des Maustreibers in der CONFIG.SYS-Datei mit dem DEVICE-Schlüsselwort vorgenommen.

Die erste und auch beste Kontrolle über die korrekte Funktion der Maus ist für den QBasic-Anwender die Entwicklungsumgebung des QBasic selbst. Innerhalb dieser Umgebung sind alle Menüs und Dialoge mit der Maus bedienbar, wodurch auch die erste Übung in deren Handhabung stattfinden kann.

Wenn dies funktioniert, dann ist der Entschluß zur Einbindung der Maus in eigene BASIC-Programme sicherlich schnell gefaßt. Wie dies möglich ist, soll nun erläutert werden.

Vorbereitung der Mausprogrammierung

Um die Schnittstelle zwischen einem Programm und den Bewegungen und Aktionen der Maus zu verstehen, muß ein kurzer Blick ins Innere des Systems und des Maustreibers geworfen werden. Hier eine kurze Beschreibung der Funktionsweise dieser Kombination:

Der Maustreiber wird nach dem Einschalten des Computers einmal gestartet. Dies bewirkt, daß das Programm in den Speicher geladen wird und dort bis zum Ausschalten des Rechners verbleibt.

Dieser Treiber läuft ständig im Hintergrund und hat die Aufgabe, die Aktionen der Maus zu beobachten, auszuwerten und bei Anfrage an ein anderes Programm zu melden. Außerdem sorgt es für die Anzeige des Mauszeigers, welcher in verschiedenen Erscheinungsformen auf dem Bildschirm sichtbar sein kann.

Die Anfrage eines Anwenderprogrammes kann natürlich nur dann erfolgen, wenn dieses weiß, wo der Treiber im Speicher liegt. Dies läßt sich über einen Zeiger ermitteln, welcher sich an einer festgelegten Position im Speicher befindet. Dieser Zeiger enthält die Speicheradresse des Treiberprogrammes.

Um also eine Information über die Maus zu erhalten bzw. ein Kommando an den Treiber zu übermitteln, muß zunächst dessen Adresse mittels des erwähnten Zeigers ermittelt werden. Hierfür werden die BASIC-Befehle *DEF SEG* und *PEEK()* verwendet. *DEF SEG* wählt den Speicherbereich (Speichersegment) an, innerhalb dessen dann mit *PEEK()* einzelne Zeichen ausgelesen werden können.

Maus initialisieren

Hier zunächst einmal eine QBasic-Subroutine, die die Ermittlung der Adresse des Maustreibers ausführt:

```
SUB MausInit

 '*****  Adresse des Maustreibers ermitteln  *****
 DEF SEG = 0                         '*** Speicherbereich wählen
 Maus.Segment% = 256 * PEEK(&HCC + 3) + PEEK(&HCC + 2)
 Maus.Offset%  = 256 * PEEK(&HCC + 1) + PEEK(&HCC + 0) + 2

 DEF SEG = Maus.Segment%          '*** Speicherbereich des Treibers

 IF Maus.Offset% + Maus.Segment% = 0 OR PEEK(Maus.Offset%)
    = 88 THEN
  Maus.Offset% = -1               '*** kein Maustreiber installiert!
 END IF

END SUB
```

Als erstes wird das Speichersegment 0 gewählt, in dem sich der Zeiger auf den Treiber befindet. Hier befinden sich an den Adressen $CC/$CD und $CE/$CF zwei Zeiger: der erste weist auf das Segment, in dem sich der Treiber befindet, der zweite enthält die Adresse innerhalb dieses Segmentes, an der das Treiberprogramm beginnt.

In DOS 5.0 können Dienstprogramme und Gerätetreiber in einen Speicher oberhalb der 640 KByte-Grenze verschoben werden. Dadurch kann es vorkommen, daß bei der Feststellung des Treibersegmentes ein Überlauf stattfindet. Dies liegt dann daran, daß der in *Maus.Segment%* zu ladende Wert über 32.767 liegt. Abhilfe schafft in einem solchen Fall, die Variable Maus.Segment mit dem Symbol *&* zu einer Long-Variablen zu erklären. Damit auch die Berechnung der Adresse nicht zu einem Überlauf führt, muß dazu noch der Ausdruck *PEEK(&HCC + 3)* in *CLNG(PEEK(&HCC + 3))* umgeschrieben werden.

Als nächstes wird das so ermittelte Segment durch *DEF SEG = Maus.Segment%* angewählt.

Danach wird zur Sicherheit noch einmal nachgesehen, ob sich auch wirklich ein Treiber an der ermittelten Adresse befindet. Dies ist sicherlich nicht der Fall, wenn Segment und Adresse 0 sind. Ebenso ist sicher kein Treiber vorhanden, wenn an der vermeintlichen Startadresse des Treibers der Wert 88 steht, da dies der Maschinenbefehl für "zurück aus dem Unterprogramm" ist. Diese beiden Fälle werden getestet; sollte einer der beiden zutreffen, so wird die Adresse auf -1 gesetzt. Dies ist als Signal für das Programm gedacht, daß kein Maustreiber vorhanden ist.

Fällt dieser Test negativ aus, so ist wahrscheinlich ein Maustreiber installiert. Leider ist dies nicht 100%ig sicher, da sich an der ermittelten Adresse ja auch ein anderes, ähnliches Programm befinden könnte.

Normalerweise handelt es sich hier jedoch wirklich um den Maustreiber. Die in *Maus.Offset%* gespeicherte Adresse wird in allen weiteren Mausfunktionen benötigt und muß daher global definiert werden. Sollte innerhalb des gesamten Programmes, in welchem sich die Mausfunktionen befinden, ein weiterer *DEF SEG*-Befehl vorkommen, so muß unbedingt nach diesem Aufruf und vor der nächsten Mausfunktion wieder die Subroutine *MausInit* aufgerufen werden, um das aktive Speichersegment wieder richtig zu setzen! Eine andere Möglichkeit ist es natürlich, die Variable *Maus.Segment%* ebenfalls global zu deklarieren und vor jeden Aufruf einer Maustreiber-Routine die Anweisung *DEF SEG = MausSegment%* zu setzen.

Ist nun alles soweit gelaufen, d.h. das richtige Segment gewählt und die Variable *Maus.Offset%* vorbereitet, kann der Treiber aufgerufen werden. Dies geschieht mit Hilfe der QBasic-Funktion *ABSOLUTE*. Mit dieser Funktion kann ein Maschinenprogramm aufgerufen und es können einige Parameter mit diesem Programm ausgetauscht werden, wie ja bereits in den vorhergehenden Kapiteln gezeigt.

Die Parameter, die mit dem Maustreiber ausgetauscht werden, sind in ihrer Reihenfolge und Anzahl fest vorgegeben. Der erste, in der *ABSOLUTE*-Anweisung angegebene Parameter ist die Nummer der Funktion des Treibers, die aufgerufen werden soll. Danach folgen drei weitere Parameter, deren Inhalt von der gewählten Treiberfunktion abhängt. Der fünfte und letzte Wert in der Liste ist schließlich die Adresse des Programmes, welcher in diesem Fall in der Variablen Maus.Offset% enthalten ist.

Aufruf des Maustreibers

Grundsätzlich sieht ein Aufruf des Maustreibers also folgendermaßen aus:

```
ABSOLUTE Funktion%, Wert1%, Wert2%, Wert3%, Maus.Offset%
```

Als erste Anwendung soll der Treiber in den Grundzustand gesetzt werden. Dies wird über dessen erste Funktion 0 bewirkt und stellt folgende Zustände ein:

- Der Zeiger wird unsichtbar.
- Die Form des Zeigers wird eingestellt.
- Der Zeiger wird in die Bildschirmmitte gesetzt.
- Der Aktionsradius des Zeigers wird auf die volle Bildschirmseite eingestellt.

Aufgerufen wird diese Funktion in folgender Subroutine, die gleichzeitig noch einmal das Vorhandensein einer Maus testet sowie die Anzahl der aktiven Mausknöpfe ermittelt:

Initialisierung

```
SUB MausReset
  IF Maus.Offset% = -1 THEN EXIT SUB
  SHARED Buttons%                  '** => Anzahl Maustasten

  '***  Maustreiber initialisieren, Standardwerte setzen  ***
  NoMaus% = 0
  ABSOLUTE NoMaus%, Buttons%, 0, 0, Maus.Offset%  '** Maus Reset
  IF NoMaus% = 0 THEN Maus.Offset% = -1           '-1, wenn keine
                                                  'Maus
END SUB
```

Diese Subroutine beginnt mit dem Test darauf, ob überhaupt ein Maustreiber erkannt wurde. Mit dieser Zeile beginnen im folgenden alle Maus-Subroutinen. Der Grund hierfür ist der, daß ein Aufruf der *ABSOLUTE*-Anweisung bei einem falschen oder fehlenden Maustreiber sehr leicht zum Absturz des Rechners führen kann!

Danach wird die Variable *Buttons%* als *SHARED* definiert. In diese Variable wird nämlich die Anzahl der Mausknöpfe geschrieben, welche das aufrufende Hauptprogramm dann auswerten kann. Üblicherweise besitzt eine Microsoft-kompatible Maus zwei Knöpfe. Einige andere Mäuse, z.B. die Genius-Maus, sind zwar mit drei Knöpfen ausgerüstet, jedoch wird die mittlere Taste nicht im Microsoft-Modus berücksichtigt. Hierfür wird bei diesen Mäusen ein spezieller Maustreiber mitgeliefert, mit dem alle drei Tasten funktionieren.

Die Variable *NoMaus%*, die dann auf 0 gesetzt wird, dient zur Übergabe der Funktionsnummer 0 an den Treiber. Hier ist es zwar auch möglich, in der *ABSOLUTE*-Anweisung direkt eine 0 einzutragen, jedoch wird in diesem Fall in dieser Variablen der Status der Maus zurückgegeben. Ist dieser 0, so ist keine Maus installiert, andernfalls ist eine Maus angeschlossen.

Auf die oben gezeigte Art werden alle Funktionen des Maustreibers aufgerufen, wobei nur die Art und Bedeutung der Parameter variiert. Hier nun eine Übersicht über die wichtigsten Funktionen eines normalen Maustreibers, die noch später genauer beschrieben werden:

Funktionen des Maustreibers

Nummer	Funktion
0	Initialisierung des Maustreibers
1	Mauszeiger einschalten
2	Mauszeiger ausschalten
3	Mausposition und -tasten auslesen
4	Mausposition setzen
7	horizontalen Aktionsradius festlegen
8	vertikalen Aktionsradius festlegen
10	Mauszeigerart definieren
15	Maustempo einstellen

Die beiden bisher gezeigten Subroutinen sind in einem Hauptprogramm enthalten, welches einige Voraussetzungen erfüllen muß. Dazu muß die benötigte *ABSOLUTE*-Funktion deklariert und die Variable *Maus.Offset%* global definiert werden. Hier die dazu nötigen Zeilen:

```
'*********************************************
'**********  Maus-Handling-Routinen  **********
'*********************************************

DECLARE SUB MausInit ()
```

```
DECLARE SUB MausReset ()

'*****  ABSOLUTE-Funktion aus QB.QLB deklarieren  *****
DECLARE SUB ABSOLUTE (Funktion%, par1%, par2%, par3%, adr%)


'**********  gemeinsame Variablen definieren  **********

DIM SHARED Maus.Offset%     '*** Offset für alle Mausfunktionen

MausInit                    '** Maus abfragen, Maus.Offset% setzen
MausReset                   '** Maustreiber initialisieren
IF Maus.Offset% = -1 THEN
  PRINT "Achtung: kein Maustreiber installiert! Abbruch"
  END
END IF
```

Hier werden außer den eigentlichen Definitionen auch gleich die beiden Subroutinen aufgerufen, wobei das Programm direkt abgebrochen wird, wenn kein Maustreiber gefunden wurde.

Ein-/Ausschalten des Mauszeigers

Nachdem die Maus nun installiert, initialisiert und vorbereitet wurde, ist sie leider immer noch nicht sichtbar. Dies kann leicht mit der Funktion 1 des Treibers geändert werden. Auch hierfür bietet sich eine Subroutine an:

Mauszeiger

```
SUB Maus (OnOff%)
  IF Maus.Offset% = -1 THEN EXIT SUB

  '*****  Mauscursor ein-/ ausschalten  *****
  IF OnOff% = 0 THEN OnOff% = 2 ELSE OnOff% = 1
  ABSOLUTE OnOff%, 0, 0, 0, Maus.Offset%
END SUB
```

In dieser Subroutine sind gleich zwei Funktionen des Maustreibers enthalten: Funktion 1, Zeiger einschalten, und Funktion 2, Zeiger ausschalten. Die Entscheidung, welche dieser beiden Funktionen aufgerufen werden soll, hängt von dem an die Subroutine übergebenen Parameter ab.

Die Verwendung dieser Subroutine ist denkbar einfach: *Maus 0* schaltet den Mauszeiger ab, *Maus 1* schaltet ihn ein. Die Sache hat nur einen kleinen Haken! Der Maustreiber zählt nämlich mit, wie oft der Zeiger abgeschaltet wird. Um ihn dann wieder sichtbar zu machen, muß *Maus 1* so oft aufgerufen werden wie zuvor *Maus 0*. Andersherum ist es unwichtig, wie oft die Maus eingeschaltet wurde, da das erste *Maus 0* den Zeiger garantiert ausschaltet.

Abfrage der Maus

Nach dem ersten Aufruf von *Maus 1* kann der Mauszeiger auf dem Bildschirm bewegt werden. Um die Information über die Position des Zeigers sowie den Zustand der Maustasten zu erhalten, wird die Funktion 3 des Treibers verwendet. Sinnvollerweise wird auch diese Abfrage in einer Subroutine erledigt.

Maus abfragen

```
SUB GetMaus
  IF Maus.Offset% = -1 THEN EXIT SUB

  '*****  Mausposition und Tasten abfragen  *****
  ABSOLUTE 3, MausK%, MausX%, MausY%, Maus.Offset% '** Maus lesen

  MausX% = MausX% / 8 + 1           '*** ggf. Umrechnung der
                                    '*** Cursorposition in Zeichen
  MausY% = MausY% / 8 + 1
END SUB
```

Diese Subroutine liest die Position und den Status der Tasten aus und speichert diese Informationen in den Variablen *MausX%*, *MausY%* und *MausK%*. Um diese Variablen im weiteren Verlauf des Programmes nutzen zu können, bietet sich deren Deklaration im Hauptmodul mit *SHARED* an:

```
DIM SHARED MausX%, MausY%, MausK%  '*** Mausposition und -Knopf
```

Da der Maustreiber die Mauskoordinaten grundsätzlich in Bildschirmpunkten liefert, bekommt man die Position des Zeichencursors immer als Vielfaches der Zeichenbreite bzw. -höhe zurück. Dies ist jedoch im Textmodus nicht erwünscht, da ja hierfür die Zeichenposition des Mauszeigers gebraucht wird. Aus diesem Grund werden die ermittelten Koordinaten auch durch 8 geteilt, um diese Zeichenposition zu ermitteln. Zusätzlich wird dabei eine 1 addiert, da die Mauskoordinaten sonst bei 0:0 beginnen würden.

Ein einfaches Malprogramm

Die bisher beschriebenen Funktionen des Maustreibers und deren Anwendung aus einem QBasic-Programm heraus ermöglichen bereits die Einbindung der Maus in eigene Programme. Es soll nun anhand eines kleinen Zeichenprogrammes die Praxis der Mausprogrammierung demonstriert werden. In diesem Programm werden außerdem weitere Mausfunktionen in Form von Subroutinen eingesetzt, um das Programm komfortabler zu gestalten.

Das Hauptprogramm enthält zunächst die üblichen Deklarationen der verwendeten Subroutinen, wie sie ja beim Speichern eines QBasic-Programmes automatisch an den Anfang eingetragen werden. Danach folgen die Deklarationen der gemeinsamen Variablen, die die Informationen über die Position des Maustreibers sowie Position und Status der Maus enthalten.

Danach folgt die Initialisierung des Maustreibers und, wenn ein Maustreiber gefunden wurde, das eigentliche Zeichenprogramm.

Zeichnen mit der Maus

```
'*********************************************
'**********  Maus-Handling-Routinen  **********
'*********************************************

DECLARE SUB MausInit ()
DECLARE SUB Maus (OnOff%)
DECLARE SUB MausForm (BMaske%, CMaske%)
DECLARE SUB MausRange (X%, B%, Y%, H%)
DECLARE SUB MausSet (X%, Y%)
DECLARE SUB MausTempo (Tempo%)

DECLARE SUB GetMaus ()
DECLARE SUB WarteKnopfLos ()
DECLARE SUB WarteBewegung ()

'*****  ABSOLUTE-Funktion deklarieren  *****
DECLARE SUB ABSOLUTE (Funktion%, par1%, par2%, par3%, adr%)

DECLARE SUB MausZeichner ()


'**********  gemeinsame Variablen definieren  **********

DIM SHARED Maus.Offset%         '*** Offset für alle Mausfunktionen
DIM SHARED MausX%, MausY%, MausK%    '*** Mausposition und -Knopf

'**********  Maus abfragen, Maus.Offset% setzen  **********
MausInit
IF Maus.Offset% = -1 THEN
  PRINT "Achtung: kein Maustreiber installiert! Abbruch"
  END
END IF

'******  Beispiel-Anwendung: Zeichen-Malprogramm mit Maus  ******
MausZeichner                    '*** Zeichenprogramm im Text-Modus
```

Hier zunächst alle SUBs für das Programm, die bisher noch nicht aufgeführt wurden. Die erste, *MausForm*, bestimmt die Darstellungsart des Mauszeigers anhand der Hintergrund- und Zeichenmaske. Die zweite SUB, *MausRange*, setzt den Bewegungsradius der Maus fest. Danach folgt *MausSet*, welche die Position des Mauszeigers auf dem Bildschirm festsetzt.

Mauszeiger-darstellung setzen

```
SUB MausForm (BMaske%, CMaske%)
 IF Maus.Offset% = -1 THEN EXIT SUB

 '*****  Mauscursor-Erscheinung setzen  *****
                                                  '** Mausform setzen
 ABSOLUTE 10, 0, BMaske%, CMaske%, Maus.Offset%
END SUB
```

Maus-Radius festlegen

```
SUB MausRange (X%, B%, Y%, H%)
 IF Maus.Offset% = -1 THEN EXIT SUB

 '*****  Maus-Aktionsradius setzen  *****
 X% = X% * 8 - 8: B% = B% * 8
 Y% = Y% * 8 - 8: H% = H% * 8

 ABSOLUTE 7, 0, X%, X% + B%, Maus.Offset%       '** Mausradius X
 ABSOLUTE 8, 0, Y%, Y% + H%, Maus.Offset%       '** Mausradius Y

END SUB
```

Mausposition setzen

```
SUB MausSet (X%, Y%)
 IF Maus.Offset% = -1 THEN EXIT SUB

 '*****  Mausposition setzen  *****
 X1% = X% * 8 - 8: Y1% = Y% * 8 - 8
 ABSOLUTE 4, 0, X1%, Y1%, Maus.Offset%    '** Mausposition setzen
END SUB

SUB MausTempo (Tempo%)
  IF Maus.Offset% = -1 THEN EXIT SUB

  '*****  Maus-Geschwindigkeit einstellen  *****
                                                  '** Maus-Tempo X/Y
  ABSOLUTE 15, 0, Tempo%, Tempo% * 2, Maus.Offset%
END SUB
```

Die folgenden beiden SUBs setzen die bisherigen SUBs dafür ein, auf eine Bewegung des Mauszeigers, bzw. auf das Loslassen der Maustasten zu warten:

```
SUB WarteBewegung
  IF Maus.Offset% = -1 THEN EXIT SUB
```

```
 '***  Warten, bis Maus bewegt oder Knopf gedrückt bzw.
 '***  losgelassen wird  **
 GetMaus
 X% = MausX%: Y% = MausY%: K% = MausK%
 DO
  GetMaus
 LOOP UNTIL MausX% <> X% OR MausY% <> Y% OR MausK% <> K%

END SUB

SUB WarteKnopfLos
  IF Maus.Offset% = -1 THEN EXIT SUB

  '*****  Warten, bis Maustasten losgelassen wurden  *****
  DO
   GetMaus
  LOOP UNTIL MausK% = 0

END SUB
```

Nun folgt das eigentliche Zeichenprogramm. Es erscheint als ein leerer Bildschirm mit einem Auswahlfeld am oberen Bildrand. Aus diesem Feld können die Grafikzeichen ausgewählt werden, mit denen gezeichnet werden soll. Während dieser Auswahl wird die Geschwindigkeit des Mauszeigers heruntergesetzt, um eine genaue Auswahl zu erleichtern.

Im unteren, freien Bildschirmbereich kann mit den so ausgewählten Zeichen gemalt werden. Hierbei werden Sie feststellen, daß bei gedrückter Maustaste der obere Bereich, also das Auswahlmenü, nicht erreicht werden kann. Dies wird durch den Einsatz der SUB *MausRange* erreicht.

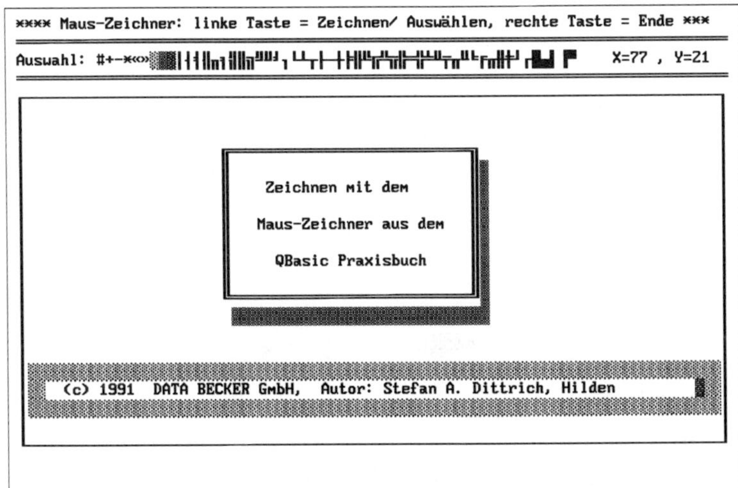

Als zusätzliche Möglichkeit kann auch über die Tastatur ein Text eingegeben werden. Jedes gedrückte Zeichen erscheint dann an der Mausposition, die danach an die nächste Cursorposition verschoben wird. Auf diese Weise können Sie etwa einen Rahmen zeichnen und dort hinein einen Text schreiben.

```
SUB MausZeichner

'*****************************************************************
'****  einfaches Malprogramm im Text-Modus für Maus-Demo  *******
'*****************************************************************
'**  Auswahl des Zeichens in der Auswahl-Zeile                  **
'**  Zeichen mit linker Maustaste                               **
'**  Tastatureingaben für Text an der Mausposition              **
'*****************************************************************

CLS
PRINT "**** Maus-Zeichner: linke Taste = Zeichnen/ Auswählen,
       rechte Taste = Ende ***"

PRINT STRING$(80, "=")
PRINT "Auswahl: #+-*";
FOR i% = 174 TO 223: PRINT CHR$(i%); : NEXT i%
PRINT STRING$(80, "=")

Zeichen$ = "*"

Maus 1                                '** Mauscursor einschalten

DO
  GetMaus
  LOCATE 3, 68: PRINT USING "X=## , Y=##"; MausX%; MausY%

  IF MausY% < 5 THEN          '** Zeiger in der Auswahlleiste !
    MausTempo 10
    MausForm &HFFFF, &HFF00  '** Zeiger: invertierter Hintergrund

  ELSE
    MausTempo 4
                              '** Zeiger: blinkendes Zeichen
    MausForm &HFF00, &HC000 + ASC(Zeichen$)
  END IF

  IF MausK% = 1 THEN          '*** linke Taste gedrückt ! ***
    Maus 0
    IF MausY% < 5 THEN
                              '** neues Zeichen auswählen
      Zeichen$ = CHR$(SCREEN(MausY%, MausX%))
      Maus 1
      WarteKnopfLos

    ELSE
      MausRange 1, 79, 5, 20 '** Maus-Bewegungsfläche setzen
```

```
      MausTempo 10
      LOCATE MausY%, MausX%
      PRINT Zeichen$;         '** Zeichen ausgeben
      Maus 1
      WarteBewegung

    END IF

  ELSE                        '** rechte oder keine Taste gedrückt:
    MausRange 1, 79, 3, 22    '** Maus-Bewegungsfläche setzen
  END IF

  X% = MausX%: Y% = MausY%
  DO                          '** warten auf Taste oder Mausaktion
   Key$ = INKEY$
   GetMaus
  LOOP UNTIL LEN(Key$) OR X% <> MausX% OR Y% <> MausY% OR MausK%

  IF LEN(Key$) THEN           '*** eingetipptes Zeichen ausgeben
    LOCATE MausY%, MausX%
    Maus 0
    PRINT Key$;
    MausSet POS(0), CSRLIN    '** Mauszeiger auf Cursorposition
    Maus 1
  END IF

LOOP UNTIL MausK% = 2 OR Key$ = CHR$(27)    '*** bis rechte Taste
                                            '***  oder <Escape>

Maus 0                        '*** Mauscursor ausschalten ***

END SUB
```

Sicherlich kann dieses Programm nicht für den praktischen Einsatz genügen, da es eigentlich nur zur Demonstration gedacht ist. Dennoch könnten damit durch einige Programmerweiterungen wie Laden, Speichern oder Drucken von Bildausschnitten auch sinnvolle Arbeiten erledigt werden.

9. Fehlersuche und Debugging

Die Fehlersuche ist als Thema leider sehr wichtig, obwohl auch sehr unbeliebt. Während in sehr kleinen Programmen ein Fehler meistens durch bloßes Ansehen des Listings gefunden werden kann, ist dies bei größeren Programmen meist nicht mehr möglich. Hier muß dann der Fehler auf irgendeine Art und Weise eingegrenzt werden. Hierfür gibt es gerade in QBasic eine Vielzahl an Varianten, da der Interpreter sehr gute und umfangreiche Werkzeuge zur Verfügung stellt.

Vielleicht ist Ihnen dieser Hinweis nicht neu, was mich nicht daran hindert, ihn zu wiederholen. Der mit Abstand beste Weg, einen Fehler auszuschalten, ist der, ihn gar nicht erst entstehen zu lassen. Dies ist zwar in der Praxis nicht 100%ig möglich, läßt sich durch sorgfältige und strukturierte Programmierung aber recht gut annähern. So können die berühmt-berüchtigten Seiteneffekte durch den Einsatz von SUBs und FUNCTIONs wirkungsvoll vermieden werden.

9.1 Fehlerverfolgung im Programm

Seiteneffekte

Die eben erwähnten Seiteneffekte sind mit die häufigsten Fehlerquellen in einem Programm. Es handelt sich dabei um das Verändern einer Variablen an einer Stelle im Programm, wo dies eigentlich nicht passieren dürfte. Besonders häufig tritt ein solcher Effekt bei dem Aufruf einer SUB oder FUNCTION auf, wo die Variable als Parameter übergeben oder als SHARED definiert ist.

Wenn Sie den Verdacht haben, daß sich der Inhalt einer bestimmten Variablen in einem bekannten Programmteil ungewollt verändert oder eine Berechnung das falsche Ergebnis liefert, so empfiehlt sich der Einbau einer Anzeige des Variableninhaltes mit *PRINT* an markanten Stellen des Programmes.

In einigen Fällen kann auch eine Bereichsüberschreitung einer Variablen überprüft werden. Darf beispielsweise die Variable *Test%* nur Werte unter 100 beinhalten, so kann die Anzeige unter dieser Bedingung erfolgen.

```
IF Test% >= 100 THEN
  BEEP
  PRINT "Variableninhalt von Test%:" + STR$(Test%)
  STOP              '** Programmstop
ENDIF
```

In diesem Beispiel wird in dem Fall, daß *Test%* einen Wert von 100 oder größer hat, der Wert angezeigt und das Programm gestoppt. In diesem Fall können Sie entweder im Direktmodus (F6) den Inhalt von *Test%* ändern oder, wenn die *Rückverfolgen*-Option aus dem *Debug*-Menü eingeschaltet ist, die letzten Schritte des Programmes überprüfen. Danach kann mit F5 das Programm weitergeführt werden.

ON ERROR

Eine weitere Methode der Fehlersuche verwendet die *ON ERROR*-Anweisung. Über die reine Fehlerbehandlung hinaus kann diese so eingesetzt werden, daß beim Auftreten eines Fehlers ebenfalls wahlweise mit *STOP* das Programm angehalten wird, danach aber durch *RESUME* die fehlerverursachende Anweisung wiederholt werden kann. Mit der folgenden Fehlerbehandlungsroutine ist dies möglich:

```
DebugError:
 BEEP
 PRINT "** Fehler Nummer" + STR$(ERR) + " aufgetreten! **"
 STOP
 RESUME
```

Nachdem diese Routine mit der Anweisung

```
ON ERROR GOTO DebugError
```

als Fehlerbehandlung definiert wurde, wird bei einem auftretenden Fehler die Meldung des Fehlers samt Fehlernummer angezeigt. Wird dann mit F8 der nächste Programmschritt ausgeführt, wird durch die *RESUME*-Anweisung die fehlerverursachende Zeile angezeigt.

9.2 Fehlereingrenzung mit dem QBasic-Debugger

Über die bisher beschriebenen Wege der Fehlereingrenzung und -Verfolgung hinaus bietet der Interpreter von QBasic einige sehr hilfreiche Funktionen, die aus dem *Debug*-Menü heraus oder auch durch Funktionstasten aufgerufen werden können. In diesem Menü sind bei QBasic folgende Einträge enthalten:

Einzelschritt (F8)

Das Debug-Menü

Wenn Sie das laufende Programm mit Strg+Pause oder einem *STOP*-Befehl angehalten haben, können Sie es Schritt für Schritt weiterlaufen lassen. Hierzu dienen dieser und der folgende Menüeintrag bzw. die Tasten F8 und F10. Mit F8 wird die hervorgehoben dargestellte Zeile, die aktuelle Anweisung, ausgeführt und die nächste Anweisung als aktuelle Anweisung markiert.

Prozedurschritt (F10)

Diese Funktion arbeitet analog zur vorhergehenden. Der Unterschied ist jedoch, daß auch Aufrufe von SUBs oder FUNCTIONs als eine Anweisung angesehen und vollständig ausgeführt werden.

Rückverfolgung ein

Dieser Menüeintrag bewirkt das Ein- und Ausschalten der Funktion. Der Zustand wird durch einen Punkt vor dem Eintrag angezeigt; ist dieser sichtbar, so ist die Funktion aktiviert.

Trace

Die Rückverfolgungs-Funktion (Trace) bewirkt ein schrittweises Abarbeiten des Programmes, wobei die gerade bearbeitete Zeile hervorgehoben dargestellt wird. Finden in der Zeile Ein- oder Ausgaben statt, z.B. durch einen *PRINT*-Befehl, so wird zwischen dem Editor- und dem Ausgabebildschirm hin- und hergeschaltet. Der Ablauf des Programmes kann jederzeit mit Strg+Pause oder einem *STOP*-Befehl im Programm unterbrochen werden.

Die Abarbeitungsgeschwindigkeit wird durch Verwendung dieser Option sehr stark heruntersetzt. Aus diesem Grund bietet es sich an, vor den kritischen Programmteil einen *STOP*-Befehl zu setzen und das Programm ohne die Verfolgen-Funktion zu starten. Bricht das Programm an dieser Stelle ab, können Sie die Funktion einschalten und mit F5 das Programm forführen.

Haltepunkte ein/aus (F9)

Diese Funktion wird allgemein am häufigsten bei der Fehlersuche eingesetzt. Durch sie wird die aktuelle Zeile, auf der der Cursor steht, als Haltepunkt (Breakpoint) definiert und hervorgehoben dargestellt. Sollte die Zeile bereits ein Haltepunkt sein, so wird dieser wieder abgeschaltet. Es können auch mehrere Haltepunkte in einem Programm festgelegt werden.

Erreicht das Programm bei der Ausführung eine solche Zeile, so wird es abgebrochen und die Zeile angezeigt. Danach kann das Programm entweder mit F5 weitergeführt oder mit Einzelschritten (F8 bzw. F10) schrittweise abgearbeitet und beobachtet werden.

Alle Haltepunkte löschen

Durch Anwahl dieser Funktion werden alle definierten Haltepunkte im Programm gelöscht.

Nächste Anweisung festlegen

Die Zeile, in der der Cursor steht, wird zur aktuellen Zeile der Programmausführung erklärt. Dies ist allerdings nur möglich, wenn das Programm in demselben Programmteil (SUB oder FUNCTION) unterbrochen wurde. Wird danach F5, F8 oder F10 gedrückt, so wird das Programm in bzw. ab dieser Zeile fortgeführt.

10. Beispiel-Programme

Nach all dieser Theorie soll nun das bisher gelernte in der Praxis angewendet werden. Hierfür möchte ich Ihnen einige kleine Programme vorstellen, in denen außer dem Einsatz der QBasic-Befehle und -Funktionen auch noch einige Programmiertricks zu finden sind. Hierbei handelt es sich um ein Programm zum Auslesen des Disketten-Inhaltes mit Dateinamen und -Längen, eine kleine Tabellenkalkulation und, last not least, ein Spiel.

10.1 Directory auslesen/anzeigen

In einem früheren Kapitel wurde bereits eine Methode vorgestellt, mit der Sie eine Dateiauswahl programmieren können. Im Zusammenhang mit der ebenfalls gezeigten Technik der DOS-Programmierung mittels der *Interr%()*-FUNCTION ist es aber auch möglich, ein Disketten- bzw. Festplatten-Inhaltsverzeichnis direkt einzulesen und auszuwerten.

Verwendet werden hierzu drei DOS-Funktionen, deren detaillierte Funktionsbeschreibung Sie bitte weiterführender Literatur über DOS entnehmen. Es handelt sich dabei um die Funktionen:

Set DTA

Die DOS-Funktionen

Mit dieser Funktion wird der Speicherbereich festgelegt, in den das DOS seine Verzeichnis-Daten ablegt (DTA = Disk Transfer Address). Die beiden folgenden Funktionen schreiben dann die Informationen über die in den Vereichnissen gefundenen Dateien in diesen Speicher, welcher mit *Set DTA* auf einen String gelegt wird. Aus diesem String können dann die teilweise verschlüsselten Informationen ausgelesen werden.

Search First

Diese Funktion durchsucht das angegebene oder das aktuelle Verzeichnis nach einer Datei. Findet es die Datei, so wird die DTA mit deren Daten gefüllt. Andernfalls gibt sie eine Fehlermeldung in AX zurück, welche ja den Funktionswert von *Interr%()* darstellt und somit auswertbar ist.

Search Next

Search Next wiederholt die mit *Search First* initiierte Suche und sucht nach dem nächsten passenden Eintrag.

Das nun zu erstellende Programm muß aus folgenden Schritten bestehen:

- Initialisieren des Maschinenprogrammes für *Interr%()*
- Setzen der DTA auf einen vorbereiteten String
- Ausführen von *Search First*
- Hat dies geklappt, dann Auswerten des DTA-Inhaltes
- Ausführen von *Search Next*
- Auswerten der DTA und wieder *Search Next,* bis diese Funktion eine Fehlermeldung liefert (Datei nicht gefunden)

Das folgende Hauptprogramm mit den bereits vorgestellten Funktionen *ReadData* und *Interr%()* bereitet das Auslesen des Inhaltsverzeichnisses vor und ruft dann die SUB *ReadFiles* auf. Diese SUB bekommt als Parameter den Pfad des Verzeichnisses bzw. einen Leerstring zum Auslesen des aktuellen Verzeichnisses, eine Dateimaske (*.* für alle Einträge, *.BAS für alle BASIC-Dateien usw.) sowie zwei Felder und eine INTEGER-Variable übergeben. In diesen Feldern werden die Namen und Längen aller gefundenen Einträge zurückgeliefert, die INTEGER-Variable enthält dann die Anzahl der gefundenen Einträge.

```
'*** Directory einlesen und anzeigen ***

DECLARE SUB ReadData ()
DECLARE SUB ReadFiles (Path$, Maske$, Files$(), FLen&(),
                       FileAnz%)
DECLARE FUNCTION Interr% (Num%, AX%, BX%, CX%, DX%)

DIM Files$(200), FLen&(200)

DIM SHARED MS%(30)
ReadData

ReadFiles "", "*.*", Files$(), FLen&(), FileAnz%

PRINT
PRINT FileAnz%; "Dateien gefunden:"
FOR i% = 1 TO FileAnz%
```

```
 PRINT USING "\          \ #######   "; Files$(i%); FLen&(i%);
 PRINT ,
NEXT i%
PRINT


MS.Data:       '***** DATAs des Maschinenprogrammes für Interr%()
 DATA 55,8b,ec,56,57
 DATA 8b,76,06,8b,14
 DATA 8b,76,08,8b,0c
 DATA 8b,76,0a,8b,1c
 DATA 8b,76,0c,8b,04
 DATA cd,21
 DATA 8b,76,0c,89,04
 DATA 5f,5e,5d
 DATA ca,08,00
 DATA #

FUNCTION Interr% (Num%, AX%, BX%, CX%, DX%)

 IF MS%(0) = 0 THEN
  PRINT "FEHLER: Maschinenprogramm nicht eingelesen! Abbruch!"
  END
 END IF

 DEF SEG = VARSEG(MS%(0))
 POKE VARPTR(MS%(0)) + 26, Num%         '** Interrupt-Nummer

 CALL ABSOLUTE(AX%, BX%, CX%, DX%, VARPTR(MS%(0)))

 Interr% = AX%

END FUNCTION

SUB ReadData

 RESTORE MS.Data
 DEF SEG = VARSEG(MS%(0))

 FOR i% = 0 TO 99
  READ Byte$
  IF Byte$ = "#" THEN EXIT FOR
  POKE VARPTR(MS%(0)) + i%, VAL("&H" + Byte$)
 NEXT i%

END SUB
```

Die SUB *ReadFiles* selbst erledigt die eingangs aufgeführten Schritte. Hierfür wird zunächst ein String mit 80 Leerzeichen belegt, um eine ausreichende Größe der DTA sicherzustellen, und setzt dann die DTA auf diesen String. Danach wird die *Search First*-Funktion aufgerufen und in der folgenden *WHILE.. WEND*-Schleife die DTA ausgewertet. Innerhalb der Schleife wird dann auch jeweils die Funktion *Search Next* aufgerufen, um den nächsten, zu der Maske passenden Eintrag aus dem Verzeichnis zu lesen und für die Auswertung zur Verfügung zu stellen.

Die Ermittlung des Dateinamens findet durch das Herauskopieren der Bytes 31 bis 42 aus der DTA statt. Hier befindet sich der Dateiname, wobei ein kürzerer Name mit einem Nullbyte (*CHR$(0)*) abgeschlossen wird.

Die Dateilänge liegt innerhalb der DTA in den Bytes 27 bis 30, und zwar binär codiert. Mit der QBasic-Funktion *CVL()* kann dieser 4 Bytes lange String in den entsprechenden LONG-Wert umgewandelt werden, welcher dann in das Feld *FLen&()* eingetragen wird.

Dateinamen einlesen

```
SUB ReadFiles (Path$, Maske$, Files$(), FLen&(), FileAnz%)
  '*** Verzeichnisse und Dateinamen einlesen und zurückgeben

 DTA$ = STRING$(80, " ")

 AX% = Interr%(&H21, &H1A00, 0, 0, SADD(DTA$))       '*** Set DTA

 '**********  Dateinamen holen  **********
 FileAnz% = 0
 FileName$ = Path$ + Maske$ + CHR$(0)

                                                   '*** Find First
 AX% = Interr%(&H21, &H4E00, 0, 32, SADD(FileName$))

 WHILE AX% < 18
                                   '** Dateinamen aus DTA extrahieren
  f$ = MID$(DTA$, 31, 12)
  IF INSTR(f$, CHR$(0)) THEN f$ = LEFT$(f$, INSTR(f$, CHR$(0))
     - 1)

  FileAnz% = FileAnz% + 1
  Files$(FileAnz%) = f$
  FLen&(FileAnz%) = CVL(MID$(DTA$, 27, 4))

  AX% = Interr%(&H21, &H4F00, 0, 0, 0)            '*** Find Next
 WEND

END SUB
```

Auf der Basis dieser SUB können Sie nun auch eine andere Dateiauswahl programmieren, die dann auch etwas komfortabler sein kann, als die in diesem Buch vorgestellte. Darstellung und Bedienung dieser Dateiauswahl können dabei beliebig gestaltet werden.

10.2 Eine einfache Tabellen-Kalkulation

Eine sehr häufige Anwendung eines Computers ist die Be- und Verarbeitung von Zahlen, was meist mit einer Tabellenkalkulation stattfindet. Hierfür gibt es auf dem Markt schon eine ganze Reihe, etwa MS-WORKS, MS-Multiplan oder MS-Excel. Oft sind diese Programme aber für die jeweilige Anwendung zu groß, etwa dann wenn Sie einfach nur den Treibstoffverbrauch Ihres Autos berechnen wollen.

Einerseits, um dieses Problem zu lösen und dabei noch Geld zu sparen, und andererseits zur Demonstration der Möglichkeiten von QBasic möchte ich Ihnen nun ein Programm vorstellen, welches für solche Zwecke schon ausreicht. Es handelt sich dabei um eine kleine Tabellenkalkulation, mit der schon die häufigsten Anwendungen realisierbar sind.

Das Programm erscheint in der altbewährten Form, in der ein Arbeitsblatt mit einigen Zeilen und Spalten angezeigt wird. In einem dieser Felder, auch Zellen genannt, steht der Cursor, der durch ein invertiertes Feld erkennbar ist. Diese Marke können Sie mit den Cursortasten innerhalb des Arbeitsblattes frei bewegen. Der Inhalt des jeweiligen Feldes wird dabei am unteren Bildrand angezeigt. Wenn Sie dann [Return] drücken, können Sie dieses Feld editieren und einen Text, eine Zahl oder auch eine Formel eingeben. Texte müssen dabei mit einem Dollarzeichen beginnen, Formeln mit dem Zeichen #. Alle anderen Felder enthalten entweder nichts oder einen Wert.

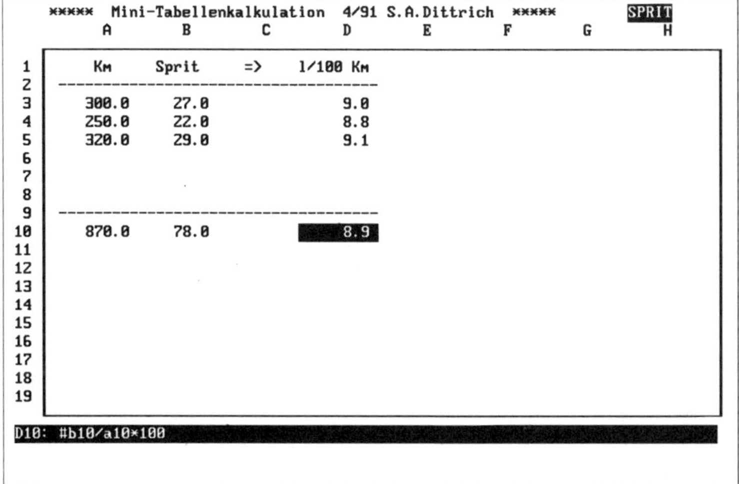

Nach jeder Veränderung eines Feldes wird das gesamte Arbeitsblatt neu durchgerechnet und angezeigt. Diese Berechnung findet dabei zeilenweise von links nach rechts statt.

Die Funktionstasten sind in diesem Programm ebenfalls belegt. Diese Belegung können Sie sich mit F1 einblenden lassen.

Das Hauptprogramm zeichnet den grundsätzlichen Bildaufbau und bearbeitet dann die vom Anwender betätigten Tasten. Hierbei werden je nach Taste die entsprechenden SUBs aufgerufen.

```
'*** Mini-Tabellenkalkulation ***

DECLARE SUB RowCopy (Von%, Nach%)
DECLARE SUB InsertLine (Y%)
DECLARE SUB DelLine (Y%)
DECLARE SUB InsertRow (X%)
DECLARE SUB DelRow (X%)

DECLARE SUB SaveTable ()
DECLARE SUB LoadTable ()

DECLARE SUB EnterFilename (Pr$, F$)
DECLARE SUB Message (M$, waitflag%)
DECLARE SUB LineCopy (Von%, Nach%)
DECLARE SUB ZeigeWert (X%, Y%)
DECLARE SUB Redraw ()
DECLARE SUB DrawBox (xl%, yl%)
DECLARE SUB EdLine (Edl$, le%, X%, Y%)
DECLARE FUNCTION Rechne# (Line$)

DIM SHARED Wert$(8, 19)
DIM SHARED Key$, Maske$

Maske$ = "#####.## "

CLS
LOCATE , 5
PRINT "*****  Mini-Tabellenkalkulation  4/91 S.A.Dittrich  *****"

LOCATE , 11
PRINT "A        B        C        D        ";
PRINT "E        F        G        H"
PRINT
FOR i% = 1 TO 19
 PRINT USING "##"; i%
NEXT i%
LOCATE 3, 4
DrawBox 77, 21

Redraw
```

```
X% = 1: Y% = 1

DO
 LOCATE 24, 1: COLOR 0, 7
 PRINT USING "!##: \" + SPACE$(72) + "\"; CHR$(64 + X%); Y%;
             Wert$(X%, Y%);

 COLOR 0, 7
 ZeigeWert X%, Y%

 DO
  Key$ = INKEY$
 LOOP UNTIL LEN(Key$)

 COLOR 7, 0
 ZeigeWert X%, Y%

 SELECT CASE ASC(RIGHT$(Key$, 1))
  CASE 13, 32
    W$ = Wert$(X%, Y%)
    EdLine Wert$(X%, Y%), 74, 6, 24
    Key$ = ""
    IF Wert$(X%, Y%) <> W$ THEN Redraw

  CASE 71: X% = 1: Y% = 1
  CASE 79: X% = 8: Y% = 19

  CASE 72: IF Y% > 1 THEN Y% = Y% - 1
  CASE 80: IF Y% < 19 THEN Y% = Y% + 1
  CASE 75: IF X% > 1 THEN X% = X% - 1
  CASE 77: IF X% < 8 THEN X% = X% + 1

  CASE 83                      '** <Del>
   DelWert$ = Wert$(X%, Y%)
   Wert$(X%, Y%) = ""
   Redraw
  CASE 82                      '** <Insert>
   Wert$(X%, Y%) = DelWert$
   Redraw

  CASE 59                      '** <F1>
   COLOR 0, 7
   Message "F2=Maske, F3=Laden, F4=Speichern, F5=Z.einfügen,
            F6=S.einfügen,\F7=Z.löschen, F8=S.löschen,
            F9=Z.kopieren, F10=S.kopieren", 1
   Key$ = ""
   Redraw

  CASE 60                      '** <F2>
   Message "Werte-Maske:           ", 0
   EdLine Maske$, 9, POS(0) - 9, 0
   Redraw

  CASE 61: LoadTable           '** <F3>
```

```
  CASE 62: SaveTable              '** <F4>

  CASE 63: InsertLine Y%          '** <F5>
  CASE 64: InsertRow X%           '** <F6>

  CASE 65: DelLine Y%             '** <F7>
  CASE 66: DelRow X%              '** <F8>

  CASE 67: IF Y% < 18 THEN LineCopy Y%, Y% + 1: Redraw
  CASE 68: IF X% < 8 THEN RowCopy X%, X% + 1: Redraw

  CASE ELSE
 END SELECT

LOOP UNTIL Key$ = CHR$(27)

END
```

Arbeitsblatt neu aufbauen

Die SUB *Redraw* füllt das Arbeitsblatt mit den enthaltenen Einträgen bzw. deren Ergebnissen. Die Reihenfolge dieser Anzeige ist entscheidend für das Funktionieren von Querverweisen. Dies bedeutet, daß eine Formel, die sich wiederum auf eine andere Formel bezieht, nur dann ein korrektes Ergebnis liefern kann, wenn diese Formel bereits berechnet wurde. Da die Reihenfolge hier von links oben nach rechts unten ist, sollten somit alle Formeln nur Verweise auf andere Formeln haben, die weiter links oben liegen.

```
SUB Redraw

 COLOR 7, 0

 FOR Y% = 1 TO 19
  FOR X% = 1 TO 8

   ZeigeWert X%, Y%

  NEXT X%
 NEXT Y%

END SUB
```

Feldinhalt anzeigen

In der SUB *ZeigeWert* wird ein Feld angezeigt. Hierbei ist die Anzeigeart von dem ersten Zeichen dieses Eintrags abhängig. Ist dieses Zeichen ein #, so handelt es sich bei diesem Eintrag um eine Formel. Das Ergebnis der Formel wird dann mit der FUNCTION *Rechne#()* ermittelt und dargestellt.

Ist das erste Zeichen des Feldeintrags ein Dollarzeichen, wird der Rest des Eintrages als Text angesehen und direkt angezeigt.

Leere Felder werden hier ebenfalls als Text angesehen, da andernfalls alle unbelegten Felder als 0 dargestellt würden.

War das erste Zeichen des Eintrags weder # noch $, so handelt es sich um einen normalen Wert, welcher dann dargestellt wird. Die Darstellungsart der Werte und auch der Formelergebnisse wird in der Variablen *Maske$* bestimmt, die auch während des Programmablaufes verändert werden kann.

Im Normalzustand ist die Maske als "#####.## " definiert und bewirkt die Anzeige mit zwei Nachkommastellen.

```
SUB ZeigeWert (X%, Y%)

 W$ = Wert$(X%, Y%)
 IF W$ = "" THEN W$ = "$"
 LOCATE Y% + 3, X% * 9 - 3

 IF LEFT$(W$, 1) = "#" THEN              '** Formel
  W = Rechne#(MID$(W$, 2))
  PRINT USING Maske$; W;

 ELSEIF LEFT$(W$, 1) = "$" THEN          '** Text
  PRINT USING "\        \"; MID$(W$, 2);

 ELSE
  W = VAL(W$)
  PRINT USING Maske$; W;
 END IF

END SUB
```

Die wohl zentralste Funktion dieses Programmes ist die Berechnung der Formeln, welche in der FUNCTION *Rechne#()* stattfindet. Diese ist eine erweiterte Variante der bereits früher in diesem Buch vorgestellten rekursiven FUNCTION *Rechne#()*. Der Hauptunterschied liegt dabei darin, daß außer Zahlen und Formelzeichen auch Zellenverweise ausgewertet werden.

Ein solcher Querverweis besteht aus einer Buchstaben/Ziffern-Kombination, welcher die adressierte Zelle beschreibt. Die erste Zelle des Arbeitsblattes oben links trägt beispielsweise die Bezeichnung A1, die darunter A2 und die daneben B1. Um also in einer Zelle die Summe aus Feld A1 und A2 zu errechnen, wird in diese Zelle die Formel

```
#a1+a2
```

eingetragen. Bitte achten Sie bei der Erstellung der Formeln darauf, daß hier weder Klammerrechnung noch Punkt-vor-Strich berücksichtigt wird, sondern stets von links nach rechts gerechnet wird!

Formel-Berechnung

```
FUNCTION Rechne# (Line$)
 Wert# = 0

 FOR i% = LEN(Line$) TO 1 STEP -1
  IF INSTR("+-*/^", MID$(Line$, i%, 1)) THEN EXIT FOR
 NEXT i%

 IF i% > 1 THEN
  W1$ = UCASE$(LTRIM$(MID$(Line$, i% + 1)))
  GOSUB GetWert

  Fun$ = MID$(Line$, i%, 1)
  Line$ = LEFT$(Line$, i% - 1)

  IF Fun$ = "+" THEN Wert# = Rechne#(Line$) + Wert#
  IF Fun$ = "-" THEN Wert# = Rechne#(Line$) - Wert#
  IF Fun$ = "*" THEN Wert# = Rechne#(Line$) * Wert#
  IF Fun$ = "/" THEN
   IF ABS(Wert#) > .00001 THEN
    Wert# = Rechne#(Line$) / Wert#
   END IF
  END IF
  IF Fun$ = "^" THEN Wert# = Rechne#(Line$) ^ Wert#

 ELSE
  W1$ = UCASE$(Line$)
  GOSUB GetWert
 END IF

 Rechne# = Wert#
EXIT FUNCTION

GetWert:
  IF LEFT$(W1$, 1) >= "A" AND LEFT$(W1$, 1) <= "I" THEN
   Wert# = Rechne#((Wert$(ASC(LEFT$(W1$, 1)) - 64,
           VAL(MID$(W1$, 2)))))
  ELSE
   Wert# = VAL(W1$)
  END IF
RETURN

END FUNCTION
```

Die nun folgenden SUBs löschen, fügen ein oder kopieren Spalten und Zeilen. Die Funktion dieser SUBs ist wohl selbsterklärend.

Zeilen und Spalten manipulieren

```
SUB DelLine (Y%)
 FOR i% = Y% TO 17
  LineCopy i% + 1, i%
 NEXT i%
 LineCopy 0, 18
 Redraw
END SUB

SUB DelRow (X%)
 FOR i% = X% TO 7
  RowCopy i% + 1, i%
 NEXT i%
 RowCopy 0, 8
 Redraw
END SUB

SUB InsertLine (Y%)
 FOR i% = 17 TO Y% STEP -1
  LineCopy i%, i% + 1
 NEXT i%
 LineCopy 0, Y%
 Redraw
END SUB

SUB InsertRow (X%)
 FOR i% = 7 TO X% STEP -1
  RowCopy i%, i% + 1
 NEXT i%
 RowCopy 0, X%
 Redraw
END SUB

SUB LineCopy (Von%, Nach%)
 FOR i% = 1 TO 8
  Wert$(i%, Nach%) = Wert$(i%, Von%)
 NEXT i%
END SUB

SUB RowCopy (Von%, Nach%)
 FOR i% = 1 TO 18
  Wert$(Nach%, i%) = Wert$(Von%, i%)
 NEXT i%
END SUB
```

Damit ein mühsam eingegebenes Arbeitsblatt auch später noch einsetzbar ist, kann es abgespeichert und später wieder eingeladen werden. Hierzu stehen die SUBs *LoadTable* und *SaveTable* zur Verfügung, die beide über die SUB *EnterFileName* einen Dateinamen anfordern. Gespeichert werden die Arbeitsblätter in Dateien mit der Endung .TAB, wobei in diese zuerst die Darstellungsmaske für Zahlen und dann spaltenweise die Feldeinträge geschrieben werden.

Arbeitsblatt laden

```
SUB LoadTable

 EnterFilename "Laden:", F$

 IF LEN(F$) > 0 AND Key$ <> CHR$(27) THEN
  COLOR 0, 7: LOCATE 1, 70: PRINT UCASE$(F$);

  OPEN F$ + ".TAB" FOR INPUT AS #1
  LINE INPUT #1, Maske$

  FOR X% = 1 TO 8
   FOR Y% = 1 TO 18
    LINE INPUT #1, Wert$(X%, Y%)
   NEXT Y%
  NEXT X%

  CLOSE #1
 END IF

 Key$ = ""
 Redraw

END SUB
```

Arbeitsblatt speichern

```
SUB SaveTable

 EnterFilename "Speichern unter:", F$
 IF LEN(F$) > 0 AND Key$ <> CHR$(27) THEN
  COLOR 0, 7: LOCATE 1, 70: PRINT UCASE$(F$);

  OPEN F$ + ".TAB" FOR OUTPUT AS #1
  PRINT #1, Maske$

  FOR X% = 1 TO 8
   FOR Y% = 1 TO 18
    PRINT #1, Wert$(X%, Y%)
   NEXT Y%
  NEXT X%

  CLOSE #1
 END IF

 Key$ = ""
 Redraw

END SUB

SUB EnterFilename (Pr$, F$)

 Message Pr$ + "          ", 0
 EdLine F$, 8, POS(0) - 9, 0

END SUB
```

Was nun noch fehlt, sind die SUBs *Message, DrawBox* und *EdLine,* die zwar schon vorgestellt wurden, jedoch der Vollständigkeit halber hier noch einmal aufgelistet sind.

```
SUB Message (M$, waitflag%)
'** Text M$ in Message-Box anzeigen
 ' Zeilentrennung im Text: max 1* \
 ' waitflag%=1:warten auf Taste, =0: nicht warten

 v% = 5: le% = LEN(M$)
 zt% = INSTR(M$, "\")
 IF zt% THEN
  v% = 6: le% = zt%
  IF le% < LEN(M$) / 2 THEN le% = LEN(M$) - le%
 END IF
 BX% = 39 - le% / 2
 BY% = 11 - v% / 2

 LOCATE BY%, BX%, 0
 DrawBox le% + 4, v%

 LOCATE BY% + 2, BX% + 2
 IF zt% = 0 THEN
  PRINT M$;
 ELSE
  PRINT LEFT$(M$, zt% - 1)
  LOCATE , BX% + 2
  PRINT MID$(M$, zt% + 1);
 END IF

 IF waitflag% THEN
  DO
   Key$ = INKEY$
  LOOP UNTIL LEN(Key$)
 END IF

END SUB

SUB DrawBox (xl%, yl%)
 cl% = POS(0)
 PRINT "┌"; STRING$(xl% - 2, "─"); "┐"
 B$ = "│" + SPACE$(xl% - 2) + "│"
 FOR i% = 1 TO yl% - 2
  LOCATE , cl%
  PRINT B$
 NEXT i%
 LOCATE , cl%
 PRINT "└"; STRING$(xl% - 2, "─"); "┘";
END SUB

SUB EdLine (Edl$, le%, X%, Y%)
 ' Form_Input:
 ' edl$  : Übergabestring
```

```
' le%   : max. Länge
' x%/y% : Position (0=aktuelle Pos.)
' Ende durch Return,ESC oder Cursor hoch/runter

IF Y% = 0 THEN Y% = CSRLIN
xc% = 1   ' Cursorposition
Ed$ = Edl$

EdLineLoop:
 DO
  IF xc% > le% THEN xc% = le%

  LOCATE Y%, X%, 0

  PRINT MID$(Ed$ + STRING$(le%, "_"), 1, le%);
  LOCATE Y%, X% + xc% - 1, 1, 5 * ins%, 7

  DO
   Key$ = INKEY$                               '** auf Taste warten
  LOOP UNTIL LEN(Key$)

  R$ = MID$(Ed$, xc%)

  IF LEN(Key$) = 2 THEN '*******  Sondertasten auswerten *******
   sk% = ASC(RIGHT$(Key$, 1))
   SELECT CASE sk%
    CASE 72, 80                               '*** Cursor hoch/runter
     Edl$ = Ed$
     EXIT DO

    CASE 71: xc% = 1                          '*** Home
    CASE 79: xc% = LEN(Ed$) + 1               '*** End
    CASE 75                                   '*** Cursor links
     xc% = xc% - 1
     IF xc% = 0 THEN xc% = 1
    CASE 77                                   '*** Cursor rechts
     xc% = xc% + 1
     IF xc% > LEN(Ed$) + 1 THEN xc% = LEN(Ed$) + 1
    CASE 82                                   '*** Insert
     ins% = 1 - ins%
    CASE 83                                   '*** Delete
     IF xc% < LEN(Ed$) + 1 THEN Ed$ = LEFT$(Ed$, xc% - 1)
        + MID$(R$, 2)

    CASE ELSE
   END SELECT
  ELSE

   k% = ASC(Key$)
   SELECT CASE k%  '*******  Taste auswerten  *******
    CASE 9
    CASE 13, 27                               '*** Return oder Escape
     Edl$ = Ed$
     EXIT DO
```

```
    CASE 8                          '*** BackSpace
     IF xc% > 1 THEN
      Ed$ = LEFT$(Ed$, xc% - 2) + R$
      xc% = xc% - 1
     END IF
    CASE 25: xc% = 1: Ed$ = ""      '*** Ctl-Y
    CASE 21: Ed$ = Edl$: EXIT SUB   '*** Ctl-U: UNDO

    CASE ELSE                       '*** normales Zeichen...
      Ed$ = LEFT$(Ed$, xc% - 1) + Key$
      IF ins% THEN
       Ed$ = Ed$ + R$
      ELSE
       IF LEN(R$) THEN Ed$ = Ed$ + MID$(R$, 2)
      END IF
      Ed$ = LEFT$(Ed$, le%)
      xc% = xc% + 1

   END SELECT
  END IF
 LOOP

 LOCATE , , 0
END SUB
```

Bedienung des Programmes

Die Bedienung dieser Tabellenkalkulation findet mit folgenden Tasten statt:

Bedienung

Taste	Funktion
Cursortaste	Cursor ein Feld weiter
Pos1	Cursor in Feld A1
Ende	Cursor in Feld H19
Entf	Feldeintrag ausschneiden
Einfg	ausgeschnittenen Feldeintrag einsetzen
F1	Anzeige der Funktionstasten-Belegung
F2	Darstellungsmaske für Zahlen editieren
F3	Arbeitsblatt laden
F4	Arbeitsblatt speichern
F5	Zeile einfügen
F6	Spalte einfügen
F7	Zeile löschen
F8	Spalte löschen
F9	Zeile in Folgezeile kopieren
F10	Spalte in Folgespalte kopieren

Feldeinträge

$xx	Text xx
#Formel	Formel berechnen mit +, -, *, / und ^, Querverweise mit Buchstabe und Zahl der adressierten Zelle
Wert	Zahlenwert

Beispiel

Mit den folgenden Einträgen läßt sich bereits eine einfache Sprit-Berechnung für Ihr Auto erstellen, die in dem eingangs gezeigten Bild zu sehen ist:

Spalte A:

```
$    Km
$---------
300
250
320



$---------
#a3+a4+a5+a6+a7+a8
```

Spalte B:

```
$  Sprit
$---------
27
22
29


$---------
#b3+b4+b5+b6+b7+b8
```

Spalte C:

```
$    =>
$---------





$---------
```

Spalte D:

```
$1/100 Km
$---------
#b3/a3*100
#b4/a4*100
#b5/a5*100


$---------
#b10/a10*100
```

Erweiterungsvorschläge

Das hier gezeigte Programm läßt sich natürlich noch beliebig erweitern. Sie könnten hierzu die Auswahl der Dateinamen bei Laden/Speichern über eine Dateiauswahl realisieren, wie bereits in diesem Buch gezeigt wurde.

Des weiteren kann auch eine Druckfunktion eingebaut werden, die die Tabelle wahlweise als Zahlenwerte oder Formeln ausdruckt.

Verfügen Sie über eine EGA- oder VGA-Karte, können Sie die Anzahl der darstellbaren Zeilen der Tabelle auch auf 43 bzw. 50 erweitern. Für das Aktivieren dieser Darstellung können Sie dann den Befehl

```
WIDTH , 43
```

bzw.

```
WIDTH , 50
```

einsetzen.

10.3 Ein eigenes Spiel in QBasic: Moore umgehen

Und nun möchte ich Ihnen, wie versprochen, ein Spiel vorstellen, welches mit überraschend geringem Programmieraufwand schon ein anhaltendes Spielvergnügen garantiert. Es handelt sich dabei um ein grafisches Spiel, in dem Sie eine Figur quer durch ein Spielfeld bewegen müssen. Dies ist dadurch erschwert, daß auf diesem fiktiven Terrain Moore verteilt sind, die nicht sichtbar sind. Um die Durchquerung dennoch zu ermöglichen, verfügen Sie über ein Spürgerät, welches Ihnen die Anzahl der um Ihre Position herum verteilten Moore anzeigt, nicht jedoch deren Position. Durch Kombinieren können Sie über die variierende Anzahl auf die Position der Moore schließen und das Feld durchqueren. Ist Ihnen dies gelungen, können Sie gleich ein weiteres Spiel beginnen, in dem aber jeweils noch mehr Moore vorliegen.

Um Ihnen diese Aufgabe zu erleichtern, können Sie zusätzlich noch bei Spielbeginn einstellen, wie oft Sie in ein solches Moor geraten dürfen, ohne zu versinken. Außerdem ist (unfairerweise) die Möglichkeit enthalten, mit der F1-Taste kurz die Moore einzublenden.

Das Spiel erscheint folgendermaßen:

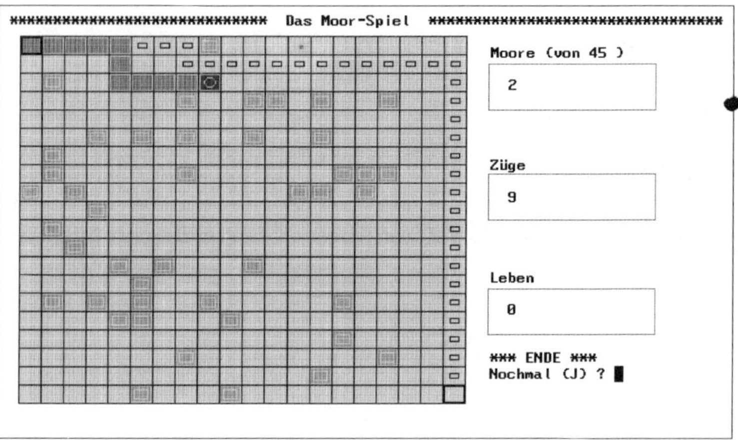

Das Hauptprogramm setzt zunächst die Stackgröße auf 3.000 fest, um die rekursive Testroutine *TestField* zu ermöglichen. Dazu später mehr.

Danach werden die Variablenfelder dimensioniert. Das INTEGER-Feld *Feld%()* enthält später das Spielfeld, wobei für jeden möglichen Schritt ein Eintrag vorbereitet wird. Die Spielerposition wird in den globalen Variablen *PosX%* und *PosY%* festgehalten. In *Code%* wird die gedrückte Taste festgehalten, in *Move%* die Anzahl der bisher gelaufenen Schritte. *OK%* dient der Überprüfung des Feldes und *Grad%* enthält den Schwierigkeitsgrad und damit indirekt die Anzahl der verteilten Moore (Grad * 15).

Danach wird der *SCREEN*-Modus eingestellt und die Farben der einzelnen Elemente werden in den Variablen *Colx%* eingetragen. Hier müssen Sie bei dem Einsatz einer HERCULES-Karte die jeweils andere Zeile durch entfernen des Kommentarhäkchens aktivieren.

Nun werden die Eingaben des Schwierigkeitsgrades und der Anzahl der Leben gefordert. Danach wird das Spielfeld initialisiert, d.h. mit den zufällig verteilten Mooren gefüllt. Um sicherzustellen, daß auch bei einem hohen Schwierigkeitsgrad ein Durchgang möglich ist, wird nach diesem Füllvorgang ein Test durchgeführt, welcher programmtechnisch eine interessante Aufgabe ist!

Dann beginnt das eigentliche Spiel. Das Spielfeld wird gezeichnet (20 mal 20 Felder) und die Spielfigur in das obere linke Feld gesetzt. Das Ziel befindet sich unten rechts. Mit den Cursortasten können Sie nun die Figur durch das Feld bewegen, wobei jeweils die Anzahl der benachbarten Moore rechts im Bild angezeigt wird.

```
'*** Das Moor-Spiel aus DATA BECKERs QBasic-Buch ***

'*** (c) 1991 DATA BECKER GmbH
'*** geschrieben von Stefan A. Dittrich

DECLARE SUB FillField ()
DECLARE SUB InitField ()
DECLARE SUB TestField (X%, Y%)
DECLARE SUB DrawPlayField ()
DECLARE SUB DoMove ()
DECLARE SUB SetField (X%, Y%, Typ%)
DECLARE SUB ScanMud (Muds%)
DECLARE SUB ShowAll (Nur%)

CLEAR , , 3000

DIM SHARED Feld%(21, 21)
DIM SHARED PosX%, PosY%, Code%, Move%, OK%, Grad%

'** Bildschirm-Konstanten:
'**     SCREEN-Modus, Farben Hintergrund, Linien, Spur, Figur
DIM SHARED Scr%, ColB%, ColL%, ColT%, ColF%, ColM%

'Scr% = 3                        '** HERCULES
Scr% = 9                        '** EGA

                                                '** Monochrom
'ColB% = 0: ColL% = 1: ColT% = 1: ColF% = 3: ColM% = 2
                                                '** Farbe
```

```
ColB% = 1: ColL% = 7: ColT% = 3: ColF% = 5: ColM% = 2

CLS

PRINT "*** Das Moor-Spiel ***"
PRINT
INPUT "Schwierigkeitsgrad (1-9) "; Grad%
IF Grad% = 0 THEN END
PRINT
INPUT "Wieviele Leben (Leer=1)  "; Lifes%
IF Lifes% = 0 THEN Lifes% = 1

DO
 FillField                  '** Feld leeren
 InitField                  '** Moore verteilen

 TestField 1, 1             '** auf möglichen Durchgang testen!

 IF OK% = 0 THEN PRINT "Feld unlösbar! Nächster Anlauf..."

LOOP UNTIL OK%              '** weiter, wenn nicht möglich

DrawPlayField               '** Feld zeichnen

PosX% = 1: PosY% = 1: Move% = 0      '** Startwerte
LOCATE 19, 56: PRINT Lifes%          '** Anzahl Leben anzeigen

DO

 DoMove

 IF Feld%(PosX%, PosY%) = ColM% THEN    '** Moor !
  PLAY "o3 l30 cfcfcfc"
  Lifes% = Lifes% - 1
  LOCATE 19, 56: PRINT Lifes%
 END IF

LOOP UNTIL Code% = 27 OR Lifes% = 0 OR (PosX% = 20 AND PosY%
           = 20)


IF PosX% = 20 AND PosY% = 20 THEN       '** Sieg !
 PLAY "o3 l20 ceg"
 SetField PosX%, PosY%, ColF%
END IF

ShowAll 0                               '** übersicht zeigen

LOCATE 22, 55: PRINT "*** ENDE ***"
LOCATE 23, 55: INPUT "Nochmal (J) "; JN$

IF UCASE$(JN$) = "J" THEN RUN           '** Neustart

SCREEN 0
```

In der SUB *DoMove* wird der eigentliche Spielzug durchgeführt. Die Figur wird auf die aktuelle Position gesetzt und die Zuganzahl angezeigt. Dann wird die Anzahl der benachbarten Moore in der SUB *ScanMud* ermittelt und ebenfalls angezeigt. Sind Moore vorhanden, ertönt zur Warnung noch ein kurzer Piepton.

Spielzug ausführen

Nun wird auf einen Tastendruck gewartet und ausgewertet. Mögliche Tasten sind [Esc] für Programmende, [F1] für die kurze Hilfe (worauf man eigentlich verzichten sollte!) und die Cursortasten.

```
SUB DoMove
'** Zug bearbeiten und anzeigen

 SetField PosX%, PosY%, ColF%        '** Figur zeigen
 LOCATE 12, 56: PRINT Move%          '** Zug anzeigen

 ScanMud Muds%                       '** benachbarte Moore zählen
 LOCATE 5, 56: PRINT Muds%           '** Anzahl Moore anzeigen

 IF Muds% THEN SOUND 2000, 1

 DO
  Key$ = INKEY$
 LOOP UNTIL LEN(Key$)                '** auf Taste warten

 Code% = ASC(RIGHT$(Key$, 1))        '** Tastencode ermitteln
 SetField PosX%, PosY%, 0            '** Figur entfernen
 XAlt% = PosX%: YAlt% = PosY%

 SELECT CASE Code%
  CASE 59                            '** <F1>: Moore anzeigen
   ShowAll ColM%                     '** Moore zeigen
   SLEEP 1                           '** 1 Sekunde lang
   DrawPlayField                     '** Feld neuzeichnen
   ShowAll ColT%
   SetField PosX%, PosY%, ColF%      '** Figur zeigen

  CASE 72: IF PosY% > 1 THEN PosY% = PosY% - 1
  CASE 80: IF PosY% < 20 THEN PosY% = PosY% + 1
  CASE 75: IF PosX% > 1 THEN PosX% = PosX% - 1
  CASE 77: IF PosX% < 20 THEN PosX% = PosX% + 1
  CASE ELSE
 END SELECT

 IF PosX% - XAlt% + PosY% - YAlt% THEN
  Move% = Move% + 1                      '** Zugnummer + 1
 END IF

END SUB
```

In der SUB *DrawPlayField* wird das Spielfeld und die Hinweisboxen gezeichnet. Wenn Sie eine HERCULES-Karte einsetzen, sind diese Boxen und deren Texte leicht gegeneinander verschoben, was Sie aber bei Bedarf leicht korrigieren können.

Bild aufbauen

```
SUB DrawPlayField
'** Spielfeld zeichnen

 SCREEN Scr%

 LOCATE 1, 1: PRINT STRING$(80, "*")
 LOCATE 1, 30
 PRINT "  Das Moor-Spiel  "                   '** Titel

 LINE (10, 20)-STEP(400, 320), ColB%, BF   '** Gesamtfeld

 FOR i% = 10 TO 410 STEP 20
  LINE (i%, 20)-STEP(0, 320), ColL%         '** vertikale Linien
 NEXT i%

 FOR i% = 20 TO 340 STEP 16
  LINE (10, i%)-STEP(400, 0), ColL%         '** horizontale Linien
 NEXT i%

 LINE (11, 21)-STEP(18, 14), , B            '** Startfeld
 LINE (391, 325)-STEP(18, 14), , B          '** Zielfeld

 LOCATE 3, 55: PRINT "Moore (von"; Grad% * 15; ")"
 LINE (430, 44)-STEP(150, 40), ColT%, B

 LOCATE 10, 55: PRINT "Züge"
 LINE (430, 140)-STEP(150, 40), ColT%, B

 LOCATE 17, 55: PRINT "Leben"
 LINE (430, 240)-STEP(150, 40), ColT%, B

END SUB
```

In der folgenden SUB wird das Spielfeld bzw. das INTEGER-Feld *Feld%()* mit der Hintergrundfarbe initialisiert.

```
SUB FillField
'** Feld mit Hintergrundfarbe füllen

 FOR X% = 1 TO 20
  FOR Y% = 1 TO 20
   Feld%(X%, Y%) = ColB%
  NEXT Y%
 NEXT X%

END SUB
```

Die SUB *InitField* verteilt nun die Moore zufällig über das Spielfeld.

Moore verteilen

```
SUB InitField
'** Moore verteilen

 RANDOMIZE TIMER

 FOR i% = 1 TO Grad% * 15
  DO
   X% = INT(RND * 20) + 1: Y% = INT(RND * 20) + 1
  LOOP UNTIL X% + Y% > 4 AND (X% < 19 OR Y% < 19) AND Feld%(X%,
          Y%) = ColB%
  Feld%(X%, Y%) = ColM%
 NEXT i%

END SUB
```

In der nun folgenden SUB werden die um die aktuelle Spielerposition liegenden Felder auf das Vorhandensein von Mooren getestet. Die Anzahl der dabei gefundenen Moore wird in der Variablen *Muds%* zurückgeliefert.

Benachbarte Moore zählen

```
SUB ScanMud (Muds%)
'** benachbarte Moore zählen

 Muds% = 0
 FOR xd% = -1 TO 1                '** von links nach rechts
  FOR yd% = -1 TO 1               '** von oben nach unten

   IF Feld%(PosX% + xd%, PosY% + yd%) = ColM% THEN Muds% =
      Muds% + 1

  NEXT yd%
 NEXT xd%

END SUB
```

Mit der SUB *SetField* kann ein einzelnes Feld angezeigt werden. Hierbei wird die Position in *X%* und *Y%* übergeben. In dem Parameter *Col%* wird entweder ein Wert ungleich Null übergeben, um den Spieler dorthin zu bewegen, oder Null, um das Feld abhängig vom Inhalt anzuzeigen.

Feld anzeigen

```
SUB SetField (X%, Y%, Col%)
'** Feld anzeigen: Col%<>0: Figur/Spur, =0: je nach Inhalt

'** Feld-Inhalte:
'   -2:    getestet (uninteressant)
'   -1:    Test-Spur-Markierung
'   ColB%: leeres Feld
```

```
'   ColT%: durchlaufenes Feld
'   ColM%: Moor

 IF Col% THEN
  Feld%(X%, Y%) = ColT%
 ELSE
  Col% = Feld%(X%, Y%)
 END IF

 IF Col% > -2 AND Col% <> ColB% THEN

  IF Col% = -1 THEN                       '** Test-Spur
   LINE (20 * X% - 4, 10 + Y% * 16)-STEP(8, 4), ColL%, B
  ELSE
   LINE (20 * X% - 8, 6 + Y% * 16)-STEP(16, 12), Col%, BF

   IF Col% = ColM% THEN                   '** Moor
    LINE (20 * X% - 6, 8 + Y% * 16)-STEP(12, 8), ColB%, B
   END IF
  END IF

 END IF

 IF Col% = ColF% THEN
  CIRCLE (20 * X%, 12 + Y% * 16), 5, ColB% '** Figur
 END IF

END SUB
```

Das Anzeigen des gesamten Feldes wird in *ShowAll* bewirkt, was einfach für alle Felder die SUB *SetField* aufruft. Der Parameter *Nur%* bestimmt, welche Feldinhalte gezeigt werden sollen. Wird hier eine Null übergeben, wird das gesamte Feld mit allen Inhalten gezeigt, andernfalls werden nur die Felder mit dem Inhalt des Parameters gezeigt. Dies wird zum Beispiel dazu verwendet, um alle Moore nach [F1] anzuzeigen.

```
SUB ShowAll (Nur%)
'** Gesamtfeld mit allen Elementen oder nur Typen Nur% anzeigen

 FOR X% = 1 TO 20
  FOR Y% = 1 TO 20
   IF Nur% = 0 THEN                       '** Alles zeigen
    SetField X%, Y%, 0
   ELSEIF Feld%(X%, Y%) = Nur% THEN       '** nur Typ Nur% zeigen
    SetField X%, Y%, 0
   END IF
  NEXT Y%
 NEXT X%

 SetField PosX%, PosY%, ColF%             '** Figur zeigen
END SUB
```

Durchgängigkeit testen

Einen besonderen Leckerbissen stellt die nun noch fehlende SUB *TestField* dar. Diese soll feststellen, ob überhaupt ein Durchgang durch das Feld möglich ist. Dies auf normale Weise zu realisieren, ist geradezu unmöglich, also wird es rekursiv durchgeführt, wozu ja der Stack eingangs auf 3.000 gesetzt wurde.

Wie funktioniert dies?

Ausgehend von der anfangs übergebenen Position 1/1 (links oben) wird geprüft, ob die Zielposition 20/20 (unten rechts) erreicht wurde. Wenn nicht, wird jedes benachbarte Feld ebenso überprüft, und zwar durch den rekursiven Aufruf derselben Routine. Der Ablauf ist im einfachsten Fall, also ohne jedes Moor, so, daß zunächst durch wiederholten Aufruf der SUB alle Felder nach rechts überprüft werden, bis *X%* den Wert 20 erreicht. Danach wird nach unten getestet, bis die Zielposition erreicht wird. In diesem Fall wird die Variable *OK%* auf 1 gesetzt und rückwärts durch die aufrufenden Instanzen gelaufen, in denen jeweils wegen der gesetzten *OK%*-Variablen das aktuelle Feld auf -1 gesetzt und die SUB beendet wird. Das Resultat ist die Markierung des so gefundenen Durchgangs mit den Feldinhalten -1. Wenn Sie im Spiel in ein Moor geraten oder das Spiel durch [Esc] beenden, werden diese Felder bei der Gesamtausgabe durch ein kleines Rechteck gekennzeichnet.

```
SUB TestField (X%, Y%)
'** Gesamtfeld rekursiv auf Durchgängigkeit testen

 IF X% = 20 AND Y% = 20 THEN            '** Weg gefunden!
  OK% = 1
  EXIT SUB
 END IF
                                '** Feld belegt / schon getestet!
 IF Feld%(X%, Y%) <> ColB% THEN EXIT SUB
 Feld%(X%, Y%) = -2                          '** Markieren als
                                             '** getestet!
 IF X% < 20 THEN TestField X% + 1, Y%        '** rechts
 IF OK% THEN Feld%(X%, Y%) = -1: EXIT SUB

 IF Y% < 20 THEN TestField X%, Y% + 1        '** runter
 IF OK% THEN Feld%(X%, Y%) = -1: EXIT SUB

 IF X% > 1 THEN TestField X% - 1, Y%         '** links
 IF OK% THEN Feld%(X%, Y%) = -1: EXIT SUB

 IF Y% > 1 THEN TestField X%, Y% - 1         '** hoch
 IF OK% THEN Feld%(X%, Y%) = -1: EXIT SUB
END SUB
```

Wie schon gesagt: Die Rekursion ist manchmal etwas schwierig nachzuvollziehen, bietet jedoch enorme Möglichkeiten der Programmierung!

11. Anhang

11.1 Vergleich mit GW-BASIC und QuickBASIC

Die Einordnung von QBasic in die Riege der Programmiersprachen ist abhängig vom Standpunkt des Anwenders. Ein sicherlich wichtiger Gesichtspunkt dabei ist, daß QBasic ohne Aufpreis im MS-DOS 5.0-Paket enthalten und somit kein eigener Kostenfaktor ist. Genau dieser Grund erklärt ja auch die Popularität des Vorläufers GW-BASIC.

GW-BASIC

QBasic hat mit GW-BASIC noch mehr Gemeinsamkeiten. Die meisten GW-BASIC-Programme laufen unverändert in QBasic, wenn sie als Text abgespeichert wurden. Näheres dazu finden Sie im nächsten Kapitel.

Die Vorteile von QBasic gegenüber GW-BASIC sind allerdings enorm. Angefangen von der komfortablen Oberfläche mit den Menüs und Dialogboxen über den leistungsfähigen Editor bis hin zu den guten Fehlersuche-Funktionen, dem erweiterten Befehlsumfang und der deutlich höheren Arbeitsgeschwindigkeit sind die Vorzüge so gravierend, daß GW-BASIC spätestens mit der Einführung von QBasic zur Geschichte gehört. Der scheinbar einzige treffende Vergleich zwischen GW-BASIC und QBasic ist demnach der wie zwischen einem Fahrrad und einem Auto; mit beiden kommt man von A nach B...

QuickBASIC

Eine andere BASIC-Variante, mit der QBasic verglichen werden muß, ist der große Bruder QuickBASIC. Auf den ersten Blick sind diese beiden Programme sehr ähnlich, was aber beim zweiten Blick nicht mehr so ist. QBasic ist einfach eine kleinere, abgespeckte Version von QuickBASIC, was auch schon der Lieferumfang zeigt. Bei QuickBASIC werden nämlich ein Compiler und ein Linker mitgeliefert, mit denen ein QuickBASIC- und auch ein QBasic-Programm in ein direkt lauffähiges .EXE-Programm umgewandelt werden können. Dies bedeutet eine nochmals deutlich gesteigerte Geschwindigkeit und die Möglichkeit, Programme ohne Preisgabe des Quellcodes weiterzugeben.

Auch der Interpreter selbst ist in QuickBASIC anders. Dieser hat die Möglichkeit, mehrere BASIC-Dateien als Module zu einem einzigen großen Programm zusammenzufassen. Weitere Unterschiede sind:

- Verwaltung von Funktionsbibliotheken aus Fremdsprachen
- Möglichkeit der Einbindung von INCLUDE-Dateien
- Unterstützung eines Mathematik-Coprozessors
- Erweiterte Hilfe- und Debugging-Funktionen

Dies sind natürlich nur einige der Unterschiede zwischen den beiden großen Qs. Einer fehlt dabei natürlich in der Liste: QuickBASIC kostet extra. Dennoch: Sollten Sie bei der Programmierung in mehr oder weniger professionellere Bereiche vordringen, sei der Erwerb von QuickBASIC wärmstens empfohlen.

11.2 Übernahme von Programmen aus GW-BASIC

Sollten Sie bereits Programme in BASIC auf PCs geschrieben haben, so haben Sie hierfür vermutlich GW- oder PC-BASIC eingesetzt. Abgesehen hiervon sind auch oft in Zeitschriften oder Büchern Programme abgedruckt, die für diese Interpreter geschrieben wurden.

Die meisten Programme, die unter GW-BASIC laufen, können auch unverändert in QBasic gestartet werden. Die Zeilennummern sind hierbei zwar etwas störend, werden jedoch von QBasic klaglos verarbeitet. Dennoch kann es unter verschiedenen Umständen zu Problemen kommen, die QBasic mit einer Fehlermeldung ahndet. Solche Probleme und deren Lösung könnten sein:

- Das Programm muß, um in QBasic geladen werden zu können, in GW-BASIC mit der Option ,A als ASCII-Datei gespeichert worden sein. Ist dies nicht der Fall, so laden Sie das Programm zunächst in GW-BASIC ein und speichern es mit *SAVE "<Name>.BAS",A* wieder ab.

- In GW-BASIC sind einige unsaubere Programmkonstruktionen möglich, wie z.B. *IF X = 0 THEN NEXT*. In QBasic muß eine solche Zeile umgeschrieben werden, etwa in diesem Fall durch *IF X <> 0 THEN EXIT FOR* und *NEXT* in der nächsten Zeile.

- Schreibfehler (Syntax Errors) in GW-BASIC-Programmen werden dort nur dann erkannt, wenn die betroffene Anweisung ausgeführt werden soll. Aus diesem Grund sind manchmal auch in getesteten GW-BASIC-Programmen noch solche Fehler, wenn ausgerechnet diese Anweisung nicht bei den Tests ausgeführt wurde. In QBasic werden diese Fehler bereits vor dem Programmstart erkannt und müssen beseitigt werden, bevor das Programm überhaupt starten kann.

Zeilennummern entfernen

Mit QBasic wird auch ein Programm namens ENTFZEIL.BAS oder REMLINE. BAS ausgeliefert. Dieses Programm dient dazu, die unnötigen Zeilennummern aus einem GW-BASIC-Programm zu entfernen. Die hierzu notwendigen Informationen zu dem Einsatz dieses Programmes sind in den Kommentarzeilen enthalten. Das Ergebnis eines Durchlaufs dieses Programmes ist ein BASIC-Programm, in dem nur noch diejenigen Zeilennummern enthalten sind, auf die mit einem *GOTO, GOSUB, RESTORE* oder ähnlich verwiesen wird. Alle Programmblöcke, in denen keine Zeilennummern stehen, können somit als zusammengehörend oder zumindest linear programmiert angesehen und somit evtl. in eine SUB oder FUNCTION zusammengefaßt werden. Auf diese Weise kann ein GW-BASIC-Programm leicht strukturiert werden.

Ein weiterer Unterschied zwischen den beiden BASIC-Varianten ist die Bedeutung des *CALL*-Befehls. Während dieser in GW-BASIC ein Maschinenprogramm aufruft, dient er in QBasic optional dem Aufruf eigener SUBs. Sollten also in Ihrem GW-BASIC-Programm solche Anweisungen vorkommen, so müssen Sie diese mit dem Umweg über *ABSOLUTE* umschreiben.

11.3 ASCII-Tabelle

*** ASCII-Tabelle nach Hex-Werten ***

	0	1	2	3	4	5	6	7	8	9	A	B	C	D	E	F
0		►		0	@	P	`	p	Ç	É	á	░	└	╨	α	≡
1	☺	◄	!	1	A	Q	a	q	ü	æ	í	▒	┴	╤	ß	±
2	☻	↕	"	2	B	R	b	r	é	Æ	ó	▓	┬	╥	Γ	≥
3	♥	‼	#	3	C	S	c	s	â	ô	ú	│	├	╙	π	≤
4	♦	¶	$	4	D	T	d	t	ä	ö	ñ	┤	─	╘	Σ	⌠
5	♣	§	%	5	E	U	e	u	à	ò	Ñ	╡	┼	╒	σ	⌡
6	♠	▬	&	6	F	V	f	v	å	û	ª	╢	╞	╓	µ	÷
7	•	↨	'	7	G	W	g	w	ç	ù	º	╖	╟	╫	τ	≈
8	○	↓	)	9	I	Y	i	y	ë	Ö	⌐	╣	╔	┘	Θ	∙
9	◙	→	*	:	J	Z	j	z	è	Ü	¬	║	╩	┌	Ω	·
A	♂	←	+	;	K	[	k	{	ï	¢	½	╗	╦	█	δ	√
B	♀	∟	,	<	L	\	l	¦	î	£	¼	╝	╠	▄	∞	ⁿ
C	♪	↔	-	=	M	]	m	}	ì	¥	¡	╜	═	▌	φ	²
D	♫	▲	.	>	N	^	n	~	Ä	₧	«	╛	╬	▐	ε	■
E	☼	▼	/	?	O	_	o	⌂	Å	ƒ	»	┐	╧	▀	∩	
F																

Die Tabelle zeigt die ASCII-Tabelle nach den Hex-Werten sortiert. Die obere Zeile zeigt den HI-Wert, die linke Spalte steht für LO. Als Beispiel hat das Zeichen *0* den Hex-Wert $30, abzulesen an der 3 oben und der 0 links.

Um die ASCII-Werte der Zeichen in dezimaler Schreibweise zu erhalten, können Sie dies entweder durch Umrechnen der hier ermittelten Werte mit *VAL(&Hxx)* oder aus der QuickBASIC-Hilfe erhalten.

11.4 QBasic starten

Der Start von QBasic erfolgt wie gewohnt durch die Eingabe des Programmnamens. Darüber hinaus können aber noch einige Parameter angegeben werden, die verschiedene Einstellungen von QBasic bewirken.

QBasic Start-Parameter

<Dateiname>

Die mit <Dateiname> spezifizierte Datei wird von QBasic automatisch geladen. In <Dateiname> muß der Pfad enthalten sein, wenn sich die Datei nicht in dem aktuellen Verzeichnis befindet. Ist in <Dateiname> kein Suffix vorhanden, so wird vom Interpreter automatisch die Endung .BAS angenommen.

/B

Die Darstellung auf dem Monitor erfolgt in schwarzweiß, auch wenn eine Farbgrafikkarte vorhanden ist.

/EDITOR

QBasic wird als reiner Editor gestartet.

/G

Der Bildwechsel bei CGA-Anzeige wird bei Angabe dieses Parameters mit der größtmöglichen Geschwindigkeit durchgeführt. Dabei kann es zu einem "Flackern" des Bildschirms kommen.

/H

Wird dieser Parameter angegeben, dann wird QBasic mit der höchstmöglichen Auflösung dargestellt.

/MBF

Die Funktionen MKS$, MKD$, CVS und CVD konvertieren in bzw. von Microsoft.Binär-Format statt IEEE-Format.

/NOHI

Wird ein Monitor verwendet, der nicht in der Lage ist, unterschiedliche Intensitäten darzustellen, dann kann mit diesem Parameter angegeben werden, daß anstelle von unterschiedlicher Intensität verschiedene Farben eingesetzt werden. Hier kann auch die Kombination mit der /B-Option von Vorteil sein.

/RUN<Dateiname>

Die angegebene Datei wird beim Start von QBasic automatisch geladen und gestartet.

11.5 QBasic-Fehlermeldungen

In diesem Anhang werden die Fehlermeldungen von QBasic aufgelistet. Hier können Sie nachschlagen, wenn Sie bei einem Fehler die Ursache suchen wollen.

11.5.1 Runtime-Errors

Runtime-Errors (Laufzeit-Fehler) sind Fehler, die während des Programmablaufs auftreten. Die einzelnen Fehlermeldungen sind nach ihren Fehlernummern geordnet. Fehlenden Fehlernummern wurde keine Fehlermeldung zugeordnet.

---

01 NEXT ohne FOR — **NEXT without FOR**

Es soll im Programm ein NEXT ausgeführt werden, ohne daß zuvor ein FOR abgearbeitet wurde.

---

02 Syntaxfehler — **Syntax Error**

Es wurden ein oder mehrere Zeichen verwendet, die der Interpreter nicht verarbeiten kann.

---

03 RETURN ohne GOSUB — **RETURN without GOSUB**

Es soll im Programm ein RETURN ausgeführt werden, ohne daß zuvor ein GOSUB erfolgte.

---

04 READ jenseits von DATA — **Out of DATA**

Es sollen DATA-Werte eingelesen werden, obwohl keine mehr vorhanden sind.

05 Unzulässiger Funktionsaufruf — **Illegal function call**

Es soll eine Funktion ausgeführt werden, wobei der Aufruf selber oder die verwendeten Parameter nicht gültig sind.

06 Überlauf — **Overflow**

Bei einer Berechnung wurde der erlaubte Wertebereich überschritten.

07 Zu wenig Speicher — **Out of memory**

Der vorhandene Speicherplatz ist für die Verwaltung der Daten nicht ausreichend, oder die erlaubte Verschachtelungstiefe wurde überschritten.

08 Marke nicht definiert — **Undefined line number**

Es soll zu einer nicht vorhandenen Zeilennummer verzweigt bzw. gesprungen werden.

09 Index außerhalb des zulässigen Bereichs — **Subscript out of range**

Es soll auf ein nicht dimensioniertes Element eines Arrays zugegriffen werden.

10 Doppelte Definition — **Duplicate definition**

Ein bereits dimensioniertes bzw. angesprochenes Array soll dimensioniert werden.

11 Division durch Null — **Division by zero**

Es soll bei einer Berechnung durch Null dividiert werden.

12 Unzulässig im Direktmodus — **Illegal direct**

Es soll ein unerlaubter Befehl im Direktmodus verarbeitet werden.

13 Falscher Datentyp — **Type mismatch**

Einer Variablen wurden Daten falschen Typs zugewiesen.

14 Zu wenig Zeichenketten-Speicherplatz — **Out of string space**

Der vorhandene Speicherplatz für Strings wurde überschritten.

15 Stringlänge zu groß — **String too long**

Es soll eine Stringlänge von über 255 Zeichen verarbeitet werden.

16 Zeichenketten-Formel zu umfangreich — **String formula too complex**

Es sollen zu umfangreiche Stringoperationen innerhalb einer Befehlszeile ausgeführt werden.

17 QBasic kann nicht fortsetzen **Can't continue**

Es wurde der CONT-Befehl verwendet, obwohl zuvor kein STOP-Befehl angewandt wurde, oder das Programm wurde nach dem STOP abgeändert.

18 QBasic-Funktion nicht definiert **Undefined user function**

Es soll eine FN-Funktion ausgeführt werden, die zuvor nicht definiert wurde.

19 RESUME fehlt **No RESUME**

Eine ON-ERROR-GOTO-Routine enthält kein abschließendes RESUME bzw. END.

20 RESUME ohne Fehler **RESUME without ERROR**

Es soll ein RESUME-Befehl ausgeführt werden, ohne daß zuvor eine Fehlerroutine angesprochen wurde.

22 Operand nicht vorhanden **Missing operand**

Bei einer Operation wurde eine falsche Anzahl von Operanden angegeben.

23 Eingabepuffer voll **Line buffer overflow**

Es wurden im Direktmodus mehr als 255 Zeichen innerhalb einer Zeile eingegeben.

24 Zeitüberschreitung am Gerät **Device timeout**

Ein angesprochenes Perpheriegerät gibt innerhalb der eingestellten Wartezeit keine Antwort.

25 Gerätefehler **Device fault**

Ein angesprochenes Peripheriegerät existiert nicht bzw. ist ausgeschaltet.

26 FOR ohne NEXT **FOR without NEXT**

Es wurde eine FOR-Anweisung benutzt, die nicht mit NEXT abgeschlossen wurde.

27 Papier zu Ende **Out of paper**

Der angesprochene Drucker hat kein Papier mehr.

29 WHILE ohne WEND **WHILE without WEND**

Es wurde eine WHILE-Anweisung benutzt, die nicht mit WEND abgeschlossen wurde.

30 WEND ohne WHILE **WEND without WHILE**

Es soll im Programm ein WEND ausgeführt werden, ohne daß zuvor ein WHILE definiert wurde.

39 CASE ELSE erwartet **CASE ELSE expected**

Eine SELECT..CASE-Anweisung findet keinen passenden Fall, entsprechend des Ausdrucks.

40 Variable erforderlich **Variable required**
Bei einer GET- oder PUT-Anweisung fehlt die Angabe einer Variablen, wobei die Datei im BINARY-Format geöffnet wurde.

50 FIELD-Überlauf **FIELD overflow**
Die maximale FIELD-Größe wurde überschritten.

51 Interner Fehler **Internal Error**
Es ist ein Fehler von Seiten des BASIC-Interpreters aufgetreten.

52 Ungültige(r) Dateiname oder -nummer **Bad file number**
Es wurde auf eine Datei zugegriffen, die zuvor nicht geöffnet wurde, oder die Dateinummer ist größer als 15 bzw. kleiner als 1. Es könnte auch sein, daß keine weitere Datei geöffnet werden darf, weil die erlaubte Anzahl an geöffneten Dateien erreicht war.

53 Datei nicht gefunden **File not found**
Die angesprochene Datei existiert nicht an der aktuellen Stelle.

54 Ungültiger Dateimodus **Bad file mode**
Es wurde auf eine Datei in unzulässiger Weise zugegriffen.

55 Datei ist bereits offen **File already open**
Es soll eine bereits benutzte Dateinummer ein weiteres Mal verwendet werden.

57 Ein-/Ausgabe-Gerätefehler **Device I/O-Error**
Beim Zugriff auf die Ein-/Ausgabegeräte ist ein Fehler aufgetreten.

58 Datei existiert bereits **File already exists**
Eine Datei soll eine Bezeichnung bekommen, die bereits vorhanden ist.

59 Ungültige Record-Länge **Bad record length**
Bei einer GET- oder PUT-Anweisung ist eine Datensatzvariable angegeben worden, deren Länge nicht mit der Datensatzlänge der zugehörigen OPEN-Anweisung übereinstimmt.

61 Festplatte/Diskette voll **Disk full**
Die Disketten- bzw. Festplattenkapazität ist überschritten worden.

62 Dateiende überschritten **Input past end**
Es wurde versucht, nach dem Erreichen des Dateiendes weitere Daten einzulesen.

63 Illegale Recordnummer **Bad record number**
Die verwendete Satznummer ist kleiner 1 oder größer, als maximal erlaubt.

64 Ungültiger Dateiname **Bad file name**
Ein gewählter Dateiname ist zu lang oder enthält unzulässige Zeichen.

66 Datei enthält Direktanweisung **Direct statement in file**
Es wurde eine ASCII-Datei geladen, die eine Zeile ohne Zeilennummer enthält.

67 Zuviele Dateien **Too many files**
Die maximale Aufnahmekapazität an Dateien innerhalb des Hauptverzeichnisses wurde überschritten.

68 Verbindung zu Gerät ist unterbrochen **Device unavailable**
Es wurde auf ein Peripheriegerät zugegriffen, das nicht verfügbar ist.

69 Kommunikationspuffer-Überlauf **Communicationsbuffer overflow**
Die Aufnahmekapazität des Puffers der seriellen Schnittstelle wurde überschritten.

70 Zugriff verweigert **Disk write protected**
Es wurde versucht, auf einer schreibgeschützten Diskette zu speichern.

71 Festplatte/Diskette nicht bereit **Disk not ready**
Es wurde auf ein Laufwerk zugegriffen, das keine Diskette enthält bzw. das nicht ordnungsgemäß geschlossen ist.

72 Spur/Sektor defekt **Disk media error**
Beim Zugriff auf eine Diskette wurden Fehler festgestellt.

73 Erweiterte Funktion nicht verfügbar **Feature unavailable**
Es soll eine Anweisung ausgeführt werden, die in QBasic nicht vorhanden ist.

74 Umbenennung über Datenträger hinweg **RENAME across disks**
Beim RENAME-Befehl wurden zwei verschiedene Laufwerke als Parameter verwendet.

75 Pfad/Datei-ZugriffsfehlerPath/File access error
Die verwendete Pfad- bzw. Dateispezifikation ist fehlerhaft.

76 Pfad nicht gefunden **Path not found**
Der angegebene Suchpfad war nicht in Ordnung.

11.6 Befehls- und Funktionsübersicht

Die folgende Befehlsübersicht enthält alle vorhandenen QBasic-Befehle und -Funktionen, nach Aufgabengebieten sortiert.

Konstanten, Variablen, Arrays

Bildschirmaufbau-Befehle

Bildschirmausgaben

Druckerausgaben

Tastatureingaben

String-Funktionen

Mathematische Funktionen

Konvertier-Funktionen

Vergleichsoperatoren

Programmtechniken

IF <Bedingung> **THEN** <Anweisung1> [**ELSE** <Anweisung2>] 288

IF <Bedingung> **THEN** 289
[<Anweisung1>[...]]
[**ELSEIF** <Bedingung> **THEN**
[<Anweisung2>[...]][...]
[**ELSE**[<Anweisung3>[...]]
ENDIF

KEY <Funktionstastennummer>,<Text> 297

KEY (ON|OFF) 299

KEY LIST 300

ON <Ausdruck> **GOSUB** <Zeile1>|<Label1>[,...] 327

ON <Ausdruck> **GOTO** <Zeile1>|<Label1>[,...] 328

REM <Kommentar> 367

RETURN [<Zeilennummer>|<Label>] 370

RUN "<Dateiname>" [,R] 374

SELECT CASE <Variablenname> 378
CASE <Bedingung> [<Anweisung>[...]]
[**CASE**...]
[**CASE ELSE** [<Anweisung>[...]]]
END SELECT

SLEEP [<Sekunden>] 382

STOP 387

SUB <Name> [(<Parameter1>[,...])][STATIC] 391
EXIT SUB
END SUB

SYSTEM 392

WHILE <Bedingung> 406
[<Anweisung>[...]]
WEND

Dateiverwaltung

NAME <Dateiname_alt> TO <Dateiname_neu> 322

OPEN <Dateiname> FOR <Modus> [ACCESS<Zugriffmodus>] 333
[LOCK <Sperrmodus>] AS #<Dateinummer>[LEN=<Satzlänge>]

OPEN "<Modus>",[#]<Dateinummer>,<Dateiname>[,<Satzlänge>] 335

OPEN <Dateiname> [FOR <Modus>] AS #<Dateinummer>[LEN=<Satzlänge>] 335

PRINT#<Dateinummer> [,<Ausdruck>][,|;[...]] 359

PRINT#<Dateinummer> **USING** "<Maske>";<Ausdruck>[,|;[...]] 360

PUT[#]<Dateinummer> [,<Satznummer>] 362

PUT#<Dateinummer>,<Anzahl> 363

RESET 367

RSET <Datenfeldvariable>=<Stringvariable> 373

<Variablenname>=**SEEK**(<Dateinummer>) 376

SEEK[#]<Dateinnummer>,<Position> 377

UNLOCK[#]<Dateinummer>[,<Startnummer>][TO <Endnummer>]] 398

WRITE #<Dateinummer> [,<Ausdruck>][,...] 411

Grafik-Funktionen

CIRCLE [STEP] (<Mpx>,<Mpy>),<Radius> [,[<Farbe>] 239
[,[<Startwinkel>][,[<Endwinkel>][,<Achsenverhältnis>]]]]

COLOR [<Textfarbe>][,<Hintergrundfarbe>][,<Rahmenfarbe>] 243

DRAW <Stringvariable> 265

GET [STEP] (<x1>,<y1>)-[STEP] (<x2>,y2>),<Array> 284

LINE [STEP][(<X1>,<Y1>)]-[STEP](<X2>,<Y2>)[,[<Farbe>][,[B[F]][,<Raster>]]] 303

PAINT [STEP] (<x>,<y>[,[<Füllmodus>][,[<Randfarbe>][,<Hintergrund>]]] 341

PALETTE [<Farbealt>,<Farbeneu>] 342

PALETTE USING <Array>[<Index>] 342

PCOPY <Quellseite>,<Zielseite> 344

<Variablenname>=**PMAP**(<Koordinate>,<Modus>) 352

Sound-/Ton-Funktionen

Schnittstellenfunktionen

Speicherzugriffe

Ereignis-Funktionen

MS-DOS unter BASIC

Assembler-Routinen

Lightpen-, Joystick-, Mausfunktionen

Fehlerbehandlungen

11.7 QBasic-Befehle und -Funktionen

Im folgenden werden die Befehle und Funktionen von QBasic in alphabetischer Reihenfolge aufgelistet.

+ Arithmetikoperator/Stringverarbeitung

Syntax **<Variablenname>=<Ausdruck1>+<Ausdruck2>[+...]**

Beschreibung Dieser Operator dient zum einen der Addition von Zahlen und zum anderen zum Verknüpfen von Zeichenketten oder Stringvariablen. Wird als **<Variablenname>** eine numerische Variable angegeben, so können für **<Ausdruck1>** und **<Ausdruck2>** numerische Variablen oder Konstanten angegeben werden. Ist **<Variablenname>** eine Stringvariable, so müssen **<Ausdruck1>** und **<Ausdruck2>** Textkonstanten oder Stringvariablen sein.

Anmerkung Es ist darauf zu achten, daß das Ergebnis innerhalb des Variablenwertebereichs liegt.

Beispiele

```
summe%=3+zahl2%+5
Name$=Vorname$+" "+Nachname$
```

- Arithmetikoperator

Syntax **<Variablenname>=<Ausdruck1>-<Ausdruck2>[-...]**

Beschreibung Dieser Operator liefert als Ergebnis die Subtraktion **<Ausdruck1>** minus **<Ausdruck2>**.

Anmerkung Es können keine Strings verarbeitet werden.

* Arithmetikoperator

Syntax **<Variablenname>=<Ausdruck1>*<Ausdruck2>[*...]**

Beschreibung Dieser Operator liefert als Ergebnis die Multiplikation **<Ausdruck1>** mal **<Ausdruck2>**.

Anmerkung Es ist darauf zu achten, daß das Ergebnis innerhalb des Variablenwertebereichs liegt.

/ Arithmetikoperator

Syntax **<Variablenname>=<Ausdruck1>/<Ausdruck2>[/...]**

Beschreibung Dieser Operator liefert als Ergebnis die Division **<Ausdruck1>** durch **<Ausdruck2>**.

\ Arithmetikoperator

Syntax **<Variablenname>=<Ausdruck1>\<Ausdruck2>[\...]**

Beschreibung Dieser Operator liefert als Ergebnis die Integerdivision **<Ausdruck1>** durch **<Ausdruck2>**. Im Gegensatz zur Division "/" wird nur der ganzzahlige Anteil der Division ermittelt.

Beispiele

```
a = 9 \ 4            Ergebnis: a =  2
PRINT -9 \ 4                       -2
```

^ Arithmetikoperator

Syntax **<Variablenname>=<Ausdruck1>^<Ausdruck2>**

Beschreibung Diese Funktion liefert als Ergebnis die Potenzierung **<Ausdruck1>** hoch **<Ausdruck2>**.

Anmerkungen Durch die Angabe eines gebrochenen Exponenten kann auch eine Wurzel gezogen werden.

Im zweiten Beispiel wird die Zahl 10 mit 5 potenziert und aus dem Ergebnis sofort die Quadratwurzel gezogen.

Wird eine negative Basis angegeben, sind gebrochene Exponenten unzulässig.

Beispiele

```
a = 2 ^ (5+5)            Ergebnis: a=1024
PRINT 10 ^ 5.5                     316227.5
PRINT 100 ^ 0.5                    10
```

< Vergleichsoperator

Syntax

<Ausdr1> < <Ausdr2>

Beschreibung

Die beiden Ausdrücke **<Ausdr1>** und **<Ausdr2>** werden miteinander verglichen.

Sollte **<Ausdr1>** kleiner als **<Ausdr2>** sein, so liefert die Funktion einen Wert ungleich Null (wahr), sonst den Wert Null (falsch).

Anmerkungen

Das Ergebnis eines Vergleichs kann als logische Aussage innerhalb einer Schleifendefinition genutzt werden.

Es sind auch Stringvergleiche erlaubt, wobei dann die ASCII-Werte der einzelnen Zeichen verglichen werden.

Werden Variablen angegeben, dann werden deren Inhalte miteinander verglichen.

Beispiele

```
1 < 2                Ergebnis: wahr
a < b                          wahr
A < a                          falsch
abc < a b c                    falsch
Var1$ < Var2$
```

<= Vergleichsoperator

Syntax **<Ausdr1> <= <Ausdr2>**

Beschreibung Die beiden Ausdrücke **<Ausdr1>** und **<Ausdr2>** werden miteinander verglichen.

Sollte **<Ausdr1>** kleiner oder gleich **<Ausdr2>** sein, so liefert die Funktion einen Wert ungleich Null (wahr), sonst den Wert Null (falsch).

Anmerkung Siehe auch Vergleichsoperator <

= Vergleichsoperator/Zuordnung

Syntax **<Ausdr1> = <Ausdr2>**

Beschreibung Die beiden Ausdrücke **<Ausdr1>** und **<Ausdr2>** werden miteinander verglichen. Sollte **<Ausdr1>** gleich **<Ausdr2>** sein, so liefert die Funktion einen Wert ungleich Null (wahr), sonst den Wert Null (falsch). Das Gleichheitszeichen kann Variablen auch Werte bzw. Ergebnisse zuordnen.

Anmerkung Siehe auch Vergleichsoperator <

Beispiele

```
a$ = "BASIC"
summe% = a% + 10
```

<> Vergleichsoperator

Syntax **<Ausdr1> <> <Ausdr2>**

Beschreibung Die beiden Ausdrücke **<Ausdr1>** und **<Ausdr2>** werden miteinander verglichen.

Sollten beide Ausdrücke ungleich sein, so liefert die Funktion einen Wert ungleich Null (wahr), sonst den Wert Null (falsch).

Anmerkung Siehe auch Vergleichsoperator <

>= Vergleichsoperator

Syntax **<Ausdr1> >= <Ausdr2>**

Beschreibung Die beiden Ausdrücke **<Ausdr1>** und **<Ausdr2>** werden miteinander verglichen. Sollte **<Ausdr1>** größer oder gleich **<Ausdr2>** sein, so liefert die Funktion einen Wert ungleich Null (wahr), sonst den Wert Null (falsch).

Anmerkung Siehe auch Vergleichsoperator <

> Vergleichsoperator

Syntax **<Ausdr1> > <Ausdr2>**

Beschreibung Die beiden Ausdrücke **<Ausdr1>** und **<Ausdr2>** werden miteinander verglichen. Sollte **<Ausdr1>** größer als **<Ausdr2>** sein, so liefert die Funktion einen Wert ungleich Null (wahr), sonst den Wert Null (falsch).

Anmerkung Siehe auch Vergleichsoperator <

ABS mathematische Funktion

Syntax **<Variablenname>=ABS(<Ausdruck>)**

Beschreibung Die Funktion ermittelt den Absolutwert von **<Ausdruck>**. Negative Zahlen werden immer in positive Zahlen umgewandelt.

Anmerkung Als **<Ausdruck>** können beliebige Berechnungen, numerische Variablen oder numerische Konstanten angegeben werden.

Beispiele

```
a=ABS(2-7)           Ergebnis:  a=5
print ABS(a%-b%)
```

AND mathematische Funktion/Logikoperator

Syntax

<Variablenname>=<Ausdr1> AND <Ausdr2>[AND...]
IF <Bedingung> AND <Bedingung> THEN ...

Beschreibung

Die Funktion liefert als Ergebnis die bitweise mit AND verknüpften Operanden zurück.

Anmerkungen

Die Funktion kann zum Löschen einzelner Bits eingesetzt werden.

AND kann auch für eine logische Verknüpfung z.B. innerhalb von IF-Abfragen verwendet werden.

Die Verknüpfung ist wahr (<>0), wenn beide Bedingungen ungleich Null sind, und falsch (=0), wenn eine oder beide Bedingungen Null sind.

Ausdr1	Ausdr2	Ergebnis
0	0	0
0	1	0
1	0	0
1	1	1

Beispiele

```
IF a=1 AND b$="OK" THEN ...
a=&B11111100 AND &B11001010    Ergebnis: a=&B11001000
```

ASC — Konvertierfunktion

Syntax **<Variablenname>=ASC("<Zeichen>")**

Beschreibung Die Funktion liefert den ASCII-Wert eines Zeichens.

Anmerkung Wird ein String für **<Zeichen>** angegeben, so wird nur das erste Zeichen berücksichtigt.

Beispiele

```
a=ASC("Z")                Ergebnis: a=90
b=ASC(c$)
```

ATN — Arcustangens

Syntax **<Variablenname>=ATN(<Ausdruck>)**

Beschreibung Die Funktion liefert den Arcustangens von **<Ausdruck>** im Bogenmaß.

Anmerkungen Die Berechnung erfolgt mit einfacher Genauigkeit.

Für **<Ausdruck>** können Berechnungen, numerische Variablen oder Konstanten angegeben werden.

Der Wert Pi (π) wird durch die Formel 4*ATN(1) berechnet.

Beispiele

```
a=ATN(3)
b=ATN(c)
Pi=4*ATN(1)
```

BEEP

Tonausgabe

Syntax **BEEP**

Beschreibung Mit BEEP wird ein einfacher Ton ausgegeben.

BLOAD

Speicherzugriff

Syntax **BLOAD <Dateiname>[,<Offset>]**

Beschreibung Der Befehl lädt einen Speicherbereich von einem Datenträger an eine bestimmte Adresse.

Mit **<Dateiname>** wird die Datei nach MS-DOS-Konventionen, also gegebenenfalls mit Laufwerksbezeichnung und Pfadnamen, angegeben. Mit der optionalen Angabe **<Offset>** wird die Ladeadresse innerhalb des mit DEF SEG festgelegten Segments bestimmt.

Anmerkungen Fehlt die **<Offset>**-Angabe, so wird der Speicherbereich an die Adresse geladen, an der er beim Abspeichern gestanden hat.

Es werden Daten eingelesen, bis der ASCII-Wert 26 (EOF) auftritt.

Beispiele

```
BLOAD Datei$
BLOAD "Speicher.bin",&H8000
```

BSAVE

Speicherzugriff

Syntax

BSAVE <Dateiname>,<Offset>,<Anzahl>

Beschreibung

Dieser Befehl speichert einen Speicherbereich auf einem Datenträger ab. Mit **<Dateiname>** wird die Datei nach MS-DOS-Konventionen angegeben, also gegebenenfalls mit Laufwerksangabe und vollständigem Pfadnamen. Mit **<Offset>** wird der Offset innerhalb des mit DEF SEG festgelegten Segments angegeben, **<Anzahl>** gibt die Anzahl der abzuspeichernden Bytes an.

Anmerkung

Der maximale Wert für **Anzahl** beträgt 65.535.

Beispiel

```
BSAVE "Speicher.bin",&H1000,1024
```

CALL

Prozeduraufruf

Syntax

[CALL] <Name> [(<Parameter>[,...])]

Beschreibung

Mit diesem Befehl wird eine QBasic-SUB aufgerufen. Das Befehlswort CALL ist optional und kann entfallen. Mit **<Name>** wird der Name der Prozedur oder Funktion bzw. der Subroutine angegeben. Danach folgt optional die Übergabe von Parametern. Diese werden dann in Klammern übergeben. Mehrere Parameter werden durch Kommata getrennt. Werden Arrays übergeben, so muß dies durch leere Klammern hinter dem Array-Namen kenntlich gemacht werden (z.B. A()).

Beispiele

```
CALL test1 (a%())
CALL test2 (x$, y%, z%())
```

CALL ABSOLUTE

Maschinenprogramm-Aufruf

Syntax **CALL ABSOLUTE ([<Parameter1>[,...]],<Adresse>)**

Beschreibung Dieser Befehl ruft eine Assembler-Routine an **<Adresse>** auf. Die Adresse wird als Offset auf die mit DEF SEG festgelegte Segmentadresse interpretiert. Optional können Parameter übergeben werden. Mehrere Parameter werden durch Kommata getrennt. Bei Arrays muß ein leeres Klammernpaar angegeben werden (z.B. A()).

Anmerkung Mit diesem Befehl ist sehr sorgsam umzugehen, da ein falscher Aufruf oft zum Absturz des Rechners führt!

Beispiel

```
CALL ABSOLUTE (a%, b$, &H8000)
```

CDBL

Konvertier-Funktion

Syntax **<Variablenname>=CDBL(<Ausdruck>)**

Beschreibung Die Funktion liefert den Wert eines beliebigen numerischen Ausdrucks in doppelter Genauigkeit.

Beispiel

```
a#=CDBL(2%+b!-c&)
```

CHAIN

Programm nachladen

Syntax **CHAIN <Dateiname>**

Beschreibung Mit CHAIN wird das angegebene Programm nachgeladen und gestartet.

Anmerkungen Wird keine Extension angegeben, so nimmt QBasic ".BAS" an.

CHDIR

Verzeichnis wechseln

Syntax **CHDIR <"Pfad">**

Beschreibung Dieser Befehl wechselt wie unter MS-DOS das aktuelle Verzeichnis.

Anmerkungen Der **<"Pfad">** wird nach MS-DOS-Konventionen angegeben.

Die Pfadangabe muß in Anführungszeichen oder als Stringvariable übergeben werden.

Stringfunktionen sind innerhalb des Befehls nicht erlaubt.

Beispiel

```
CHDIR "c:\basic"
```

CHR$ — Konvertier-Funktion

Syntax **<Stringvariable>=CHR$(<ASCII-Wert>)**

Beschreibung Die Funktion wandelt einen ASCII-Wert in das entsprechende Zeichen um.

Beispiele

```
a$=CHR$(90)
ABC$=CHR$(65)+"BC"
```

CINT — Konvertier-Funktion

Syntax **<Variablenname>=CINT(<Ausdruck>)**

Beschreibung Die Funktion wandelt einen beliebigen numerischen Wert durch Rundung in einen Integerwert um.

Beispiele

```
a=CINT(2.2)          Ergebnis:  2
b=CINT(2.6)                     3
c=CINT(-2.2)                   -2
d=CINT(-2.6)                   -3
```

CIRCLE

Grafikbefehl

Syntax

CIRCLE [STEP] (<Mpx>,<Mpy>),<Radius>
[,[<Farbe>][,[<Startwinkel>][,[<Endwinkel>]
[,<Achsenverhältnis>]]]]

Beschreibung

Dieser Befehl zeichnet einen Kreis oder eine Ellipse mit dem Mittelpunkt **<Mpx>,<Mpy>** mit einer Größe von **<Radius>** in Pixeln. Ohne das Schlüsselwort **STEP** werden die Mittelpunktkoordinaten absolut, ansonsten relativ zum letzten angesprochenen Punkt angenommen.

Die Zeichenfarbe kann dabei mit **<Farbe>** festgelegt werden. Mit den Angaben von **<Startwinkel>** und **<Endwinkel>** kann ein beliebiger Kreis- oder Ellipsenausschnitt gezeichnet werden. Mit dem **<Achsenverhältnis>** wird das Aussehen des Kreises bzw. der Ellipse bestimmt.

Anmerkungen

Die Angaben für **<Startwinkel>** und **<Endwinkel>** erfolgen im Bogenmaß von Null bis 2*PI.

Es wird die mathematische Winkeleinteilung berücksichtigt, so daß sich Null rechts vom Mittelpunkt befindet und gegen den Uhrzeigersinn gerechnet wird.

Sind die Winkelangaben negativ, so werden diese automatisch positiv betrachtet. Zusätzlich werden die Endpunkte des Kreises bzw. der Ellipse mit dem Mittelpunkt verbunden.

Wird bei **<Achsenverhältnis>** der Wert 1 angegeben, so wird (theoretisch) ein Kreis gezeichnet. Da jedoch die Pixelbreiten der Höhe und der Breite des Monitors in der Regel nicht gleich groß sind, ergeben sich immer Ellipsen. Hier kann experimentiert werden, bis sich wirklich ein Kreis ergibt. Jeder andere Wert erzeugt dann eine Ellipse.

Beispiele

```
CIRCLE (100, 100), 50, 2, 1.5, 4.64
CIRCLE (100, 100), 50, farbe%, -1.1, -3.14
CIRCLE STEP (10, 10), 25,,,,1
CIRCLE STEP (10, 10), 40,,,,.2
```

CLEAR

Speicher löschen

Syntax

CLEAR [,,<Stack>]

Beschreibung

Alle Variablen werden gelöscht bzw. bekommen einen Leerstring zugewiesen, und alle Dateien werden geschlossen. Wird der Parameter **<Stack>** angegeben, so wird die Größe des Stacks für Unterprogrammaufrufe und Schleifen neu festgelegt.

Anmerkung

Die Angabe für **<Stack>** erfolgt in Bytes.

CLNG

Konvertier-Funktion

Syntax **<Variablenname>=CLNG(<Ausdruck>)**

Beschreibung Die Funktion liefert aus einem beliebigen numerischen Ausdruck einen Wert vom Datentyp LONG.

Beispiele

```
a&=CLNG(b%)
c&=CLNG(d!+e#)
```

CLOSE

Datei schließen

Syntax **CLOSE [[#]<Dateinummer>[,...]]**

Beschreibung Eine bereits geöffnete Datei wird geschlossen. Dabei werden zunächst die Datenpuffer auf den Datenträger zurückgeschrieben. Die **<Dateinummer>** wird wieder freigegeben und steht für weitere OPEN-Befehle zur Verfügung.

Anmerkung Wird CLOSE ohne weitere Parameter verwendet, so werden alle offenen Dateien geschlossen.

Beispiele

```
CLOSE 1
CLOSE #2, #3, #4
```

CLS

Bildschirm löschen

Syntax

CLS [{0|1|2}]

Beschreibung

Der Bildschirm wird gelöscht. Folgende Optionen können zusätzlich gewählt werden.

0 Der gesamte Text- bzw. Grafikbildschirm wird gelöscht.

1 Im Grafikmodus wird nur das mit VIEW gesetzte Fenster gelöscht.

2 Es wird nur der Textbildschirm gelöscht, der Grafikbildschirm bleibt unverändert.

Anmerkung

Der Cursor wird nach dem Löschen in der oberen linken Ecke des Bildschirms bzw. des Fensters positioniert.

COLOR

Bildschirmfarben

Syntax

bei SCREEN(0):

COLOR [<Textfarbe>][,<Hintergrundfarbe>]
[,<Rahmen-farbe>]

bei SCREEN(1):

COLOR [<Hintergrundfarbe>][,<Palette>]

bei SCREEN(7-10):

COLOR [<Textfarbe>][,<Hintergrundfarbe>]

bei SCREEN(4, 12, 13):

COLOR [<Textfarbe>]

Beschreibung

Mit diesem Befehl werden die Farben für Text, Hintergrund, Rahmen und Farbpalette angegeben.

Anmerkungen

Je nach eingestelltem Bildschirmmodus sind die Übergabeparameter verschieden. Wenn bei **<Textfarbe>** zum Farbwert die 16 addiert wird, so erhält man eine blinkende Darstellung. Für **<Textfarbe>** sind daher Werte von Null bis 31 möglich.

Für **<Hintergrundfarbe>** und **<Rahmenfarbe>** sind je nach Grafikkarte jeweils Werte von Null bis 15 möglich. Die **<Rahmenfarbe>** kann nicht bei jeder Grafikkarte verändert werden.

Im Bildschirmmodus 1 wird mit dem Parameter **<Palette>** bestimmt, aus welcher Farbpalette die Farben für die Grafikbefehle verwendet werden sollen. Hierbei sind Werte von Null bis 255 erlaubt. Bei allen anderen Bildschirmmodi als den oben angegebenen führt der Befehl COLOR zu einer Fehlermeldung.

Farbtabelle

Farbnummer	Farbe
0	Schwarz
1	Blau
2	Grün
3	Türkis/Cyan
4	Rot
5	Purpur/Magenta
6	Braun
7	Hellgrau
8	Dunkelgrau
9	Hellblau
10	Hellgrün
11	Helltürkis/Hellcyan
12	Hellrot
13	Hellpurpur/Hellmagenta
14	Gelb
15	Weiß

Beispiel

```
SCREEN(0)
COLOR ,3
```

COM

Interrupt einbinden

Syntax

COM<Nummer> ON|OFF|STOP

Beschreibung

Mit diesem Befehl wird der ON-COM-Interrupt eingeschaltet, ausgeschaltet oder unterbrochen. Durch **<Nummer>** wird die serielle Schnittstelle spezifiziert. (Siehe auch ON COM).

Anmerkungen

Mit **COM<Nummer> ON** wird der Interrupt eingeschaltet.

Mit **COM<Nummer> OFF** wird der Interrupt ausgeschaltet. Eventuell auftretende Zeichen lösen kein Ereignis aus.

COM<Nummer> STOP unterbindet den Interrupt, merkt sich im Gegensatz zu **OFF** jedoch, ob ein Zeichen angekommen ist. Nach dem Befehl **COM<Nummer> ON** wird der Interrupt wieder aufgenommen.

Sollte während **STOP** ein Zeichen angekommen sein, so wird direkt nach **ON** das Unterprogramm ausgeführt.

COMMON

Variablenübergabe

Syntax

COMMON [SHARED]<Variablenname>
[AS<Datentyp>][,...]

Beschreibung

Mit COMMON können Variablen festgelegt werden, die einem mit CHAIN nachgeladenen und gestarteten Programm übergeben werden.

Mit der Option **SHARED** wird festgelegt, daß die Variablen global gelten und damit für alle Prozeduren und Funktionen verfügbar sind.

Mit **<Variablenname>** wird die Variable angegeben. Hier können alle Variablentypen einschließlich Arrays benutzt werden.

Mit der Option **AS** kann für noch nicht definierte Variablen der Variablentyp angegeben werden (INTEGER, LONG, SINGLE, DOUBLE, STRING oder selbstdefinierte Typen).

Anmerkungen

Unter einem COMMON versteht man einen Datenbereich, der für mehrere Programme gemeinsam benutzt werden kann.

Die Variablen können im aufrufenden und im aufgerufenen Programm gleichermaßen verwendet werden.

Die COMMON-Anweisung muß in beiden Programmen erfolgen.

Beispiele

```
COMMON a, b$, c()
COMMON SHARED var a$, b()
```

CONST

Konstantendefinition

Syntax

CONST <Konstantenname> = <Ausdruck> [,...]

Beschreibung

Dem **<Konstantenname>** kann ein fester Wert zugewiesen werden, der im Programm nicht mehr geändert werden kann.

Anmerkungen

Die Art der Konstante hängt von der Kennung oder von den vorher festgelegten Befehlen DEFXXX ab.

Bei numerischen Konstanten kann der Wert der Konstante auch durch eine Berechnung mit den vier Grundrechenarten festgelegt werden.

Zeichenketten werden in Hochkommata angegeben.

Mit diesem Befehl können sehr leicht spätere Änderungen, z.B. der Mehrwertsteuer, in einem Programm durchgeführt werden, wenn durchgehend mit der entsprechenden Konstanten gearbeitet wird. Es muß dann der neue Wert nur einmal am Anfang neu angegeben werden.

Beispiel

```
CONST A$="Copyright by DATA BECKER"
CONST MWSt%=14
CONST vorname$="Susanne", name$="Zoller"
```

COS

Cosinus

Syntax **<Variablenname>=COS(<Ausdruck>)**

Beschreibung Die Funktion liefert den Cosinus von **<Ausdruck>** im Bogenmaß.

Anmerkungen QBasic liefert den Wert mit einfacher Genauigkeit.

Der Ausdruck kann eine Berechnung oder eine numerische Variable oder Konstante sein.

Beispiele

```
a=COS(3)
b=COS(c)
```

CSNG

Konvertier-Funktion

Syntax **<Variablenname>=CSNG(<Ausdruck>)**

Beschreibung Die Funktion wandelt einen beliebigen numerischen **<Ausdruck>** in einen Wert mit einfacher Genauigkeit.

Beispiel

```
a!=CSNG(b%+c#)
```

CSRLIN

Cursorposition ermitteln

Syntax **<Variablenname>=CSRLIN**

Beschreibung Mit dieser Funktion wird die Zeile (1-25) ermittelt, in der sich der Cursor gerade befindet.

Anmerkung Wurde in QBasic mit VIEW PRINT ein Textfenster eingerichtet, so wird die Zeile in diesem Textfenster ermittelt.

CVD

Konvertier-Funktion

Syntax **<Variablenname>=CVD(<Datenfeldvariable>)**

Beschreibung Der Befehl CVD dient zur Wandlung eines mit MKD$ erstellten, in einer RANDOM-Datei gespeicherten acht-Byte-Strings in einen Fließpunktwert mit doppelter Genauigkeit.

Beispiel

```
a#=CVD(8 Byte-String)
```

CVDMBF

Konvertier-Funktion

Syntax

<Variablenname>=CVDMBF(<Stringvariable>)

Beschreibung

Die Funktion wandelt eine Stringvariable, die einen komprimierten Fließpunktwert doppelter Genauigkeit im Microsoft-Binary-Format enthält, in das IEEE-Format um. Als Ergebnis erhält man einen numerischen Fließpunktwert mit doppelter Genauigkeit.

Anmerkungen

Der String kann zur Speicherung in RANDOM-Dateien mit MKDMBF erstellt werden.

Die Funktion ist aus Kompatiblitätsgründen zu anderen BASIC-Dialekten implementiert.

Beispiel

```
a#=CVDMBF(8 Byte-String)
```

CVI

Konvertier-Funktion

Syntax

<Variablenname>=CVI(<Datenfeldvariable>)

Beschreibung

Der Befehl CVI dient zur Wandlung eines mit MKI$ erstellten und in einer RANDOM-Datei gespeicherten, zwei Byte langen Strings in einen Integerwert.

Beispiel

```
a%=CVI(2 Byte-String)
```

CVL Konvertier-Funktion

Syntax **<Variablenname>=CVL(<Datenfeldvariable>)**

Beschreibung Dieser Befehl dient zur Wandlung eines mit MKL$ erstellten und in einer RANDOM-Datei gespeicherten, vier Byte langen Strings in einen numerischen Wert vom Typ LONG

Beispiel
```
a&=CVL(4 Byte-String)
```

CVS Konvertier-Funktion

Syntax **<Variablenname>=CVS(<Datenfeldvariable>)**

Beschreibung Der Befehl CVS dient zur Wandlung eines mit MKS$ erstellten und in einer RANDOM-Datei gespeicherten, vier Byte langen Strings in einen Fließpunktwert mit einfacher Genauigkeit.

Beispiel
```
a!=CVS(4 Byte-String)
```

CVSMBF

Konvertier-Funktion

Syntax

<Variablenname>=CVSMBF(<Stringvariable>)

Beschreibung

Die Funktion wandelt eine Stringvariable, die einen komprimierten Fließpunktwert einfacher Genauigkeit im Microsoft-Binary-Format enthält, in das IEEE-Format um. Als Ergebnis erhält man einen numerischen Fließpunktwert mit einfacher Genauigkeit.

Anmerkungen

Der String kann zur Speicherung in RANDOM-Dateien mit MKSMBF erstellt werden.

Die Funktion ist aus Kompatiblitätsgründen zu anderen BASIC-Dialekten implementiert.

Beispiel

```
a!=CVSMBF(4 Byte-String)
```

DATA

Variablenwerte zuweisen

Syntax

DATA "Textkonstante"|Konstante[,...]

Beschreibung

Der Befehl dient dem Zuweisen von Werten an Variablen.

Anmerkungen

Mit diesem Befehl können im Programm Tabellen angelegt werden, deren einzelne Werte bestimmten Variablen zugewiesen werden.

Das Schlüsselwort **DATA** dient zur Definition der Tabelle.

Es können **Konstanten** angegeben werden.

Werden mehrere **Konstanten** angegeben, so werden diese durch Kommata getrennt.

Textkonstanten müssen in Hochkommata gesetzt werden (Ausnahme: die gesamte DATA-Zeile besteht nur aus Textkonstanten).

Der READ-Befehl weist die erste **Konstante** der ersten DATA-Zeile der angegebenen **<Variablen>** zu.

Es ist zu beachten, daß die Datentypen übereinstimmen.

Mit jedem weiteren READ-Befehl wird die nächste Konstante zugewiesen.

Beispiel

```
READ A$,I,J%
DATA "BASIC",3.14,5
```

DATE$

Datum lesen/setzen

Syntax

<Stringvariable>=DATE$ oder DATE$=<Ausdruck>

Beschreibung

Hiermit läßt sich das Datum lesen bzw. setzen.

Anmerkungen

Es handelt sich um das Systemdatum, das sich unter MS-DOS mit DATE auslesen und verändern läßt.

Das Datum muß in Abhängigkeit der Sprache (deutsche oder englische DOS-Version) entweder im Format "tt-mm-jjjj" oder "mm-tt-jjjj" angegeben werden.

Beim Setzen kann für **<Ausdruck>** entweder eine Stringvariable, eine Textkonstante oder eine Stringberechnung angegeben werden.

Beispiele

```
datum$=DATE$
DATE$="20-09-1988"
```

DECLARE FUNCTION Funktionsdeklaration

Syntax

DECLARE FUNCTION <Funktionsname> [([<Parameter>[,...])]

Beschreibung

Dieses Schlüsselwort dient zur Deklaration von Funktionen, die sich nicht im geladenen Programm, sondern in Unterprogrammen befinden. Für jeden der danach folgenden **<Parameter>** sind die folgenden Angaben möglich:

```
<Variablenname> [AS <Datentyp>]
```

Mit **AS** kann der Datentyp der Variablen für die Überprüfung angegeben werden. Hierbei sind INTEGER, LONG, SINGLE, DOUBLE, STRING* <Anzahl> oder ein mit TYPE selbst festgelegter Datentyp möglich. Mit dem Schlüsselwort **ANY** als **<Datentyp>** wird die Überprüfung für diesen Parameter ausgeschaltet.

Anmerkungen

Durch eine solche Deklaration ist es QBasic möglich, beim Aufruf eine Überprüfung der Parameter durchzuführen und so Fehler zu entdecken. Diese Anweisung sollte am Programmanfang stehen.

DECLARE SUB Prozedurdeklaration

Syntax

DECLARE SUB <Prozedurname> [([<Parameter>[,...])]]

Anmerkung

Diese Deklaration entspricht der Funktionsdeklaration, allerdings für Prozeduren.

DEF FN

Funktionsdefinition

Syntax

DEF FN
<Funktionsname>[(<Parameter>[,...])]=<Funktion>

oder

DEF FN <Funktionsname>[(<Parameter>[,...])]
[Anweisungsblock]
FN <Funktionsname>=<Funktion>
[Anweisungsblock]
[EXIT DEF]
[Anweisungsblock]
END DEF

Beschreibung

Mit DEF FN wird eine eigene Funktion definiert. Mit **<Funktionsname>** wird der Name angegeben, mit dem die Funktion aufgerufen wird. Es muß sich hierbei um einen gültigen Variablennamen handeln. Der Funktion können **<Parameter>** übergeben werden, welche durch Kommata getrennt werden. Mit **<Funktion>** wird die gewünschte Funktion angegeben und damit der Rückgabewert gebildet. Hierbei ist auch die Verwendung von Stringvariablen möglich.

Es gibt zwei Möglichkeiten der Definition, einmal die kurze Definition, die sich nur über eine Programmzeile erstreckt, und zum zweiten die längere Funktion, die mit END DEF endet.

Anmerkungen

Die Anzahl der definierten Parameter muß beim Aufruf berücksichtigt werden. Die angegebenen Variablen werden als lokal angenommen, dadurch werden Variablen mit gleicher Bezeichnung nicht verändert. Die Funktion wird durch FN <Funktionsname> (<Parameter>...) ausgeführt.

Beispiel

```
DEF FN Name$(Vorname$,Nachname$)=Vorname$+" "+Nachname$
Adresse$=FN Name$("Willi","Wacker")
```

DEF SEG

Segmentadresse festlegen/ermitteln

Syntax

DEF SEG [= <Segmentadresse>]
<Variable>=DEF SEG

Beschreibung

Der Befehl legt die Segmentadresse fest, die für die Befehle BSAVE, BLOAD, PEEK, POKE, VARPTR und VARPTR$ verwendet werden soll.

Anmerkungen

Wird DEF SEG ohne weitere Parameter aufgerufen, so wird in QBasic die Segmentadresse auf das Datensegment DS gesetzt.

Beispiele

```
DEF SEG = &HB800
a = DEF SEG
```

DEFDBL

Variablendefinition

Syntax

DEFDBL <Startbuchstabe> - <Endbuchstabe>

Beschreibung

Alle Variablen mit den Anfangsbuchstaben von **<Startbuchstabe>** bis einschließlich **<Endbuchstabe>** werden automatisch als Double-Variablen, also als Fließpunkt-Variablen mit doppelter Genauigkeit angenommen.

Anmerkungen

Die Kennung # muß anschließend nicht mehr explizit angegeben werden.

Die Variablen haben einen Wertebereich von +-4.19E-307 bis +-1.67E308.

Beispiel

```
DEFDBL A - B
```

DEFINT

Variablendefinition

Syntax

DEFINT <Startbuchstabe> - <Endbuchstabe>

Beschreibung

Alle Variablen mit den Anfangsbuchstaben von **<Startbuchstabe>** bis einschließlich **<Endbuchstabe>** werden automatisch als Integer-Variablen angenommen.

Anmerkungen

Die Kennung "%" ist anschließend nicht mehr explizit notwendig.

Die Variablen haben einen Wertebereich von -32.768 bis 32.767.

Beispiel

```
DEFINT C - F
```

DEFLNG

Variablendefinition

Syntax

DEFLNG <Startbuchstabe> - <Endbuchstabe>

Beschreibung

Alle Variablen mit den Anfangsbuchstaben von **<Startbuchstabe>** bis einschließlich **<Endbuchstabe>** werden automatisch als Long-Integer-Variablen angenommen.

Anmerkungen

Die Kennung "&" ist anschließend nicht mehr explizit notwendig.

Die Long-Integer-Variablen haben einen Wertebereich von -2.147.483.648 bis +2.147.483.647.

Beispiel

```
DEFLNG G - J
```

DEFSNG

Variablendefinition

Syntax

DEFSNG <Startbuchstabe> - <Endbuchstabe>

Beschreibung

Alle Variablen mit den Anfangsbuchstaben von **<Startbuchstabe>** bis einschließlich **<Endbuchstabe>** werden automatisch als SINGLE-Variablen angenommen.

Anmerkungen

Eine Single-Variable ist eine Fließpunktzahl mit einfacher Genauigkeit.

Die Kennung "!" ist anschließend nicht mehr explizit notwendig.

Die Variablen haben einen Wertebereich von +-8.43E37 bis +-3.37E38.

Beispiel

```
DEFSNG K - M
```

DEFSTR

Variablendefinition

Syntax

DEFSTR <Startbuchstabe> - <Endbuchstabe>

Beschreibung

Alle Variablen mit den Anfangsbuchstaben von **<Startbuchstabe>** bis einschließlich **<Endbuchstabe>** werden automatisch als String-Variable angenommen.

Anmerkungen

Die Kennung "$" ist anschließend nicht mehr explizit notwendig. Bei QBasic beträgt die Maximallänge 32.767 Zeichen.

Beispiel

```
DEFSTR N - Q
```

DIM — Dimensionierung

Syntax **DIM[SHARED]<Variable>[<Feldgröße>][AS<Datentyp>] [,..]**

Beschreibung Der Befehl DIM reserviert für die angegebene **<Variable>** den benötigten Speicherplatz.

Mit der Option **SHARED** wird festgelegt, ob es sich um eine globlale Variable handelt, auf die von allen Prozeduren und Funktionen aus zugegriffen werden kann, oder ob es sich um eine lokale Variable handelt. Mit **<Variable>** wird der Name der Variablen angegeben. Die **<Feldgröße>** gibt die Größe des Arrays an.

Dabei können im Gegensatz zu vielen anderen Programmiersprachen der Start und das Ende der Indizierung angegeben werden:

[<Start> TO]<Ende>[,...].

Mit **AS <Datentyp>** wird festgelegt, von welchem Datentyp die angelegte Variable sein soll.

Anmerkung Es können auch negative Indizes verwendet werden. Bei der Angabe nur eines Index' wird das erste Element als Index 0 oder 1 angenommen, abhängig von der Einstellung mit OPTION BASE.

Beispiel

```
DIM Alter(18 TO 50)
```

DO..LOOP

Programmschleife

Syntax

DO
[<Anweisungen>[...]]
[EXIT DO]
LOOP [WHILE|UNTIL <Bedingung>]

DO [WHILE|UNTIL <Bedingung>]
[<Anweisungen>[...]]
[Exit DO]
LOOP

Beschreibung

Die **<Anweisungen>** werden wiederholt, bis die **<Bedingung>** erfüllt (bei **UNTIL**) oder nicht mehr erfüllt ist (bei **WHILE**) oder die Schleife mit **EXIT DO** verlassen wird.

Anmerkungen

Ein Verlassen mit GOTO ist nicht erlaubt, da der Stack dann nicht bereinigt wird. Die Schlüsselworte **UNTIL** und **WHILE** können entweder direkt nach **DO** oder **LOOP** folgen oder ganz entfallen. Im zweiten Fall wird die Schleife mindestens einmal durchlaufen, im dritten Fall muß die Schleife mit **EXIT DO** verlassen werden.

Beispiele

```
i=0
DO UNTIL i=5
  PRINT i
  i=i+1
LOOP
i=0
DO
  PRINT i
  i=i+1
LOOP WHILE i<6
i=0
DO
  PRINT i
  IF i=5 THEN EXIT DO
  i=i+1
LOOP
```

DRAW

Zeichenbefehl

Syntax

DRAW "<String>"

Beschreibung

Dieser Befehl zeichnet eine Grafik, die in **<String>** definiert ist. Beim Zeichnen wird bei der zuletzt angesprochenen Bildschirmposition begonnen. Der String setzt sich aus einzelnen Befehlen zusammen, die durch Leerzeichen voneinander getrennt werden müssen. Folgende Befehle sind zulässig:

U<Anzahl>
<Anzahl> Punkte nach oben zeichnen

D<Anzahl>
<Anzahl> Punkte nach unten zeichnen

L<Anzahl>
<Anzahl> Punkte nach links zeichnen

R<Anzahl>
<Anzahl> Punkte nach rechts zeichnen

E<Anzahl>
<Anzahl> Punkte diagonal nach rechts oben zeichnen

F<Anzahl>
<Anzahl> Punkte diagonal nach rechts unten zeichnen

G<Anzahl>
<Anzahl> Punkte diagonal nach links unten zeichnen

H<Anzahl>
<Anzahl> Punkte diagonal nach links oben zeichnen

M<x>,<y>
Zeichnet bis zum angegebenen Punkt. Ohne Vorzeichen werden die Koordinaten als absolute Werte, mit angegebenen Vorzeichen als relative Werte zum letzten angesprochenen Punkt ausgewertet. Vor die oben beschriebenen Befehle können zwei Buchstaben gesetzt werden:

B
Der Grafikcursor wird zur angegebenen Position bewegt, ohne daß eine Linie gezeichnet wird.

N
Der Grafikcursor wird zur angegebenen Stelle bewegt, kehrt dann jedoch zum Startpunkt (dem Punkt vor Ausführung des letzten Befehls) zurück.

Neben den Zeichenbefehlen sind noch Steuerbefehle vorhanden:

A<Wert>
Der Rotationswinkel wird gesetzt. Dabei sind die Werte Null für 0 Grad, 1 für 90 Grad, 2 für 180 Grad und 3 für 270 Grad möglich. Hiermit wird die Ausrichtung der Zeichnung beeinflußt. Ist z.B. der Rotationswinkel auf 90 Grad eingestellt, so wird eine Linie L50 nach oben gezeichnet.

TA<Wert>
Auch hierbei wird der Rotationswinkel gesetzt. Die Angabe erfolgt jetzt jedoch in Grad, so daß auch kleinere Drehungen möglich sind. Bei positiver Angabe des Winkels wird in mathematischer Betrachtung, also gegen den Uhrzeigersinn, bei negativen Winkelangaben im Uhrzeigersinn gedreht.

C<Farbnummer>
Die Zeichenfarbe wird auf den angegebenen Wert gesetzt.

P<Füllfarbe>,<Randfarbe>
Die mit <Randfarbe> begrenzte Fläche, in der sich der letzte angesprochene Punkt befindet, wird mit <Füllfarbe> gefüllt. Ein Muster ist hierbei nicht möglich.

S<Faktor>

Es wird ein Teilungsfaktor angegeben, der zwischen 1 und 255 liegen kann. Alle Richtungsangaben werden dann mit 1/<Faktor> multipliziert.

V

Es werden nicht mehr physikalische, sondern logische Koordinaten verwendet.

X<Stringvariable>

Die in der angegebenen Stringvariablen enthaltenen Befehle werden zunächst ausgeführt. Danach wird wieder mit dem bisherigen String fortgefahren. Es handelt sich hierbei um eine Art Unterprogrammaufruf. Bei QBasic sollte immer die Adresse des Strings mit VARPTR$ angegeben werden. Bei der Angabe von numerischen Werten bei Befehlen können auch Variablen angegeben werden. Dies wird mit einem Gleichheitszeichen kenntlich gemacht. Ein Befehl könnte dann so aussehen: DRAW "D=Schritt%".

Beispiel

```
a=25
DRAW "M150,100 U"+VARPTR$(a)+" R20"

b$="U25"
DRAW "M150,100 X"+VARPTR$(b$)
```

END

Programm beenden

Syntax **END**

Beschreibung Der Befehl beendet einen Programmablauf.

Anmerkungen Es werden alle Dateien geschlossen.

Der Befehl muß nicht unbedingt am Programmende stehen, da automatisch der Programmablauf beendet wird, wenn keine weiteren Befehle folgen.

ENVIRON

Environ-Tabelle einrichten

Syntax **ENVIRON "<Environvariable>=<Ausdruck>"**

Beschreibung MS-DOS verwaltet eine Tabelle, in der wichtige Informationen über die Systemumgebung (Environment) eingetragen werden. Mit diesem Befehl können den **<Environvariablen>** neue Werte zugewiesen werden.

Anmerkungen Der Eintrag einer Variablen kann durch Angabe eines Leerstrings oder eines Semikolons für **<Ausdruck>** gelöscht werden. Die Änderungen sind nur solange gültig, wie das Programm läuft. Wird dies beendet, dann werden die unter MS-DOS gültigen Werte wieder restauriert.

Beispiel

```
ENVIRON "PATH C:\WORD"!
```

ENVIRON$

Environ-Tabelle lesen

Syntax

<Stringvariable>=ENVIRON$ ("<Environvariable>"|<Nummer>)

Beschreibung

MS-DOS verwaltet eine Tabelle, in der wichtige Informationen über die Systemumgebung (Environment) eingetragen werden. Mit diesem Befehl können die aktuellen Werte dieser Environvariablen ermittelt werden.

Anmerkungen

Die **<Environvariable>** kann entweder über den Namen oder über die **<Nummer>** des Eintrages in der Tabelle festgelegt werden. Existiert die Variable nicht oder ist die Nummer nicht vorhanden, liefert die Funktion einen Leerstring zurück.

Beispiele

```
a$=ENVIRON$ ("PATH")
b$=ENVIRON$ (i%)
c$=ENVIRON$ (2)
```

EOF

Dateiende feststellen

Syntax **<Variablenname>=EOF(<Dateinummer>)**

Beschreibung Diese Funktion ermittelt, ob das Dateiende beim Lesen der bereits geöffneten sequentiellen Datei erreicht ist. Mit **<Dateinummer>** wird die beim Öffnen der Datei festgelegte Dateinummer angegeben.

Anmerkung Ist das Dateiende noch nicht erreicht, wird eine Null (falsch), ansonsten ein Wert ungleich Null (wahr) zurückgeliefert.

Beispiele

```
a=EOF(1)
WHILE NOT EOF(2) ...
```

EQV

Logikoperator

Syntax **<Variablenname>=<Ausdr1> EQV <Ausdr2>**

Beschreibung Die Funktion verknüpft die beiden Parameter **<Ausdr1>** und **<Ausdr2>** bitweise miteinander.

Anmerkung Im Ergebnis wird ein Bit gesetzt, wenn dieses Bit bei beiden Parametern gleich (EQuiValent) ist, also entweder beide gesetzt oder ungesetzt sind.

Wahrheitstabelle

Ausdr1	Ausdr2	Ergebnis
0	0	1
0	1	0
1	0	0
1	1	1

Beispiel:

```
a=&B11111100 EQV &B11001010
Ergebnis: a ist &B11001001
```

ERASE

Array löschen

Syntax **ERASE <Variablenname>[,...]**

Beschreibung Dieser Befehl löscht eine oder mehrere Feld-Dimensionierung(en) (Arrays).

Beispiel

```
ERASE NAME$
```

ERDEV

Fehlernummer ermitteln

Syntax **<Variablenname>=ERDEV**

Beschreibung Die Funktion liefert im niederwertigen Byte die Fehlernummer des BIOS, die über den Interrupt 24h ermittelt wird. Das höherwertige Byte enthält in den Bits 0, 1, 2, 3, 13, 14 und 15 das Statuswort des entsprechenden Peripheriegerätes.

Beispiel

```
a%=ERDEV
```

ERDEV$ — Peripheriegerät ermitteln

Syntax **<Stringvariable>=ERDEV$**

Beschreibung Diese Funktion liefert den Namen des Peripheriegerätes, welches den Fehler verursachte.

Beispiel

```
a$=ERDEV$
```

ERL — Fehlerzeile ermitteln

Syntax **<Variablenname>=ERL**

Beschreibung Nach einem aufgetretenen Fehler enthält ERL die Programmzeilennummer, in der der Fehler aufgetreten ist.

Anmerkungen Die Fehlervariable ERL wird von BASIC automatisch verwaltet.

Bei QBasic muß bei Verwendung dieser Funktion mit Zeilennummern gearbeitet werden.

Beispiel

```
a=ERL
```

ERR

Fehlernummer ermitteln

Syntax **<Variablenname>=ERR**

Beschreibung Nach einem aufgetretenen Fehler enthält ERR die QBasic-Fehlernummer.

Anmerkungen Die Fehlervariable ERR wird von BASIC automatisch verwaltet.

Die möglichen Fehlernummern sind im Anhang dieses Buches aufgelistet.

Beispiel

```
a=ERR
```

ERROR

Fehler simulieren

Syntax **ERROR <Fehlernummer>**

Beschreibung Mit diesem Befehl können beliebige Fehler erzeugt werden.

Anmerkungen Dieser Befehl kann zum Testen von eigenen Programmen auf das Auftreten von Fehlern hin und von eigenen Fehlerroutinen genutzt werden.

Die Fehlernummern und ihre Bedeutungen finden Sie im Kapitel 11.7.

Beispiel

```
ERROR 11
```

EXIT

Abbruch-Funktion

Syntax

EXIT (DEF|DO|FOR|FUNCTION|SUB)

Beschreibung

Mit diesem Befehl beenden Sie eine **DEF**-FN-Funktion, eine **DO**..LOOP-Schleife, eine **FOR**..NEXT-Schleife, eine **FUNCTION** oder eine **SUB**-Routine.

Anmerkung

Eine **WHILE**-Schleife kann nicht mit Exit verlassen werden.

EXP

Mathematische Funktion

Syntax

<Variablenname>=EXP(<Ausdruck>)

Beschreibung

Als Ergebnis liefert die Funktion die Eulersche Zahl "e" (2.71...) hoch **<Ausdruck>** als Fließpunktzahl in einfacher Genauigkeit.

Anmerkung

Für **<Ausdruck>** kann eine Berechnung oder eine numerische Variable bzw. eine Konstante stehen.

Beispiele

```
a=EXP (2)
b=EXP (1/c)
```

FIELD

RANDOM-Datei lesen/schreiben

Syntax

FIELD [#]<Dateinummer>,<Länge> AS <Stringvariable> [,...]

Beschreibung

Dieser Befehl dient zur Reservierung und Definition eines Datenpuffers für Schreib- und Lesezugriffe auf eine RANDOM-Datei. Nach dem optionalen Nummernzeichen **[#]** wird die beim Öffnen festgelegte **<Dateinummer>** angegeben. Mit **<Länge> AS <Stringvariable>** werden die Länge eines Datenfeldes in Bytes und der Name der Variablen angegeben, in der dieses Feld zwischengespeichert werden soll.

Anmerkungen

Für jedes Datenfeld sind jeweils die Angabe der Länge und der Variablenname notwendig.

Der gesamte Befehl darf nicht länger als eine Programmzeile sein.

Die Zuweisungen an die definierten Variablen müssen über die Befehle LSET oder RSET erfolgen. Nach dem Lesen aus der Datei mittels GET # können die Inhalte der Variablen direkt ausgelesen werden.

Beispiel

```
FIELD #1, 15 AS nachname$, 10 AS vorname$, 15 AS beruf$
```

FILEATTR

Dateiattribut ermitteln

Syntax **<Variablenname>=FILEATTR(<Dateinummer>, <Modus>)**

Beschreibung Die Funktion dient zum Ermitteln der Dateiattribute der bereits geöffneten Datei. Mit **<Dateiname>** wird die beim Öffnen festgelegte Dateinummer übergeben. Mit **<Modus>** kann zwischen zwei Möglichkeiten gewählt werden:

Modus=1 Die Funktion liefert den beim Öffnen festgelegten **<Modus>** der Datei. Die Ergebnisse sind bitweise codiert, so daß auch z.B. 3 als Ergebnis geliefert wird, wenn eine Datei zum Lesen und Schreiben geöffnet wurde.

Ergebnis	Bedeutung
1	INPUT
2	OUTPUT
4	RANDOM
8	APPEND
32	BINARY

Modus=2 Als Ergebnis liefert die Funktion die DOS-Handle-Nummer der Datei. Dies kann z.B. interessant sein, wenn in Routinen anderer Programmiersprachen auf die Datei zugegriffen werden soll.

Beispiel

```
a=FILEATTR (1,1)
```

FILES

Verzeichnis auflisten

Syntax

FILES [<Dateiname>]

Beschreibung

Dieser Befehl zeigt das Inhaltsverzeichnis eines Datenträgers an. Mit **<Dateiname>** können das gewünschte Laufwerk und der Pfad angegeben werden.

Anmerkungen

Es wird das gleiche Ausgabeformat wie beim MS-DOS-Befehl DIR /W verwendet.

Bei **<Dateiname>** können die Wildcards Sternchen "*" und Fragezeichen "?" verwendet werden.

Ohne weitere Parameter werden alle Dateien im aktuellen Verzeichnis angezeigt.

FIX — Mathematische Funktion

Syntax **<Variablenname>=FIX(<Ausdruck>)**

Beschreibung Die Funktion liefert den ganzzahligen Teil von **<Ausdruck>** zurück.

Anmerkungen Eventuell vorhandene Nachkommastellen werden abgeschnitten, es wird dabei nicht gerundet.

Im Gegensatz zu INT liefert die Funktion auch bei negativen Zahlen den Vorkommateil.

Beispiele

```
a=FIX (b)
c=FIX (d*3.5)
```

FN — Definierte Funktion ausführen

Syntax **FN <Funktionsname> [(<Parameter>...)]**

Beschreibung Die mit DEF FN definierte Funktion wird ausgeführt.

Beispiel

```
DEF FN Name$(Vorname$,Nachname$)=Vorname$+" "+Nachname$
Adresse$=FN Name$("Willi","Wacker")
```

FOR..NEXT

Programmschleife

Syntax

FOR<Laufvariable>=<Start>TO<Ende>[STEP<Schrittweite>]
[<Anweisung>[...]]
[EXIT FOR]
NEXT [<Laufvariable>]

Beschreibung

Dieser Befehl dient zur wiederholten Abarbeitung von Anweisungen. Die Grenzen werden vor der Abarbeitung der Schleife festgelegt. Zur Zählung der Durchläufe wird die **<Laufvariable>** verwendet. Mit **<Start>** wird der Startwert bestimmt, mit dem die **<Laufvariable>** initialisiert werden soll. Nach jedem Durchlauf (Erreichen des Schlüsselwortes **NEXT**) wird die **<Laufvariable>** um die **<Schrittweite>** erhöht (bzw. bei negativen Schrittweiten verringert). Die Schleife wird anschließend so oft durchlaufen, bis der Wert **<Ende>** erreicht ist. Die Schleife kann vorzeitig, also vor Erreichen von **<Ende>**, durch das Schlüsselwort **EXIT FOR** verlassen werden.

Anmerkungen

Fehlt das Schlüsselwort **STEP**, so wird die **<Schrittweite>** 1 angenommen.

Mit GOTO darf eine Schleife niemals verlassen werden, da dabei der Stack nicht bereinigt wird.

Beispiel

```
FOR i%=10 TO 0 STEP -1
 PRINT i%, i%*i%
NEXT i%
```

FRE()

Speicherplatz ermitteln

Syntax **<Variablenname>=FRE(0|-1|-2)**

Beschreibung Diese Funktion ermittelt den freien Speicherplatz. FRE() mit Parameter **0** ermittelt die Anzahl der freien Bytes für Strings, mit Parameter **-1** für numerische Variablen und Arrays und mit Parameter **-2** den Speicherplatz für den Stack.

Beispiel

```
a=FRE(-2)
```

FRE("")

Speicher freigeben

Syntax **<Variablenname>=FRE("")**

Beschreibung Bei der Verwaltung von Stringvariablen fallen sehr viele Textstücke an, die nicht mehr benötigt, jedoch nicht gelöscht werden. Mit FRE("") wird eine Garbage Collection erzwungen, die solche Textstücke löscht. Es wird dadurch Platz für weitere Variablen geschaffen. Als Ergebnis liefert die Funktion die Anzahl der freien Bytes nach der Bereinigung.

Anmerkung Bei größeren Stringbearbeitungen sollte die Funktion häufiger verwendet werden, da die Bereinigung ansonsten einige Zeit in Anspruch nehmen kann.

Beispiel

```
a=FRE("")
```

FREEFILE

Dateinummer ermitteln

Syntax **<Variablenname>=FREEFILE**

Beschreibung Die Funktion liefert die nächste freie Dateinummer zurück, die bei OPEN angegeben werden kann.

Beispiel

```
a=FREEFILE
```

FUNCTION

Funktionsdefinition

Syntax

FUNCTION <Name> [(<Parameter1>[,...])][STATIC]
<Name>=<Wert>
EXIT FUNCTION
END FUNCTION

Beschreibung

Dieser Befehl definiert eine Funktion mit dem Namen **<Name>**. Die Parameter werden in runden Klammern übergeben. Mehrere <Parameter> werden durch Kommata getrennt. Wird das Schlüsselwort **STATIC** verwendet, dann werden die lokalen Variablen nicht bei jedem Aufruf der Funktion neu zugewiesen, sondern behalten den Wert des letzten Durchlaufes. Innerhalb der Funktion muß dem Funktionsnamen **<Name>** ein **<Wert>** zugewiesen werden, der dem Aufruf als Funktionsergebnis zurückgeliefert wird.

Die Definition der Funktion wird mit **END FUNCTION** abgeschlossen. Die Funktion kann auch vorzeitig durch **EXIT FUNCTION** verlassen werden, dann ist der Funktionswert nicht definiert, d.h. rein zufällig.

Beispiel

```
FUNCTION dreieck (grundlinie, hoehe)
  flaeche=grundlinie*hoehe/2
  dreieck=flaeche
END FUNKTION
```

GET

Datensatz lesen

Syntax

GET [#]<Dateinummer> [,[<Satznummer>][,<Variable>]]

Beschreibung

GET liest einen Datensatz einer vorher geöffneten RANDOM-Datei in den durch FIELD definierten Datenpuffer bzw. in die angegebene **<Variable>** ein. Nach dem optionalen Nummernzeichen **[#]** wird die beim Öffnen der Datei festgelegte **<Dateinummer>** angegeben. Ohne die Angabe **<Satznummer>** wird der nächste Datensatz, ansonsten der angegebene gelesen. Nach dem Lesen können die Daten aus der Variablen des Datenpuffers ausgelesen und weiterverarbeitet werden.

Anmerkung

Ist der angegebene Kanal als serielle Schnittstelle geöffnet, kann mit **<Satznummer>** nur die Anzahl der zu lesenden Bytes bestimmt werden.

Beispiele

```
GET #1, 2
GET #2, , Adresse
```

GET

Grafik speichern

Syntax

GET [STEP] (<x1>,<y1>)-[STEP] (<x2>,y2>),<Array>

Beschreibung

Dieser Befehl dient zum Speichern eines mit **<x1>,<y1>** und **<x2>,<y2>** angegebenen Grafikbildschirmausschnittes in ein numerisches **<Array>**. Das Schlüsselwort **STEP** gibt an, daß die Koordinaten relativ zum letzten angesprochenen Punkt angegeben werden. Ansonsten sind absolute Koordinaten zu übergeben.

Anmerkungen

Das **<Array>** kann auch auf einem Datenträger abgespeichert werden.

Das **<Array>** muß vor der Benutzung dimensioniert werden und groß genug sein, um alle Bilddaten und zusätzliche Informationen aufnehmen zu können.

Die Anzahl der benötigten Bytes berechnet sich aus

4+INT((PunkteX)*(Anzahl der Bits pro Bildpunkt+7)/8)
(Anzahl der Ebenen)(PunkteY)

Der abgespeicherte Grafikausschnitt kann mit dem Befehl PUT wieder auf dem Bildschirm, auch an einer anderen Position, dargestellt werden.

Beispiel

```
GET (50,50)-(100,100),a%
```

GOSUB

Unterprogramm aufrufen

Syntax

GOSUB <Zeilennummer>|<Label>

Beschreibung

Mit diesem Befehl wird das Unterprogramm an der Stelle **<Zeilennummer>** bzw. **<Label>** aufgerufen.

Anmerkungen

Das Unterprogramm muß mit dem Befehl RETURN enden.

Nach Verlassen des Unterprogramms wird das Programm mit dem nächsten Befehl hinter GOSUB fortgeführt.

Beispiele

```
GOSUB 1000
GOSUB Unterprogramm
```

GOTO

Programmverzweigung

Syntax

GOTO <Zeilennummer>|<Label>

Beschreibung

Mit diesem Befehl wird der Programmablauf an der angegebenen **<Zeilennummer>** oder dem **<Label>** fortgesetzt.

HEX$

Konvertier-Funktion

Syntax **<Stringvariable>=HEX$(<Wert>)**

Beschreibung Die Funktion wandelt den angegebenen **<Wert>** in die hexadezimale (sedezimale) Schreibweise um.

Anmerkungen Das Ergebnis wird als String zurückgeliefert.

Beispiel

```
a$=HEX$(10)
b$=HEX$(c%+17)
```

IF..THEN..ELSE

Bedingte Verzweigung

Syntax

IF <Bedingung> THEN <Anweisung1> [ELSE <Anweisung2>]

Beschreibung

Die IF-Abfrage dient zum Ausführen von Anweisungen aufgrund einer **<Bedingung>**. Die **<Anweisung1>** hinter **THEN** wird nur ausgeführt, wenn die Bedingung logisch wahr ist. Ist die **<Bedingung>** falsch, dann wird die **<Anweisung2>** hinter **ELSE** ausgeführt.

Anmerkungen

Der **ELSE**-Zweig ist optional und kann weggelassen werden.

Wird der **ELSE**-Zweig weggelassen, dann wird bei Nichtzutreffen der **<Bedingung>** mit dem nächsten Befehl fortgefahren.

Es können nie beide Anweisungen hintereinander ausgeführt werden, sondern immer nur **<Anweisung1>** oder **<Anweisung2>**.

Der Befehl kann in einer Zeile eingegeben werden; reicht der Platz nicht aus, so muß die Kombination IF..THEN.. ELSEIF..THEN.. ELSE.. END IF verwendet werden.

Beispiel

```
IF a<10 THEN PRINT "a kleiner 10" ELSE PRINT "a größer oder
                    gleich 10"
```

IF..THEN..ELSEIF..THEN..ELSE..END IF

Bedingte Verzweigung

Syntax

IF <Bedingung> THEN
[<Anweisung1>[...]]
[ELSEIF <Bedingung> THEN
[<Anweisung2>[...]][...]]]
[ELSE
[<Anweisung3>[...]]]
ENDIF

Beschreibung

Die IF-Abfrage dient zum Ausführen von Anweisungen aufgrund einer **<Bedingung>**. Die **<Anweisung1>** hinter **THEN** wird nur ausgeführt, wenn die **<Bedingung>** logisch wahr ist. Ist diese falsch, werden nacheinander die **ELSEIF**-Bedingungen getestet, bis eine **<Bedingung>** erfüllt ist. Dann werden die **<Anweisungen2>** ausgeführt.

Sind alle **ELSEIF**-Bedingungen logisch falsch, so werden die **<Anweisungen3>** hinter **ELSE** ausgeführt. Die gesamte Abfrage wird mit **ENDIF** abgeschlossen.

Anmerkungen

Der **ELSE**-Zweig sowie die **ELSEIF**-Zweige sind optional und können weggelassen werden. Dann wird bei Nichtzutreffen der Bedingung mit dem nächsten Befehl hinter **ENDIF** fortgefahren.

Die Abfragen können über mehr als eine Zeile geschrieben werden.

Beispiel

```
IF a<10 THEN
  PRINT "a ist kleiner als 10"
ELSEIF a>10 THEN
  PRINT "a ist größer als 10"
ELSE
  PRINT "a ist gleich 10"
ENDIF
```

IMP Logikoperator

Syntax **<Variablenname>=<Ausdr1> IMP <Ausdr2>**

Beschreibung Die Funktion liefert das Ergebnis durch bitweises Verknüpfen der Parameter. Dabei wird das Zielbit nur gelöscht, wenn das zugehörige Bit in **<Ausdr1>** gesetzt und in **<Ausdr2>** gelöscht ist (IMPlikation).

Wahrheitstabelle

Ausdr1	Ausdr2	Ergebnis
0	0	1
0	1	1
1	0	0
1	1	1

INKEY$ Zeichen einlesen

Syntax **<Stringvariable>=INKEY$**

Beschreibung Diese Funktion liefert den ASCII-Wert der zuletzt betätigten Taste zurück. Bei Sondertasten, die keinen ASCII-Wert haben, wird ein zwei Byte großer String zurückgeliefert. Das erste Byte ist dann Null, das zweite Byte enthält den Wert des erweiterten Tastaturcodes (Tabelle in Kapitel 11.3).

Beispiel

```
a$=INKEY$
```

INP

Schnittstelle lesen

Syntax **<Variablenname>=INP(<Portadresse>)**

Beschreibung Aus dem angegebenen Port wird ein Byte gelesen. Hierzu muß die Adresse des Ports mit **<Portadresse>** angegeben werden.

INPUT

Zeichen einlesen

Syntax **INPUT [;]["Kommentar",|;]<Variablenname>[,...]**

Beschreibung Dieser Befehl dient zum Einlesen von Daten über die Tastatur. Wenn hinter **INPUT** ein Semikolon **[;]** folgt, so wird nach Abschluß der Eingabe mit `Return` oder `Enter` kein Zeilenvorschub ausgelöst. Mit **<Kommentar>** kann zusätzlich ein Text ausgegeben werden. Das folgende Komma **[,]** oder Semikolon **[;]** dient zur Trennung der Variablen voneinander.

Anmerkungen Der **<Kommentar>** kann nicht mittels einer Variablen angegeben werden. Bei der Verwendung von Kommata wird das Fragezeichen unterdrückt. Sollen mehrere Variablen mit einem INPUT-Befehl eingelesen werden, so sind diese durch Kommata zu trennen. Bei der Eingabe sind die einzelnen Daten dann auch durch Kommata zu trennen. Mit dem INPUT-Befehl können keine Anführungszeichen und Kommata eingelesen werden.

Beispiel

```
INPUT "Geben Sie vier Zahlen ein ",zahl1,zahl2,zahl3
PRINT "Die Summe beträgt: ";zahl1+zahl2+zahl3
```

INPUT$

Zeichen einlesen

Syntax <Stringvariable>=INPUT$(<Anzahl>,[#<Dateinummer>])

Beschreibung Diese Funktion dient zum Einlesen von **<Anzahl>**-Zeichen von der Tastatur oder aus einer geöffneten Datei. Zum Lesen aus einer Datei muß die beim Öffnen festgelegte **<Dateinummer>** angegeben werden.

Beispiel

```
a$=INPUT$ (64,#1)
```

INPUT#

Daten lesen

Syntax **INPUT#<Dateinummer>,<Variablenname>[,...]**

Beschreibung Der INPUT#-Befehl dient zum Einlesen von Daten aus einer bereits geöffneten Datei. Diese Daten müssen jeweils durch die Steuerzeichen Carriage Return (13) und Line Feed (10), Anführungszeichen oder Kommata getrennt sein. Dies ist z.B. beim Schreiben von Daten mit PRINT# der Fall. Mit **#<Dateinummer>** wird die beim Öffnen der Datei festgelegte Dateinummer angegeben.

Anmerkungen Datensätze, die Kommata enthalten, können mit dem LINE INPUT#-Befehl vollständig eingelesen werden.

Beim Einlesen von numerischen Daten wird beim ersten nichtnumerischen Zeichen abgebrochen. Dies gilt auch für führende Leerzeichen.

Beispiel

```
INPUT#1,a$,b$,c%
```

INSTR

Zeichenkette suchen

Syntax **<Variable>=INSTR([Start,]<Quellstring>,<Suchstring>)**

Beschreibung Es wird die Position des **<Suchstrings>** im **<Quellstring>** ermittelt. Es kann optional angegeben werden, an welcher Stelle die Suche begonnen werden soll. Als Ergebnis wird die Position, an der der **<Suchstring>** zum ersten Mal vollständig gefunden wurde, oder eine Null, falls der **<Suchstring>** nicht im **<Quellstring>** vorkommt, übergeben.

Beispiel

```
a=INSTR(5,b$,c$)
```

INT

Mathematische Funktion

Syntax **<Variablenname>=INT(<Ausdruck>)**

Beschreibung Die Funktion ermittelt die nächste ganze Zahl, die kleiner oder gleich **<Ausdruck>** ist.

Anmerkungen Bei positiven Zahlen entspricht das Ergebnis dem Vorkommateil, bei negativen Zahlen dem Vorkommateil minus Eins.

Für **<Ausdruck>** kann jeder Ausdruck stehen, der ein numerisches Ergebnis liefert.

Beispiele

```
a%=INT(5.5)           Ergebnis:  5
b%=INT(-2.2)                    -3
```

IOCTL

Treiber initialisieren

Syntax

IOCTL [#]<Dateinummer>,<Kontrollstring>

Beschreibung

Dieser Befehl erlaubt das Senden eines Kontroll- bzw. Initialisierungsstrings an einen Gerätetreiber von MS-DOS. Bei IOCTL wird nach dem optionalen Nummernzeichen **[#]** die beim Öffnen festgelegte **<Dateinummer>** angegeben.

Anmerkungen

Der Treiber muß installiert sein und IOCTL-Strings akzeptieren.

Mit dem Befehl OPEN muß ein Kanal für diesen Gerätetreiber geöffnet werden.

Beispiel

```
IOCTL #1,a$
```

IOCTL$

Treiber lesen

Syntax

<Stringvariable>=IOCTL$([#]<Dateinummer>)

Beschreibung

Mit dieser Funktion kann die Antwort eines Gerätetreibers auf das Senden eines IOCTL-Strings ermittelt werden. Nach dem optionalen Nummernzeichen **[#]** wird die beim Öffnen des Kanals für den Gerätetreiber festgelegte **<Dateinummer>** angegeben.

Anmerkung

Der Inhalt des Strings hängt vom Treiberprogramm ab.

Beispiel

```
a$=IOCTL$(#1)
```

KEY

Funktionstasten belegen

Syntax

KEY <Funktionstastennummer>,<Text>

Beschreibung

Der Befehl dient zur Belegung von Funktionstasten. Mit **<Funktionstastennummer>** wird die Funktionstaste festgelegt.

Anmerkungen

Die normalen Funktionstasten [F1] bis [F10] haben die Werte 1 bis 10.

Die erweiterten Tasten [F11] und [F12] werden unter den Nummern 30 und 31 angesprochen.

Als **<Text>** kann jeder beliebige String oder auch eine Stringvariable angegeben werden.

Sollen Befehle direkt ausgeführt werden, so muß der String mit CHR$(13) beendet werden (ASCII-Zeichen für [Return]).

Beispiel

```
KEY 3,"RUN"+CHR$(13)
```

KEY

Interrupt-Tasten definieren

Syntax

KEY <Tastennummer>,CHR$(<Umschaltung>)+CHR$(<Scancode>)

Beschreibung

Dieser Befehl dient zur Definition von Tasten für die Interrupt-Verarbeitung mit ON KEY. Es stehen 15 Definitionsmöglichkeiten zur Verfügung, wobei die Werte 15 bis 29 für **<Tastennummer>** angegeben werden können. Der ON-KEY-(x)-GOSUB-Befehl trägt dann dieselbe **<Tastennummer>**. Durch **<Umschaltung>** wird festgelegt, mit welchen Sondertasten die gewünschte Taste zusammen betätigt werden muß. Hierfür sind folgende Werte möglich:

1 - 3	Rechte, linke oder beide [Umschalt]-Tasten gleichzeitig betätigt. BASIC unterscheidet die beiden [Umschalt]-Tasten nicht, so daß alle drei Werte identisch behandelt werden.
4	[Strg] gleichzeitig betätigt
8	[Alt] gleichzeitig betätigt
32	[NumLock] eingerastet
64	[CapsLock] eingerastet
128	Zusätzliche Tasten der erweiterten Tastatur betätigt. Mit <Scancode> wird die zu betätigende Taste festgelegt.

Anmerkungen

Die einzelnen Sondertasten können auch miteinander kombiniert werden, indem einfach die Werte addiert werden.

Beispiel

```
KEY 15,CHR$(2)+CHR$(22)
```

KEY

Interrupt einbinden

Syntax **KEY(<Tastennummer>) ON|OFF|STOP**

Beschreibung Mit diesem Befehl wird der ON KEY-Interrupt eingeschaltet, ausgeschaltet oder unterbrochen. Durch **<Tastennummer>** wird die Taste spezifiziert.

Anmerkungen Mit **KEY(<Tastennummer>) ON** wird der Interrupt eingeschaltet. Mit **KEY(<Tastennummer>) OFF** wird der Interrupt ausgeschaltet. Eventuell betätigte Tasten lösen dann kein Ereignis aus.

KEY(<Tastennummer>) STOP unterbindet den Interrupt, merkt sich im Gegensatz zu **OFF** jedoch, ob eine Taste gedrückt wurde. Nach dem Befehl **KEY(<Tastennummer>) ON** wird der Interrupt wieder aufgenommen.

Sollte während **STOP** ein Zeichen angekommen sein, so wird direkt nach **ON** das Unterprogramm ausgeführt. Innerhalb des Unterprogramms setzt BASIC automatisch **KEY(<Tastennummer>) STOP**, um Probleme zu vermeiden. Nach Ablauf des Unterprogramms wird automatisch **KEY (<Tastennummer>) ON** gegeben.

KEY (ON|OFF)

Funktionstasten anzeigen

Syntax **KEY (ON|OFF)**

Beschreibung Dieser Befehl schaltet die Funktionstasten-Anzeige in der untersten Bildschirmzeile ein **(ON)** oder aus **(OFF)**.

KEY LIST

Funktionstasten auflisten

Syntax **KEY LIST**

Beschreibung Die momentane Funktionstastenbelegung wird angezeigt.

KILL

Datei löschen

Syntax **KILL "<Dateiname>"**

Beschreibung Der Befehl KILL löscht die angegebene Datei vom Datenträger.

Anmerkung Die Angabe des **<Dateinamens>** erfolgt nach MS-DOS-Konventionen und enthält gegebenenfalls die Laufwerks- und Pfadangabe.

Beispiel

```
KILL "c:\temp.bas"
```

LBOUND

Indizierung ermitteln

Syntax **LBOUND(<Variable>[,<Dimension>])**

Beschreibung Diese Funktion liefert als Ergebnis die kleinstmögliche Indizierung der angegebenen **<Variablen>**. Bei mehrdimensionalen Feldern kann mit **<Dimension>** die gewünschte Dimension angegeben werden, für die die kleinste Indizierung ermittelt werden soll.

Beispiel

```
PRINT LBOUND(Name$)
PRINT LBOUND(a%,2)
```

LCASE$

Konvertier-Funktion

Syntax **<Stringvariable>=LCASE$(<String>)**

Beschreibung Die Funktion liefert als Ergebnis den **<String>** in Kleinbuchstaben zurück.

Anmerkung Umlaute werden nicht berücksichtigt.

Beispiel

```
a$=LCASE$("klein")
```

LEFT$ — Zeichenketten-Funktion

Syntax **<Stringvariable>=LEFT$(<Quellstring>,<Anzahl>)**

Beschreibung Die Funktion liefert die ersten (linken) **<Anzahl>**-Zeichen vom **<Quellstring>** zurück.

Beispiel

```
vorname$=LEFT$("Susanne Zoller",7)
```

LEN — Zeichenkettenlänge ermitteln

Syntax **<Variablenname>=LEN(<Stringvariable>)**

Beschreibung Die Funktion liefert die Länge einer Textkonstanten, einer Stringvariablen oder eines Stringausdrucks.

Beispiele

```
a=LEN("Zeichenkette")
b=LEN(c$+".txt")
```

LET

Werte zuweisen

Syntax

[LET] <Variablenname>=<Wert>

Beschreibung

Der Befehl dient dem Zuweisen von Werten an Variablen. Das Befehlswort **LET** kann auch weggelassen werden.

Beispiele

```
A$="TEST"
LET Name$="Iris Schepers"
```

LINE

Grafik zeichnen

Syntax

**LINE [STEP][(<X1>,<Y1>)]-[STEP](<X2>,<Y2>)
[,[<Farbe>][,[B[F]][,<Raster>]]]**

Beschreibung

Dieser Befehl dient dem Zeichnen von Linien und Rechtecken. Mit den Koordinaten **<X1>** und **<Y1>** wird der erste Punkt der Linie bzw. die linke untere Ecke des Rechtecks, mit **<X2>** und **<Y2>** der zweite Punkt der Linie bzw. die rechte obere Ecke des Rechtecks angegeben.

Ohne das Schlüsselwort **STEP** werden die Koordinaten absolut, mit **STEP** als relative Koordinaten zur letzten benutzten Position des Bildschirmes angesehen. Mit **<Farbe>** kann die Zeichenfarbe mit Werten von Null bis 3 festgelegt werden. Mit dem Schlüsselwort **B** wird festgelegt, daß ein Rechteck (Box) gezeichnet werden soll. Folgt diesem **B** ein **F**, so wird dieses Rechteck zusätzlich noch ausgefüllt. Mit **<Raster>** kann die Linienart angegeben werden.

Anmerkung

Mit **<Raster>** kann ein 16-Bit-Wert angegeben werden, wobei nur jedes gesetzte Bit gezeichnet wird.

Beispiel

```
LINE (50,50)-(150,150),,BF,&HAAAA
```

LINE INPUT

Zeichen lesen

Syntax

LINE INPUT [;]["Kommentar",|;]<Variablenname>

Beschreibung

Der Befehl dient dem Einlesen von Daten über die Tastatur. Wenn hinter LINE INPUT direkt ein Semikolon folgt, wird nach Abschluß der Eingabe mit Return oder Enter kein Zeilenvorschub ausgelöst. Mit **Kommentar** kann zusätzlich ein Text ausgegeben werden. Das folgende Komma **[,]** oder Semikolon **[;]** dient zur Trennung der Variablen.

Anmerkungen

Der **Kommentar** kann nicht mittels einer Variablen angegeben werden.

Bei Verwendung eines Kommas wird das Fragezeichen unterdrückt.

Im Gegensatz zum INPUT-Befehl werden auch Anführungszeichen und Kommata eingelesen.

Es kann jeweils nur eine Variable eingelesen werden.

Beispiel

```
LINE INPUT "Geben Sie den Satz ein:",Satz$
```

LINE INPUT# — Daten einlesen

Syntax **LINE INPUT #<Dateinummer>,<Stringvariable>**

Beschreibung Mit diesem Befehl können aus einer bereits geöffneten Datei Daten inclusive Trennzeichen gelesen werden. Mit **#<Dateinummer>** wird die beim Öffnen der Datei festgelegte Dateinummer angegeben. LINE INPUT# liest die Zeichen solange ein, bis entweder die Steuerzeichen Carriage Return (13) und Line Feed (10) auftreten oder die Anzahl der eingelesenen Zeichen 255 beträgt.

Beispiel

```
LINE INPUT #1,a$
```

LOC — Datenzeigerposition ermitteln

Syntax **<Variablenname>=LOC(<Dateinummer>)**

Beschreibung Diese Funktion ermittelt die augenblickliche Position des Dateizeigers innerhalb der bereits geöffneten Datei. Mit **<Dateinummer>** wird die beim Öffnen der Datei festgelegte Dateinummer angegeben.

Anmerkungen Bei sequentiellen Dateien liefert die Funktion die Anzahl der 128-Byte-Blöcke vom Anfang der Datei bis zur aktuellen Position.

Bei RANDOM-Dateien wird die aktuelle Datensatznummer ermittelt.

Bei BINARY-Dateien wird die tatsächliche Byteposition ab Anfang der Datei ausgegeben.

Beispiel

```
a=LOC(1)
```

LOCATE

Cursor positionieren

Syntax

LOCATE [<Zeile>][,[<Spalte>][,[<Flag>][,[<Startzeile>] [,<Endzeile]]]]

Beschreibung

Mit diesem Befehl wird der Cursor positioniert. Mit **<Zeile>** wird die Zeile (1-25 bzw. 43 oder 50 bei EGA- oder VGA-Einsatz) und mit **<Spalte>** die Spalte (1-80) angegeben. Mit dem **<Flag>** wird angegeben, ob der Cursor aus- (Flag=0) oder eingeschaltet (Flag=1) werden soll. Mit **<Startzeile>** und **<Endzeile>** kann die Höhe des Cursors bestimmt werden.

Anmerkungen

Die Spaltenbreite kann mit dem WIDTH-Befehl auf kleinere Grenzen (z.B. 40) eingestellt werden.

Bei der Angabe der Cursorhöhe sind Werte von Null bis 31 möglich.

Die Höhe des Cursors sollte nicht größer als ein Buchstabe sein und beträgt daher bei CGA und EGA-Karten Null bis 7 und bei Monochrom-Karten Null bis 15.

Beispiel

```
LOCATE 10,12,1
```

LOCK

Dateizugriff festlegen

Syntax

LOCK [#]<Dateinummer>[,<Startnummer>] [TO <Endnummer>]]

Beschreibung

Bei Benutzung einer Datei in einem Netzwerk oder einem Mehrplatzsystem kann ein gleichzeitiger Zugriff auf Daten von mehreren Benutzern zu Komplikationen führen. Daher kann mit LOCK der Zugriff auf bestimmte Datensätze einer Datei gesperrt werden. Nach dem optionalen Nummernzeichen **[#]** wird die **<Dateinummer>** übergeben, die beim Öffnen der Datei festgelegt wurde. Es werden die von **<Startnummer>** bis **<Endnummer>** angegebenen Datensätze geschützt.

Anmerkungen

Ohne Angabe von **<Startnummer>** und **<Endnummer>** werden alle Datensätze der Datei gegen gleichzeitigen Zugriff geschützt.

Die Angabe von **<Startnummer>** und **<Endnummer>** ist nur bei RANDOM-Dateien möglich.

Bei sequentiellen Dateien wird immer die gesamte Datei geschützt.

Beispiel

```
LOCK #1,10 TO 20
```

LOF

Dateilänge ermitteln

Syntax **<Variablenname>=LOF(<Dateinummer>)**

Beschreibung Diese Funktion ermittelt die Länge einer bereits geöffneten Datei in Byte. Mit **<Dateinummer>** muß die beim Öffnen festgelegte Dateinummer angegeben werden.

Beispiel

```
a=LOF(1)
```

LOG

Mathematische Funktion

Syntax **<Variablenname>=LOG(<Ausdruck>)**

Beschreibung Die Funktion liefert den natürlichen Logarithmus von **<Ausdruck>** in einfacher Genauigkeit zurück.

Anmerkung Für **<Ausdruck>** kann jeder Ausdruck stehen, der ein numerisches Ergebnis liefert.

Beispiele

```
a=LOG(1.2)
b=LOG(c+d)
```

LPOS

Zeigerposition ermitteln

Syntax

<Variablenname>=LPOS(<Schnittstellennummer>)

Beschreibung

Die Funktion LPOS ermittelt die augenblickliche Position des Zeigers auf den Druckerpuffer, was der x-Position entspricht.

Anmerkungen

Für **<Schnittstellennummer>** können je nach Hardware-Konfiguration die Werte 1 bis 3 (LPT1: - LPT3:) eingesetzt werden.

Beispiel

```
a=LPOS(1)
```

LPRINT

Druckerausgabe

Syntax

LPRINT [<Ausdruck>[...]][;|,]

Beschreibung

Dieser Befehl dient zur Ausgabe von beliebigen Daten auf einem Drucker, der an der parallelen Schnittstelle angeschlossen ist. Ein abschließendes Komma **[,]** oder Semikolon **[;]** verhindert einen Zeilenvorschub.

Anmerkungen

Für **<Ausdruck>** können beliebige Konstanten, Variablen oder Berechnungen angegeben werden.

Wird LPRINT ohne weitere Angaben aufgerufen, dann wird der Cursor automatisch an den Anfang der nächsten Zeile gesetzt (Leerzeile).

Ohne die Zeichen Komma **[,]** oder Semikolon **[;]** wird der Cursor nach der Ausgabe automatisch an den Anfang der nächsten Zeile gesetzt.

Eine weitere Ausgabe mit LPRINT wird bei einem Semikolon **[;]** direkt hinter der letzten Ausgabe ausgegeben, bei einem Komma **[,]** am nächsten Tabulatorstopp (alle 8 Zeichen).

Nach dem Komma **[,]** bzw. Semikolon **[;]** können beliebig viele Ausdrücke folgen, die jeweils durch Komma oder Semikolon getrennt werden.

Sollte eine Ausgabe über den rechten Rand hinausgehen, so wird in der nächsten Zeile weitergeschrieben.

Beispiele

```
LPRINT
LPRINT a$+".txt",
LPRINT a$;".txt",
```

LPRINT USING

Formatierte Druckerausgabe

Syntax

LPRINT USING "<Maske>";<Ausdruck>[,|;[...]]

Beschreibung

Dieser Befehl dient zur formatierten Ausgabe von beliebigen Daten auf einem an der parallelen Schnittstelle angeschlossenen Drucker. Er unterscheidet sich nur wenig vom LPRINT-Befehl. Neu ist die Angabe einer **<Maske>**, die das Aussehen der Ausgabe bestimmt. Hiermit sind z.B. leicht Ausgaben in Tabellen möglich. Dabei gibt es folgende Möglichkeiten:

"#####"

Ausgabe von ganzzahligen Werten. Jedes Nummernzeichen steht für eine Stelle des Zeichens. Das vordere Nummernzeichen steht für das Vorzeichen. Kleinere Zahlen werden rechtsbündig ausgegeben. Nachkommastellen werden kaufmännisch gerundet.

"###.##"

Ausgabe von Fließpunktzahlen. Die Anzahl der Nummernzeichen minus eins vor dem Punkt ergibt die Anzahl der Vorkommastellen, die Anzahl nach dem Punkt die Nachkommastellen. Auch hier ist wieder das erste Nummernzeichen für ein Vorzeichen reserviert. Zu viele Nachkommastellen werden kaufmännisch gerundet. Die Zahlen werden kommarichtig ausgegeben.

"+###.##"

Mit dem führenden Pluszeichen wird die Ausgabe des Vorzeichens auch bei positiven Zahlen erzwungen.

"###.##-" oder "###.##+"

Die Ausgabe des Vorzeichens erfolgt nach Ausgabe der Zahl. Bei einem Minuszeichen wird das Vorzeichen nur bei negativen, bei einem Pluszeichen bei allen Zahlen mit ausgegeben.

"###.##^^^^"

Die Ausgabe von Zahlen wird in Exponentialschreibweise vorgenommen. Das erste ^-Zeichen steht für den Buchstaben E, das zweite für das Vorzeichen, die beiden weiteren stehen für zwei Stellen des Exponenten. Die Exponentialdarstellung wird bei besonders großen oder kleinen Zahlen notwendig.

"#####,.##"

Diese Maske dient zur formatierten Ausgabe von großen Zahlen. Jede Tausenderkolonne wird durch Kommata getrennt. Leider wird dies genau umgekehrt zur deutschen Schreibweise durchgefürht, also Nachkommapunkt und Trennungskomma (3,123.45 entsprechen im deutschen 3.123,45).

"**###.##"

Zur formatierten Ausgabe von Zahlen wurden bei den o.g. Masken nicht benötigte Stellen von links an mit Leerzeichen aufgefüllt. Bei dieser Maske werden nicht benötigte führende Stellen als Sternchen ausgegeben. Dies kann z.B. bei Bankgeschäften zur Verhinderung späterer Änderungen auf Ausdrucken nützlich sein.

"$$###.##"

Vor der Zahl wird ein Dollarzeichen ausgegeben. Die Exponentialdarstellung ist hierbei nicht möglich. Sollen das Dollarzeichen und führende Leerzeichen als Sternchen ausgegeben werden, so entfällt ein $ ("**$###.##").

"\ \"

Diese Maske dient zur Ausgabe von Textkonstanten oder Stringvariablen. Die Anzahl der auszugebenen Zeichen wird durch die Anzahl der Zeichen zwischen den Anführungszeichen festgelegt. Dabei zählen die Backslashes jeweils mit. Der kleinste String ist damit zwei Zeichen groß. Die Ausgabe erfolgt linksbündig.

"!"

Es wird nur das erste Zeichen der Textkonstanten oder Stringvariablen ausgegeben.

"&"

Die Zeichenkette oder Stringvariable wird unformatiert vollständig ausgegeben.

"<Text> ###.## **<Text>"**

Neben den Steuerzeichen können beliebige Texte an den Stellen <Text> eingefügt werden, die dann unverändert ausgegeben werden. Hiermit kann z.B. ein führendes DM statt dem automatischen $ ausgegeben werden. Dann würde die Maske "DM ###.##" lauten.

"_"

Damit auch Zeichen ausgegeben werden können, die normalerweise innerhalb der Maske als Steuerzeichen gewertet werden, ist als Escape-Zeichen der Unterstrich vorgesehen. Das folgende Zeichen wird unverändert ausgegeben (z.B. _&).

Anmerkungen

Für **<Ausdruck>** können beliebige Konstanten, Variablen oder Berechnungen angegeben werden. Ohne die Zeichen Komma **[,]** oder Semikolon **[;]** wird der Cursor nach der Ausgabe automatisch an den Anfang der nächsten Zeile gesetzt. Eine weitere Ausgabe mit LPRINT wird bei einem Semikolon **[;]** direkt hinter der letzten Ausgabe ausgegeben, bei einem Komma **[,]** am nächsten Tabulatorstopp (alle 8 Zeichen). Nach dem Komma **[,]** bzw. Semikolon **[;]** können beliebig viele Ausdrücke folgen, die jeweils durch Komma oder Semikolon getrennt werden. Mehrere Ausgaben innerhalb einer LPRINT-USING-Anweisung werden durch Semikolon getrennt.

Beispiele

```
LPRINT USING "Eine & Ausgabe";"formatierte"
LPRINT USING "####.###";1234.567
```

LSET

Daten formatieren

Syntax

LSET <Datenfeldvariable>=<Stringvariable>

Beschreibung

Mit LSET wird der Inhalt der **<Stringvariablen>** an eine **<Datenfeldvariable>** zum Schreiben mit PUT linksbündig zugewiesen.

Anmerkung

Der Befehl kann auch bei normalen Stringvariablen zur Formatierung eingesetzt werden.

Beispiele

```
LSET name$="Schmitt"
LSET a$=b$
```

LTRIM$

String-Funktion

Syntax

<Stringvariable>=LTRIM$(<String>)

Beschreibung

Diese Funktion liefert als Ergebnis eine Kopie von **<String>** zurück, wobei führende Leerzeichen entfernt werden. Man erhält somit eine linksbündige Zeichenkette.

Beispiel

```
a$=LTRIM$("   linksbündig   ")
```

MID$

String-Funktion

Syntax

<Stringvariable>=MID$(<Quellstring>,<Start> [,<Anzahl>)

MID$(<Zielstring>,<Start>[,<Anzahl>])=<Quellstring>

Beschreibung

Die Funktion liefert einen Teilstring des **<Quellstrings>** ab dem Zeichen an der Position **<Start>** zurück.

Mit **<Anzahl>** wird die Länge des Ergebnisstrings festgelegt. Mit der zweiten Form kann ein beliebiger Teil eines Strings verändert werden.

Ab **<Start>** wird dann im **<Zielstring>** der **<Quellstring>** mit einer Länge **<Anzahl>** abgelegt.

Anmerkung

Ohne die **<Anzahl>**-Angabe wird der gesamte String ab **<Start>** geliefert.

Beispiel

```
A$=MID$("Dies ist ein Test",6,3)
```

```
Text$="Dies ist ein Test"
MID$(Text$,6,3)="war"
```

MKD$ — Konvertier-Funktion

Syntax **<Stringvariable>=MKD$(<Ausdruck>)**

Beschreibung Die Funktion MKD$ dient zum Wandeln eines Fließpunktwertes mit doppelter Genauigkeit in einen acht Byte langen String.

Anmerkungen Der komprimierte String kann in einer RANDOM-Datei abgespeichert und später mit CVD wieder zurückgewandelt werden.

Für **<Ausdruck>** kann jeder numerische Ausdruck eingesetzt werden, der als Ergebnis einen Fließpunktwert mit doppelter Genauigkeit liefert.

Beispiel

```
a$=MKD$(b#)
```

MKDIR

Unterverzeichnis erstellen

Syntax

MKDIR <"Verzeichnisname">

Beschreibung

Dieser Befehl erzeugt, wie unter MS-DOS, ein neues Unterverzeichnis mit dem Namen **<"Verzeichnisname">**.

Anmerkungen

Der **<"Verzeichnisname">** muß entweder in Anführungszeichen stehen oder als Stringvariable übergeben werden.

Stringfunktionen sind innerhalb des Befehls nicht erlaubt.

Beispiel

```
MKDIR "c:\temp"
```

MKDMBF$

Konvertier-Funktion

Syntax

<Stringvariable>=MKDMBF$(<Ausdruck>)

Beschreibung

Die Funktion wandelt einen Fließpunktwert doppelter Genauigkeit vom IEEE-Format in das Microsoft-Binary-Format um.

Anmerkungen

Das Ergebnis ist ein String, der zur Speicherung in RANDOM-Dateien benutzt werden kann.

Für **<Ausdruck>** kann jeder numerische Ausdruck eingesetzt werden, der als Ergebnis einen Fließpunktwert mit doppelter Genauigkeit liefert.

Die umgekehrte Wandlung wird mit CVDMBF vorgenommen.

Die Funktion ist aus Kompatiblitätsgründen zu anderen BASIC-Dialekten implementiert.

Beispiel

```
a$=MKDMBF$(b#)
```

MKI$ — Konvertier-Funktion

Syntax

<Stringvariable>=MKI$(<Ausdruck>)

Beschreibung

Die Funktion MKI$ dient zum Wandeln eines Integerwertes in einen zwei Byte langen String.

Anmerkungen

Der komprimierte String kann in einer RANDOM-Datei abgespeichert und später mit CVI wieder zurückgewandelt werden.

Für **<Ausdruck>** kann jeder numerische Ausdruck eingesetzt werden, der als Ergebnis einen Integerwert liefert.

Beispiel

```
a$=MKI$(b%)
```

MKL$

Konvertier-Funktion

Syntax

<Stringvariable>=MKL$(<Ausdruck>)

Beschreibung

Die Funktion MKL$ dient zum Wandeln eines numerischen Wertes vom Typ LONG in einen vier Byte langen String.

Anmerkungen

Der komprimierte String kann in einer RANDOM-Datei abgespeichert und später mit CVL wieder zurückgewandelt werden.

Für **<Ausdruck>** kann jeder numerische Ausdruck eingesetzt werden, der als Ergebnis einen Wert vom Datentyp LONG liefert.

Beispiel

```
a$=MKL$(b&)
```

MKS$

Konvertier-Funktion

Syntax

<Stringvariable>=MKS$(<Ausdruck>)

Beschreibung

Die Funktion MKS$ wandelt einen Fließpunktwert mit einfacher Genauigkeit in einen vier Byte langen String um.

Anmerkungen

Der komprimierte String kann in einer RANDOM-Datei abgespeichert und später mit CVS wieder zurückgewandelt werden.

Für **<Ausdruck>** kann jeder numerische Ausdruck eingesetzt werden, der als Ergebnis einen Fließpunktwert mit einfacher Genauigkeit liefert.

Beispiel

```
a$=MKS$(b!)
```

MKSMBF$

Konvertier-Funktion

Syntax

<Stringvariable>=MKSMBF$(<Ausdruck>)

Beschreibung

Die Funktion wandelt einen Fließpunktwert einfacher Genauigkeit vom IEEE-Format in das Microsoft-Binary-Format um.

Anmerkungen

Das Ergebnis kann zur Speicherung in RANDOM-Dateien benutzt werden kann.

Die umgekehrte Wandlung wird mit CVSMBF vorgenommen.

Für **<Ausdruck>** kann jeder numerische Ausdruck eingesetzt werden, der als Ergebnis einen Fließpunktwert mit einfacher Genauigkeit liefert.

Die Funktion ist aus Kompatiblitätsgründen zu anderen BASIC-Dialekten implementiert.

Beispiel

```
a$=MKSMBF$(b!)
```

MOD

Mathematische Funktion

Syntax

<Variablenname>=<Ausdr1> MOD <Ausdr2>

Beschreibung

Dieser Operator liefert als Ergebnis den Rest der Integerdivision.

Beispiele

```
a=10 MOD 4 Ergebnis: 2
b=c% MOD 5
```

NAME

Datei umbenennen

Syntax

NAME <Dateiname_alt> AS <Dateiname_neu>

Beschreibung

Dieser Befehl dient zum Umbenennen von Dateien oder Verzeichnissen auf einem Datenträger. Mit **<Dateiname_alt>** wird der bisherige, mit **<Dateiname_neu>** der gewünschte neue Name der Datei angegeben.

Anmerkung

Die Angaben werden nach MS-DOS-Konventionen erwartet und enthalten gegebenenfalls die Laufwerksangabe und den vollständigen Pfadnamen.

Beispiel

```
NAME "c:\temp.bas" AS "c:\programm.bas"
```

NOT

Logikoperator

Syntax

<Variablenname>=NOT<Ausdr>
IF NOT<Ausdr> THEN

Beschreibung

Die Funktion liefert die bitweise Umkehr von **<Ausdr>**. Das Bit im Ergebnis ist gesetzt, wenn es in **<Ausdr>** nicht gesetzt war und umgekehrt.

Wahrheitstabelle

Ausdr	Ergebnis
0	1
1	0
1	0

Anmerkung

NOT kann auch in Vergleichen (z.B. in einer IF-Abfrage) zur Umkehr von logischen Aussagen eingesetzt werden.

Beispiel

```
IF NOT EOF THEN ...
```

OCT$

Konvertier-Funktion

Syntax

<Stringvariable>=OCT$(<Wert>)

Beschreibung

Die Funktion wandelt den angegebenen **<Wert>** in die oktale Schreibweise um.

Anmerkungen

Das Ergebnis wird als String zurückgeliefert.

Die größtmögliche Zahl ist 65.535.

Beispiel

```
a$=OCT$(10)
```

ON COM..GOSUB

Unterprogramm aufrufen

Syntax

ON COM(<Nummer>) GOSUB <Zeilennummer>|<Label>

Beschreibung

Die serielle Schnittstelle kann im Interrupt automatisch abgefragt werden. Mit dem Befehl ON COM .. GOSUB kann ein Unterprogramm angesprungen werden, sobald ein Zeichen empfangen wurde. Mit **<Nummer>** wird die Nummer der seriellen Schnittstelle angegeben. Der Sprung kann zu einer **<Zeilennummer>** oder einem **<Label>** erfolgen.

Anmerkungen

Das Unterprogramm muß mit RETURN enden. Nach Beendigung des Unterprogramms wird der normale Programmablauf fortgeführt.

Während der Ausführung des Unterprogramms werden weitere Aufrufe zunächst nicht beachtet. Eine Anforderung wird jedoch zwischengespeichert und nach Ablauf des Unterprogramms bearbeitet.

Beispiele

```
ON COM(1) GOSUB 1000
ON COM(2) GOSUB unterprogramm
```

ON ERROR GOTO

Unterprogramm aufrufen

Syntax

ON ERROR GOTO <Zeilennummer>|<Label>

Beschreibung

Dieser Befehl dient zum Abfangen von Fehlermeldungen. Sobald ein Fehler auftritt, wird an die angegebene **<Zeilennummer>** bzw. an das **<Label>** gesprungen.

Anmerkungen

Nach der Behandlung kann das Programm mit RESUME bzw. RESUME NEXT fortgeführt werden.

Mit ON ERROR GOTO 0 wird die eigene Fehlerbehandlung ausgeschaltet und die Fehlermeldungen werden wieder ausgegeben.

Beispiele

```
ON ERROR GOTO 1000
ON ERROR GOTO unterprogramm
```

ON..GOSUB

Unterprogramm aufrufen

Syntax **ON <Ausdruck> GOSUB <Zeile1>|<Label1>[,...]**

Beschreibung Dieser Befehl dient zum bedingten Sprung in ein Unterprogramm in Abhängigkeit von **<Ausdruck>**.

Anmerkungen Für **<Ausdruck>** kann jeder beliebige Ausdruck eingesetzt werden, der ein numerisches Ergebnis liefert.

Hat der Ausdruck den Wert 1, dann wird zu Zeile1/Label1, bei Wert 2 zu Zeile2/Label2 usw. gesprungen.

Ist der Ausdruck Null oder größer als die Anzahl der angegebenen Sprungziele, so wird der Befehl ignoriert und mit dem nachfolgenden Befehl fortgefahren.

Beispiele

```
ON a GOSUB 1000,2000,3000
ON b GOSUB lab1,lab2,lab3
```

ON..GOTO

Programmverzweigung

Syntax

ON <Ausdruck> GOTO <Zeile1>|<Label1>[,...]

Beschreibung

Dieser Befehl dient zum bedingten Sprung im Programm in Abhängigkeit von **<Ausdruck>**.

Anmerkungen

Für **<Ausdruck>** kann jeder beliebige Ausdruck eingesetzt werden, der ein numerisches Ergebnis liefert.

Hat der Ausdruck den Wert 1, dann wird zu Zeile1/ Label1, bei Wert 2 zu Zeile2/Label2 usw. gesprungen.

Ist der Ausdruck Null oder größer als die Anzahl der angegebenen Sprungziele, so wird der Befehl ignoriert und mit dem nachfolgenden Befehl fortgefahren.

Beispiele

```
ON a GOTO 1000,2000,3000
ON b GOTO lab1,lab2,lab3
```

ON KEY..GOSUB

Unterprogramm aufrufen

Syntax

ON KEY(<Tastennummer>) GOSUB <Zeilennummer>|<Label>

Beschreibung

Einige Funktions- und Steuertasten werden automatisch im Interrupt abgefragt. Mit dem Befehl ON KEY..GOSUB besteht die Möglichkeit, ein Unterprogramm aufzurufen, sobald die spezifizierte Taste betätigt wurde.

Anmerkungen

Die möglichen Zeichen haben den folgenden Code, der bei **<Tastennummer>** angegeben werden muß:

Taste	Code
[o]	11
[u]	14
[l]	12
[r]	13
[F1] bis [F10]	1-10
[F11] bis [F12]	30-31
Benutzerdefinierte Tasten	15-29

Die benutzerdefinierten Zeichen müssen zunächst mit KEY(n) definiert werden.

Innerhalb des Unterprogramms kann die Taste nicht mit INKEY$ ermittelt werden, da die Tastennummer verworfen wird.

Beispiele

```
ON KEY (5) GOSUB 1000
ON KEY (6) GOSUB unterprogramm
```

ON PEN GOSUB — Unterprogramm aufrufen

Syntax **ON PEN GOSUB <Zeilennummer>|<Label>**

Beschreibung Der Light-Pen kann innerhalb eines Interrupts überprüft werden. Wenn mit diesem Befehl ein Unterprogramm durch **<Zeilennummer>** oder **<Label>** angegeben ist, so wird dieses angesprungen, sobald der Taster des Light-Pens betätigt wird.

Beispiele

```
ON PEN GOSUB 1000
ON PEN GOSUB unterprogramm
```

ON PLAY..GOSUB — Unterprogramm aufrufen

Syntax **ON PLAY(<Anzahl>) GOSUB <Zeilennummer>|<Label>**

Beschreibung Dieser Befehl dient zur Kontrolle der im Hintergrund ablaufenden Musik. Mit **<Anzahl>** kann die Anzahl der Noten angegeben werden, die noch mindestens im PLAY-Puffer stehen müssen. Sobald diese Anzahl oder weniger Noten im Puffer stehen, wird das Unterprogramm, das durch Angabe der **<Zeilennummer>** oder eines **<Labels>** bestimmt wird, aufgerufen. Hier kann dann z.B. ein neuer PLAY-Befehl stehen, um fortlaufende Hintergrundmusik zu ermöglichen.

Beispiele

```
ON PLAY (20) GOSUB 1000
ON PLAY (20) GOSUB unterprogramm
```

ON STRIG..GOSUB

Unterprogramm aufrufen

Syntax

ON STRIG(<Modus>) GOSUB <Zeilennummer>|<Label>

Beschreibung

Der Zustand der Feuerknöpfe der Joysticks läßt sich innerhalb eines Interrupts ermitteln. Mit dem Befehl wird ein Unterprogramm installiert, das bei Auftreten eines solchen Ereignisses angesprungen wird. Mit **<Zeilennummer>** oder **<Label>** wird angegeben, wo das Unterprogramm beginnt. Mit **<Modus>** wird festgelegt, auf welche Joysticktaste reagiert werden soll. Dabei sind folgende Werte erlaubt:

0	Taste 1	Joystick 1
2	Taste 1	Joystick 2
4	Taste 2	Joystick 1
6	Taste 2	Joystick 2

Beispiele

```
ON STRIG (2) GOSUB 1000
ON STRIG (4) GOSUB unterprogramm
```

ON TIMER..GOSUB

Unterprogramm aufrufen

Syntax

**ON TIMER (<Sekunden>) GOSUB <Zeilennummer>|
<Label>**

Beschreibung

Dieser Befehl definiert einen Unterprogrammsprung bei Ablauf einer einstellbaren Zeit. Das Sprungziel kann entweder als **<Zeilennummer>** oder als **<Label>** angegeben werden.

Anmerkungen

Die Zeit wird als Integerwert in Sekunden angegeben.

Nachdem die Unterroutine mit <RETURN> abgeschlossen wurde, wird mit dem normalen Programmablauf fortgefahren.

Während des Unterprogrammablaufs sind keine weiteren Timer-Einsprünge möglich.

Beispiele

```
ON TIMER (20) GOSUB 1000
ON TIMER (40) GOSUB unterprogramm
```

OPEN

Datei öffnen

Syntax

**OPEN <Dateiname> FOR <Modus> [ACCESS<Zugriff-modus>]
[LOCK <Sperrmodus>] AS #<Dateinummer>
[LEN=<Satzlänge>]**

Beschreibung

Mit OPEN wird eine Datei geöffnet. **<Dateiname>** bestimmt den Namen der Datei nach MS-DOS-Konvention, gegebenenfalls mit Laufwerksangabe und vollem Pfad. Durch **<Modus>** nach dem Schlüsselwort **FOR** wird eingestellt, für welchen Zweck die Datei geöffnet werden soll. Dabei sind folgende Modi möglich:

INPUT

Die Datei wird zum Lesen geöffnet. Der Dateizeiger wird an den Anfang der Daten gesetzt, so daß das erste Zeichen gelesen werden kann.

OUTPUT

Die Datei wird zum Schreiben geöffnet. Existiert die angegebene Datei noch nicht, so wird sie angelegt, eine bestehende Datei wird gelöscht. Der Dateizeiger wird an den Anfang der Datei gesetzt, so daß das erste Zeichen geschrieben werden kann.

APPEND

Die Datei wird zum Schreiben geöffnet. Im Gegensatz zu OUTPUT werden die zu schreibenden Daten jedoch an die Datei angehängt. Dazu wird der Dateizeiger an das Ende der Datei, also hinter das letzte Zeichen, gesetzt. Existiert die angegebene Datei nicht, so wird sie angelegt.

RANDOM

Die Datei besteht aus Datensätzen mit fester Länge und wird für den Direktzugriff zum Lesen und Schreiben geöffnet. Der Dateizeiger wird an den Anfang der Datei gesetzt. Existiert die Datei nicht, so wird sie neu angelegt. Die Datensatzlänge muß nach LEN als **<Satzlänge>** angegeben werden.

BINARY

Eine Datei kann auch im Direktzugriff mit der Satzlänge 1 zum Lesen und Schreiben geöffnet werden. Damit ist ein beliebiger Zugriff auf Daten der Datei möglich. Der Dateizeiger wird auf den Anfang der Datei gesetzt. Existiert die angegebene Datei nicht, so wird sie neu angelegt.

Mit dem Schlüsselwort **ACCESS** wird die Zugriffsberechtigung für den jeweiligen Benutzer des Programms geregelt. Dazu stehen folgende Zugriffsmodi zur Verfügung:

ACCESS READ

Aus der Datei darf nur gelesen werden.

ACCESS WRITE

Es darf nur in die Datei geschrieben werden.

ACCESS READ WRITE

Es darf sowohl gelesen als auch geschrieben werden.

Wenn in Netzwerken oder in Mehrplatzsystemen (ab DOS 3.x möglich) gearbeitet wird, müssen Dateien gegen den gleichzeitigen Zugriff von mehreren Personen geschützt werden. Dies wird durch **LOCK** erreicht. Mit **<Sperrmodus>** wird die Art des Schutzes festgelegt:

LOCK SHARED

Die Datei kann beliebig oft geöffnet werden.

LOCK READ

Die Datei kann nur einmal zum Lesen, aber beliebig oft zum Schreiben geöffnet werden.

LOCK WRITE

Die Datei kann nur einmal zum Schreiben, aber beliebig oft zum Lesen geöffnet werden.

LOCK READ WRITE

Die Datei kann nur einmal geöffnet werden.

Anmerkungen Nach dem Nummernzeichen # muß eine **<Dateinummer>** angegeben werden. Diese Nummer kann beliebig gewählt werden und dient nur zur Identifizierung der Dateien. Bei allen weiteren Zugriffen auf die Datei wird nur noch die Nummer und nicht der gesamte Dateiname angegeben.

Bei RANDOM-Dateien wird mittels **LEN** die **<Satzlänge>** angegeben.

Beispiel

```
OPEN "adressen.dat" FOR OUTPUT AS #1
```

OPEN

Datei öffnen

Syntax **OPEN "<Modus>",[#]<Dateinummer>,<Dateiname> [,<Satzlänge>]**

Beschreibung Dieser Befehl dient dem Öffnen von Dateien. Mit **<Modus>** wird die Art des Zugriffes auf die Datei angegeben. Dabei sind folgende Modi möglich:

I	(INPUT)	siehe vorheriger OPEN-Befehl
O	(OUTPUT)	siehe vorheriger OPEN-Befehl
A	(APPEND)	siehe vorheriger OPEN-Befehl
R	(RANDOM)	siehe vorheriger OPEN-Befehl
B	(BINARY)	siehe vorheriger OPEN-Befehl

Anmerkung Siehe vorheriger OPEN-Befehl.

OPEN COM

Schnittstelle öffnen

Syntax

OPEN "COM<Nummer>:[<Baudrate>][,[<Parität>] [,[<Wortbreite>][,[<Stoppbits>][,ASC|BIN][,CD<Zeit>] [,CS<Zeit>][,DS<Zeit>][,LF][,OP<Zeit>][,RB<Größe>] [,RS][,TB<Größe>]]]]" [FOR <Modus>] AS [#]<Dateinummer> [LEN=<Satzlänge>]

Beschreibung

Dieser Befehl öffnet und initialisiert die mit **<Nummer>** angegebene serielle Schnittstelle. Mit **<Baudrate>** wird die Übertragungsgeschwindigkeit festgelegt. Dabei sind die Werte 75, 110, 150, 300, 600, 1.200, 1.800, 2.400, 4.800, 9.600 oder 19.200 möglich. Fehlt die Angabe, so wird 300 Baud angenommen. Mit **<Parität>** wird die mögliche Überprüfung der Daten eingestellt. Möglich sind folgende Kennbuchstaben:

N	(None)	keine Parität
E	(Even)	gerade Parität
O	(Odd)	ungerade Parität
S	(Space)	Leerzeichen wird übergeben
M	(Mark)	Kennzeichen wird übergeben

Mit **<Stoppbits>** wird die Anzahl der Stoppbits eingestellt. Hier sind die Werte 1, 1.5 und 2 möglich. Als Defaultwert ist für Baudraten bis 110 Baud 2 Stoppbits und darüber 1 Stopbit voreingestellt.

Die nachfolgenden Schlüsselwörter sind optional. Die Eingabereihenfolge ist beliebig. Die einzelnen Schlüsselworte haben folgende Bedeutungen:

ASC

Die serielle Schnittstelle wird im ASCII-Modus geöffnet. Alle Tabulatorenzeichen werden in Leerzeichen gewandelt. Am Zeilenende wird automatisch Carriage Return eingefügt, "^Z" wird als Dateiende angesehen. Sobald der Kanal geschlossen wird, wird ein "^Z" gesendet.

BIN

Die serielle Schnittstelle wird im Binär-Modus geöffnet. Alle Zeichen werden unverändert empfangen und gesendet.

CD<Zeit>

Die Leitung DCD (Data Carrier Detect) wird überprüft. Mit **<Zeit>** kann die Wartezeit in Millisekunden (Default 1.000 ms) angegeben werden. Sobald eine Zeitüberschreitung auftritt, wird dies gemeldet.

CS<Zeit>

Die Leitung CTS (Clear To Send) wird überprüft. Mit **<Zeit>** kann die Wartezeit in Millisekunden (Default 1.000 ms) angegeben werden. Sobald eine Zeitüberschreitung auftritt, wird dies gemeldet.

DS<Zeit>

Die Leitung DSR (Data Set Ready) wird überprüft. Mit **<Zeit>** kann die Wartezeit in Millisekunden (Default 1.000 ms) angegeben werden. Sobald eine Zeitüberschreitung auftritt, wird dies gemeldet.

LF

Nach jeder Zeile wird neben dem Carriage Return zusätzlich ein Line Feed gesendet. Dies ist z.B. für Drucker an der seriellen Schnittstelle notwendig, um einen Zeilenvorschub zu erreichen.

OP<Zeit>

Es wird überprüft, wie lange das Öffnen der Schnittstelle dauert. Mit **<Zeit>** kann die Wartezeit in Millisekunden eingestellt werden. Der Defaultwert beträgt 1.000 Millisekunden. Wird OP ohne weiteren Paramter angegeben, so wartet der Befehl so lange, bis die Schnittstelle erfolgreich geöffnet wurde.

RB<Größe>

Der Empfangsbuffer wird auf **<Größe>** Bytes gesetzt. 256 Bytes sind voreingestellt. Die Höchstgrenze beträgt 32.767.

RS

Die Überprüfung des Signals RTS (Request To Send) wird unterdrückt.

TB<Größe>

Der Sendebuffer wird auf **<Größe>** Bytes gesetzt. 256 Bytes sind voreingestellt. Die Höchstgrenze beträgt 32.767.

Nach dem Schlüsselwort **FOR** folgt der **<Modus>**, in dem die Schnittstelle geöffnet werden soll. Hierfür stehen die Schlüsselworte

INPUT	zum Lesen von der seriellen Schnittstelle
OUTPUT	zum Schreiben auf die serielle Schnittstelle
RANDOM	für Direktzugriff

zur Verfügung. Nach dem optionalen Nummernzeichen **#** wird die **<Dateinummer>** angegeben, unter der die Schnittstelle weiterhin angesprochen werden kann. Hier sind Werte von 1 bis 15 möglich. Wurde die Schnittstelle im Modus RANDOM geöffnet, so kann mit **<Satzlänge>** die Länge eines Satzes angegeben werden.

Beispiel

```
OPEN "COM1:9600" AS #1
```

OPTION BASE

Indizierung festlegen

Syntax **OPTION BASE 0|1**

Beschreibung Mit diesem Befehl wird der Start bei der Indizierung von Variablen angegeben.

Anmerkungen Es sind die Werte Null und 1 zulässig.

Bei OPTION BASE 1 beginnt die Indizierung mit dem Wert 1 und geht bis zum dimensionierten Wert.

Bei OPTION BASE 0 beginnt die Indizierung bei Null und geht bis zum dimensionierten Wert.

OR

Logikoperator

Syntax **<Variablenname>=<Ausdr1> OR <Ausdr2>**
IF <Bedingung1> OR <Bedingung2> THEN ...

Beschreibung Die Funktion liefert als Ergebnis die bitweise ODER-Verknüpfung der beiden Ausdrücke zurück.

Anmerkungen OR kann auch für eine logische Verknüpfung z.B. innerhalb von IF-Abfragen verwendet werden.

Die Verknüpfung ist falsch (=0), wenn beide Bedingungen Null sind, und wahr (<>0), wenn eine oder beide Bedingungen ungleich Null sind.

Wahrheitstabelle

Ausdr1	Ausdr2	Ergebnis
0	0	0
0	1	1
1	0	1
1	1	1

Beispiele

```
IF a=1 OR b$="OK" THEN ...

a=&B11111100 OR &B11001010     Ergebnis: a=&B11111110
```

OUT — Daten ausgeben

Syntax

OUT <Portadresse>,<Wert>

Beschreibung

Das mit **<Wert>** angegebene Byte wird in einen Port geschrieben. Hierbei wird die Adresse des Ports mit **<Portadresse>** angegeben.

Anmerkung

Die Adressen können bei verschiedenen Rechnern unterschiedlich sein. Eine falsche Programmierung kann unkontrollierbare Folgen haben.

PAINT

Grafik füllen

Syntax

PAINT [STEP] (<x>,<y>[,[<Füllmodus>][,[<Randfarbe>] [,<Hintergrund>]]]

Beschreibung

Der Befehl füllt eine abgegrenzte Grafikfläche mit einem Muster oder einer Füllfarbe. Mit **<x>** und **<y>** wird die Position angegeben, von der aus mit dem Ausfüllen begonnen wird. Ohne Schlüsselwort **STEP** werden die Angaben als absolute, mit **STEP** als relative Werte zum letzen angesprochenen Punkt angesehen.

Wird bei **<Füllmodus>** ein numerischer Wert von Null bis 3 angegeben, dann wird dieser Wert als Farbwert interpretiert. Wird ein beliebiger String als **<Füllmodus>** übergeben, dann wird dies als Zeichen dafür gewertet, daß ein Muster zum Füllen benutzt werden soll.

Das zu verwendende Füllmuster wird dann als String bei **<Hintergrund>** übergeben. Es kann ein 8 Bit breites und 64 Byte hohes Muster angegeben werden.

Der String wird mit der Funktion CHR$ zusammengesetzt. Mit **<Randfarbe>** wird die Farbnummer übergeben, die als Abgrenzung der Füllfläche dient.

Anmerkung

Der angegebene Punkt **<x>,<y>** muß innerhalb einer Fläche liegen, die vollkommen mit der angegebenen Farbe umschlossen ist, z.B. durch Linien oder Kreisbögen. Bei kleinsten Öffnungen innerhalb der Begrenzungslinie wird der ganze Bildschirm ausgefüllt.

Beispiel

```
CIRCLE (100,100),50,2
PAINT (90,110),1,2
```

PALETTE

Farben festlegen

Syntax **PALETTE [<Farbealt>,<Farbeneu>]**

Beschreibung Mit diesem Befehl wird eine neue Farbe ausgewählt. Mit **<Farbealt>** wird die zu ändernde Farbnummer übergeben, mit **<Farbeneu>** die neue Farbe zu dieser Nummer.

Anmerkungen Dieser Befehl dient z.B. zum kurzzeitigen Ändern von Bildschirmfarben, um Animationen anzudeuten oder um Punkte einer Farbe verschwinden zu lassen.

PALETTE ohne Parameter setzt alle Farben wieder auf die Defaultwerte zurück.

Beispiel

```
PALETTE 7, 0
```

PALETTE USING

Farben festlegen

Syntax **PALETTE USING <Array>[<Index>]**

Beschreibung Mit diesem Befehl kann eine neue Farbpalette ausgewählt werden.

Anmerkungen Dieser Befehl funktioniert nur in Verbindung mit einer EGA- oder VGA-Karte.

Im Gegensatz zum PALETTE-Befehl werden hier alle Farben umgeschaltet.

Sollen einzelne Farben nicht verändert werden, so muß der entsprechende Eintrag im Array -1 betragen.

Die Farbnummern müssen sich in der Reihenfolge in einem numerischen Array vom Typ INTEGER oder LONG befinden.

Die optionale Angabe des Index' gibt die Startposition der ersten Farbnummer an.

Beispiel

Farbpaletten-Array definieren

```
DIM farbe%(20)
farbe%(0)=0
farbe%(1)=1
farbe%(2)=2
farbe%(3)=3
farbe%(4)=4
farbe%(5)=5
farbe%(6)=6
farbe%(7)=7
farbe%(8)=-1
farbe%(9)=9
farbe%(10)=2
farbe%(11)=-1
farbe%(12)=12
farbe%(13)=13
farbe%(14)=14
farbe%(15)=-1
farbe%(16)=0
farbe%(17)=2
farbe%(18)=4
farbe%(19)=6
```

Die ersten 16 Farben benutzen:

```
PALETTE USING farbe% (0)
```

Die letzten 16 Farben nutzen:

```
PALETTE USING farbe%(4)
```

PCOPY

Bildschirminhalt kopieren

Syntax

PCOPY <Quellseite>,<Zielseite>

Beschreibung

Einige Grafikkarten sind in der Lage, mehr als eine Bildschirmseite gleichzeitig zu verarbeiten, wobei nur eine Bildschirmseite sichtbar ist. Mit dem Befehl PCOPY können beliebige Bildschirminhalte von einer zur anderen Seite kopiert werden. Der Parameter **<Quellseite>** gibt die Seite an, die kopiert werden soll, **<Zielseite>** gibt die Seite an, wohin kopiert werden soll.

Anmerkung

Die Parameter werden als Zahl von Null bis n-1 angegeben, wobei "n" die Anzahl der möglichen Seiten angibt.

PEEK

Speicher lesen

Syntax

<Variablenname>=PEEK(<Offset>)

Beschreibung

Die Funktion liefert den Wert des Bytes, das an der angegebenen Adresse steht.

Anmerkung

Die Adresse setzt sich dabei aus der Segmentadresse, die mit DEF SEG geändert werden kann und dem **<Offset>** zusammen.

Beispiele

```
a=PEEK(255)
b=PEEK(&H2A)
```

PEN

Interrupt einbinden

Syntax **PEN ON|OFF|STOP**

Beschreibung Mit diesem Befehl wird der ON-PEN-Interrupt eingeschaltet, ausgeschaltet oder unterbrochen.

Anmerkungen Mit **PEN ON** wird der Interrupt eingeschaltet.

Mit **PEN OFF** wird der Interrupt ausgeschaltet.

PEN STOP unterbindet den Interrupt, merkt sich im Gegensatz zu **OFF** jedoch, ob eine Taste gedrückt wurde. Nach dem Befehl **PEN ON** wird der Interrupt wieder aufgenommen.

Sollte während **STOP** ein Zeichen angekommen sein, so wird direkt nach **ON** das Unterprogramm ausgeführt.

Innerhalb des Unterprogramms setzt BASIC automatisch **PEN STOP**, um Probleme zu vermeiden. Nach Ablauf des Unterprogramms wird automatisch **PEN ON** gegeben.

PEN() Light-Pen-Informationen lesen

Syntax **<Variablenname>=PEN(<Modus>)**

Beschreibung Mit dieser Funktion werden Informationen über einen angeschlossenen Light-Pen erfragt. Mit **<Modus>** kann bestimmt werden, welche Informationen gewünscht werden. Dazu stehen folgende Möglichkeiten zur Verfügung:

PEN(0) Wurde der Taster am Light-Pen seit dem letzten Aufruf betätigt, liefert die Funktion den Wert -1, ansonsten den Wert Null.

PEN(1) Die Funktion liefert die x-Koordinate des Light-Pens beim letzten Betätigen des Tasters.

PEN(2) Die Funktion liefert die y-Koordinate des Light-Pens beim letzten Betätigen des Tasters.

PEN(3) Die Funktion liefert den Wert -1, wenn der Taster des Light-Pens gerade betätigt wird, ansonsten den Wert Null.

PEN(4) Die letzte gültige x-Koordinate des Light-Pens wird geliefert.

PEN(5) Die letzte gültige y-Koordinate des Light-Pens wird geliefert.

PEN(6) Die Funktion liefert die Zeile (1-24), in der sich der Light-Pen beim letzten Betätigen des Tasters befand.

PEN(7) Die Funktion liefert die Spalte (1-40 oder 1-80), in der sich der Light-Pen beim letzten Betätigen des Tasters befand.

PEN(8) Die letzte gültige Zeile, in der sich der Light-Pen befand, wird geliefert.

PEN(9) Die letzte gültige Spalte, in der sich der Light-Pen befand, wird geliefert.

Anmerkungen Bei aktiviertem Maustreiber funktionieren die Anfragen an einen Light-Pen nicht, da der Maustreiber diese benutzt.

Durch die Funktion 14 des Mautreibers kann die Light-Pen-Emulation des Maustreibers aus- und durch die Funktion 13 wieder eingeschaltet werden.

Beispiel

```
a=PEN(2)
```

PLAY — Notenanzahl ermitteln

Syntax **<Variablenname>=PLAY (<dummy>)**

Beschreibung Die Funktion ermittelt die Anzahl der noch zu spielenden Noten der Hintergrundmusik.

Anmerkung Wird keine Musik im Hintergrund gespielt, so wird der Wert Null übergeben.

PLAY

Tonfolge spielen

Syntax

PLAY <Stringvariable>

Beschreibung

Dieser Befehl dient dem Abspielen einer Tonfolge, die vorher in einer **<Stringvariablen>** definiert wurde. Für den String stehen folgende Steuerzeichen zur Verfügung:

MN

(Modus Normal) Die Tonerzeugung erfolgt mit 7/8 des im String durch L festgelegten Zeitablaufs.

ML

(Modus Legato) Die Tonerzeugung erfolgt mit dem im String durch L festgelegten Zeitablauf.

MS

(Modus Staccato) Die Tonerzeugung erfolgt mit 3/4 des im String durch L festgelegten Zeitablaufs.

MF

(Modus Foreground) Die Tonerzeugung wird im Vordergrund vorgenommen, d.h. das Programm wird während der Tonerzeugung nicht weiter bearbeitet.

MB

(Modus Background) Die Tonerzeugung wird im Hintergrund vorgenommen, d.h. das Programm wird während der Tonerzeugung weiter abgearbeitet. Hierbei handelt es sich also um eine Art Multitasking. In diesem Modus können maximal 32 Zeichen übergeben werden.

O<n>

(Octave) Legt die Oktave fest, in der die zu spielenden Töne liegen. Möglich sind hier Werte von Null bis 6.

> <Note>

Die angegebene Note (1-84) wird eine Oktave höher gespielt.

< <Note>

Die angegebene Note (1-84) wird eine Oktave tiefer gespielt.

A bis G [# | + | -]

Geben die Noten an. Dabei entspricht A der Note A, C der Note C, B jedoch der Note H, da diese Note überall auf der Welt (außer in Deutschland) mit B bezeichnet wird. Mit dem Pluszeichen oder der Raute läßt sich die Note um einen Halbton erhöhen (#), mit dem Minuszeichen verringern (b).

N<Note>

(Note) Hiermit kann jede beliebige Note aus allen Oktaven gewählt werden. Dabei sind Werte von 1 bis 84 möglich. Wird für <Note> eine Null angegeben, so wird für die Dauer einer Note eine Tonpause eingelegt.

P<Länge>

(Pause) Es wird eine Tonpause mit angegebener Länge eingelegt. Der Wert bezieht sich dabei auf die Anzahl der Noten, deren Länge mit dem Befehl L eingestellt wurde. Die Befehlsfolge L8P5 macht daher eine Pause einer 5/8-Note.

L<Länge>

(Tonlänge) Die Länge der folgenden Noten wird von 1 bis 64 festgelegt. Dabei sind folgende Werte möglich:

Wert	Bedeutung
L1	Ganze Note
L2	Halbe Note
L4	Viertel Note
L8	Achtel Note
L16	Sechzehntel Note
L32	Zweiunddreißigstel Note
L64	Vierundsechzigstel Note

Auch Zwischenwerte sind erlaubt, so daß es auch Siebtel-Noten usw. gibt. Steht das L mit Parameter direkt hinter der Notenangabe, so gilt die Länge nur für die eine Note.

T<Tempo> *(Tempo)* Das Tempo der Tonerzeugung wird als Anzahl der Viertelnoten pro Minute festgelegt. Es sind Werte zwischen 32 und 255 möglich.

(Verlängerung) Die Abarbeitung des Tons dauert 50 Prozent länger.

X<Stringvariable>
Die Abarbeitung im augenblicklichen String wird unterbrochen und die Tonbefehle in der angegebenen Stringvariablen (VARPTR$) werden ausgeführt. Sobald dieser String abge-arbeitet ist, wird der Tonbefehl nach dem X bearbeitet. Damit entspricht der Befehl in etwa einem Unterprogrammaufruf.

Anmerkungen Die numerischen Werte können auch durch Variablen angegeben werden.

In QBasic muß dann nach dem Befehlsbuchstaben ein Gleichheitszeichen mit Variablennamen und einem Semikolon folgen, z.B. L=Laenge;

PLAY

Interrupt einbinden

Syntax

PLAY ON|OFF|STOP

Beschreibung

Mit diesem Befehl wird der ON-PLAY-Interrupt eingeschaltet, ausgeschaltet oder unterbrochen.

Anmerkungen

Mit **PLAY ON** wird der Interrupt eingeschaltet.

Mit **PLAY OFF** wird der Interrupt ausgeschaltet. Eine Überprüfung der Notenanzahl findet nicht statt.

PLAY STOP unterbindet den Interrupt, merkt sich im Gegensatz zu **OFF** jedoch, ob die Notenmindestanzahl erreicht wurde. Nach dem Befehl **PLAY ON** wird der Interrupt wieder aufgenommen.

Sollte während **STOP** die Notenmindestanzahl erreicht bzw. unterschritten worden sein, so wird direkt nach **ON** das Unterprogramm ausgeführt.

Innerhalb des Unterprogramms setzt BASIC automatisch **PLAY STOP**, um Probleme zu vermeiden. Nach Ablauf des Unterprogramms wird automatisch **PLAY ON** gegeben.

PMAP

Koordinaten berechnen

Syntax

<Variablenname>=PMAP(<Koordinate>,<Modus>)

Beschreibung

Diese Funktion rechnet die Koordinate in eine gemäß WINDOW transformierte **<Koordinate>** um und umgekehrt. Mit **<Modus>** wird die gewünschte Umrechnung angegeben. Dazu sind folgende Werte möglich:

0 Die angegebene Koordinate wird als x-Wert von dem neuen Koordinatensystem in eine absolute Koordinate umgerechnet.

1 Die angegebene Koordinate wird als y-Wert von dem neuen Koordinatensystem in eine absolute Koordinate umgerechnet.

2 Die angegebene Koordinate ist ein absoluter x-Wert, der in das neue Koordinatensystem umgerechnet werden soll.

3 Die angegebene Koordinate ist ein absoluter y-Wert, der in das neue Koordinatensystem umgerechnet werden soll.

Beispiel

```
a=PMAP(b,2)
```

POINT

Farbe ermitteln

Syntax **<Variablenname>=POINT(<x>,<y>)**

Beschreibung Die Funktion liefert als Ergebnis den Farbwert des mit <x> und <y> angegebenen Punktes.

Beispiel

```
a=POINT(50,50)
```

POKE

Speicher schreiben

Syntax **POKE <Offset>,<Wert>**

Beschreibung Der Befehl schreibt den **<Wert>** als Byte an die angegebene Adresse.

Anmerkung Die Adresse setzt sich aus der Segmentadresse, die mit DEF SEG geändert werden kann, und dem **<Offset>** zusammen.

Beispiel

```
POKE 256,65
```

POS(0)

Cursorposition ermitteln

Syntax **<Variablenname>=POS(0)**

Beschreibung Diese Funktion ermittelt die Spalte (1-40 bzw. 1-80), in der sich der Cursor befindet.

PRESET

Grafikpunkt löschen

Syntax **PRESET [STEP](<X>,<Y>)[,<Farbe>]**

Beschreibung Dieser Befehl löscht an Position **<X>** und **<Y>** auf dem Grafikbildschirm einen Punkt. Ohne **STEP** werden die Koordinaten absolut, mit **STEP** als relative Koordinaten zur letzten angesprochenen Position angesehen. Mit **<Farbe>** kann die Zeichenfarbe bestimmt werden, mit der der Punkt gelöscht werden soll.

Anmerkung Für **<Farbe>** sind Werte von Null bis 3 möglich.

Beispiel

```
PRESET 50,50,2
```

PRINT

Zeichen ausgeben

Syntax **PRINT [<Ausdruck>][,|;[...]]**

Beschreibung Dieser Befehl dient zur Ausgabe von beliebigen Daten auf dem Bildschirm. Als Kurzform kann auch ? angegeben werden.

Anmerkungen Für **<Ausdruck>** können beliebige Konstanten, Variablen oder Berechnungen angegeben werden.

Wird PRINT ohne weitere Angaben aufgerufen, dann wird der Cursor an den Anfang der nächsten Zeile positioniert (Leerzeile).

Ohne weitere Zeichen (Komma **[,]** oder Semikolon **[;]**) wird der Cursor nach der Ausgabe automatisch an den Anfang der nächsten Zeile gesetzt.

Ein abschließendes Komma **[,]** oder Semikolon **[;]** verhindert einen Zeilenvorschub.

Eine weitere Ausgabe mit PRINT wird bei einem Semikolon **[;]** direkt hinter der letzten Ausgabe ausgegeben, bei einem Komma **[,]** am nächsten Tabulatorstopp (alle 8 Zeichen).

Sollte eine Ausgabe über den rechten Rand hinausgehen, so wird in der nächsten Zeile weitergeschrieben.

Beispiel

```
PRINT "Die Summe von 2 und 5 ist ";2+5;"."
```

PRINT USING

Formatierte Zeichenausgabe

Syntax

PRINT USING "<Maske>";<Ausdruck>[,|;[...]]

Beschreibung

Dieser Befehl dient der formatierten Ausgabe von beliebigen Daten auf dem Bildschirm. Er unterscheidet sich nur wenig vom PRINT-Befehl. Neu ist die Angabe einer Maske, die das Aussehen der Ausgabe bestimmt. Hiermit sind z.B. leicht Ausgaben in Tabellen möglich. Es gibt folgende Möglichkeiten:

"#####"

Ausgabe von ganzzahligen Werten. Jedes Nummernzeichen steht für eine Stelle des Zeichens. Das erste Nummernzeichen steht für das Vorzeichen. Kleinere Zahlen werden rechtsbündig ausgegeben. Nachkommastellen werden kaufmännisch gerundet.

"###.##"

Ausgabe von Fließpunktzahlen. Die Anzahl der Nummernzeichen minus Eins vor dem Punkt ergibt die Anzahl der Vorkommastellen, die Anzahl nach dem Punkt die Nachkommastellen. Auch hier ist wieder das erste Nummernzeichen für ein Vorzeichen reserviert. Zu viele Nachkommastellen werden kaufmännisch gerundet. Die Zahlen werden kommarichtig ausgegeben.

"+###.##"

Mit dem führenden Pluszeichen wird die Ausgabe des Vorzeichens auch bei positiven Zahlen erzwungen.

"###.##-" oder "###.##+"

Die Ausgabe des Vorzeichens erfolgt nach Ausgabe der Zahl. Bei einem Minuszeichen wird das Vorzeichen nur bei negativen, bei einem Pluszeichen bei allen Zahlen ausgegeben.

"###.##^^^^"

Die Ausgabe von Zahlen wird in Exponentialschreibweise vorgenommen. Das erste Zeichen steht für den Buchstaben E, das zweite für das Vorzeichen, die beiden weiteren für zwei Stellen des Exponenten. Die Exponentialdarstellung wird bei besonders großen oder kleinen Zahlen notwendig.

"#####,.##"

Diese Maske dient der formatierten Ausgabe von großen Zahlen. Jede Tausender-Kolonne wird durch ein Komma getrennt. Leider wird dies genau umgekehrt zur deutschen Schreibweise durchgeführt, also Nachkommapunkt und Trennungskomma (3,123.45 entspricht im Deutschen 3.123,45).

"**###.##"

Zur formatierten Ausgabe von Zahlen wurden bei den o.g. Masken nicht benötigte Stellen von links an mit Leerzeichen aufgefüllt. Bei dieser Maske werden nicht benötigte führende Stellen als Sternchen ausgegeben. Dies kann z.B. bei Bankgeschäften zur Verhinderung späterer Änderungen auf Ausdrucken mützlich sein.

"$$###.##"

Vor der Zahl wird ein Dollarzeichen ausgegeben. Die Exponentialdarstellung ist hierbei nicht möglich. Sollen das Dollarzeichen und führende Leerzeichen als Sternchen ausgegeben werden, so entfällt ein $ ("**$###.##").

"\ \"

Diese Maske dient zur Ausgabe von Textkonstanten oder Stringvariablen. Die Anzahl der auszugebenen Zeichen wird durch die Anzahl der Zeichen zwischen den Anführungszeichen festgelegt. Dabei zählen die Backslashes jeweils mit. Der kleinste String ist damit zwei Zeichen groß. Die Ausgabe erfolgt linksbündig.

"!"

Es wird nur das erste Zeichen der Textkonstanten oder Stringvariablen ausgegeben.

"&"

Die Zeichenkette oder Stringvariable wird unformatiert vollständig ausgegeben.

"**<Text>** ###.## **<Text>**"

Neben den Steuerzeichen können beliebige Texte an den Stellen <Text> eingefügt werden, die dann unverändert ausgegeben werden. Hiermit kann z.B. ein führendes DM statt dem automatischen $ ausgegeben werden. Dann würde die Maske "DM ###.##" lauten.

"_"

Damit auch Zeichen ausgegeben werden können, die normalerweise innerhalb der Maske als Steuerzeichen gewertet werden, ist als Escape-Zeichen der Unterstrich vorgesehen. Das folgende Zeichen wird unverändert ausgegeben (z.B. _&).

Anmerkungen

Für **<Ausdruck>** können beliebige Konstanten, Variablen oder Berechnungen angegeben werden.

Ohne weitere Zeichen (Komma **[,]** oder Semikolon **[;]**) wird der Cursor nach der Ausgabe automatisch an den Anfang der nächsten Zeile gesetzt.

Bei einem Komma **[,]** wird der Cursor an die nächste Tabulatorstelle gesetzt (alle acht Zeichen).

Bei einem Semikolon **[;]** erfolgt die nächste Ausgabe direkt hinter dem letzten Zeichen der letzten Ausgabe.

Mehrere Ausgaben innerhalb einer PRINT-USING-Anweisung werden durch Semikolon getrennt.

Beispiel

```
PRINT USING "## plus ## gleich ###";3;8;3+8
```

PRINT#

Daten in eine Datei schreiben

Syntax

PRINT#<Dateinummer> [,<Ausdruck>][,|;[...]]

Beschreibung

Dieser Befehl dient zur Ausgabe von beliebigen Daten in eine vorher zum Schreiben geöffnete Datei. Mit **#<Dateinummer>** wird die Nummer angegeben, die beim Öffnen der Datei festgelegt wurde.

Anmerkungen

Für **<Ausdruck>** können beliebige Konstanten, Variablen oder Berechnungen angegeben werden.

Ohne weitere Zeichen (Komma **[,]** oder Semikolon **[;]**) werden die Zeichen Carriage Return (13) und Line Feed (10) in die Datei geschrieben.

Die Zeichen Carriage Return (13) und Line Feed (10) werden durch Angabe eines Semikolons unterbunden. Allerdings können die Daten dann nicht mehr mit dem INPUT#-Befehl einzeln eingelesen werden.

Bei Abschluß mit einem Komma werden Leerzeichen bis zum nächsten Tabulatorstopp (alle acht Zeichen) geschrieben.

Beispiel

```
PRINT #1, a$,b%
```

PRINT# USING

Formatierte Daten in eine Datei schreiben

Syntax

PRINT#<Dateinummer> USING "<Maske>";<Ausdruck> [,|;[...]]

Beschreibung

Dieser Befehl dient der formatierten Ausgabe von beliebigen Daten in eine vorher geöffnete Datei. Mit **#<Dateinummer>** wird die Dateinummer angegeben, die beim Öffnen der Datei verwendet wurde.

Anmerkungen

PRINT# USING unterscheidet sich nur wenig vom PRINT#-Befehl. Neu ist die Angabe einer **<Maske>**, die das Aussehen der Ausgabe bestimmt.

Mit PRINT# USING sind z.B. leicht Ausgaben in Tabellen möglich.

Die Formatiermöglichkeiten entsprechen denen des PRINT-USING-Befehls.

PSET

Grafikpunkt setzen

Syntax

PSET [STEP](<X>,<Y>)[,<Farbe>]

Beschreibung

Dieser Befehl setzt an Position **<X>** und **<Y>** auf dem Grafikbildschirm einen Punkt. Ohne **STEP** werden die Koordinaten absolut, mit **STEP** als relative Koordinaten zur letzten angesprochenen Position angesehen. Mit **<Farbe>** kann die Zeichenfarbe bestimmt werden.

Anmerkung

Bei **<Farbe>** sind Werte von Null bis 3 zulässig.

Beispiel

```
PSET (50,50),2
```

PUT# Datensatz schreiben

Syntax

PUT[#]<Dateinummer> [,[<Satznummer>][,<Variable>]]

Beschreibung

PUT schreibt einen Datensatz (<Variable>) aus dem durch FIELD definierten Datenpuffer in eine vorher geöffnete RANDOM-Datei. Nach dem optionalen Nummernzeichen **[#]** wird die beim Öffnen der Datei festgelegte **<Dateinummer>** angegeben. Ohne die Angabe von **<Satznummer>** wird der nächste Datensatz geschrieben, ansonsten der angegebene.

Anmerkung

Vor dem Schreiben müssen die Daten mit LSET oder RSET in die Variable(n) des Datenpuffers gebracht werden.

Beispiel

```
PUT #1,2
```

PUT

Grafik ausgeben

Syntax

PUT [STEP] (<x>,<y>),<Array>[,<Modus>]

Beschreibung

Dieser Befehl dient zur Ausgabe eines mit GET gespeicherten Bildschirmausschnittes auf dem Bildschirm. Mit **<x>,<y>** wird die linke obere Koordinate angegeben, an der der Bildschirmausschnitt dargestellt werden soll.

Das Schlüsselwort **STEP** gibt an, daß die Koordinaten relativ zum letzen angesprochenen Punkt angegeben werden. Ansonsten sind absolute Koordinaten zu übergeben. <Array> bezeichnet das Feld, in dem der Ausschnitt gespeichert ist, und mit **<Modus>** wird bestimmt, wie der Bildschirmausschnitt mit dem Hintergrund verknüpft werden soll. Dabei sind folgende Modi möglich:

PSET Der Bildschirmausschnitt wird genauso wiedergegeben, wie er abgespeichert wurde. Eine Verknüpfung mit dem Hintergrund erfolgt nicht.

PRESET Der Bildschirmauschnitt wird invertiert wiedergegeben, eine Verknüpfung mit dem Hintergrund erfolgt nicht.

AND Der Bildschirminhalt wird bitweise mit dem Hintergrund durch logisches AND verknüpft. Es werden nur die Bildschirmpunkte gesetzt, die sowohl im Bildschirmausschnitt als auch im Hintergrund gesetzt sind.

OR Der Bildschirminhalt wird bitweise mit dem Hintergrund durch logisches OR verknüpft. Es werden nur die Bildschirmpunkte gelöscht, die sowohl im Bildschirmausschnitt als auch im Hintergrund gelöscht sind.

XOR Der Bildschirminhalt wird bitweise mit dem Hintergrund durch logisches XOR verknüpft. Es werden nur die Bildschirmpunkte gesetzt, die im Bildschirmausschnitt umgekehrt zum Hintergrund gesetzt sind.

Beispiel

```
PUT (20,20),a%,XOR
```

RANDOMIZE

Zufallszahl ermitteln

Syntax

RANDOMIZE [<Startwert>]

Beschreibung

Der Befehl dient dem Festlegen des **<Startwertes>** bei der Berechnung von Zufallszahlen.

Anmerkungen

Bei gleichem **<Startwert>** werden immer die gleichen Zufallszahlen erzeugt.

Wird RANDOMIZE ohne Parameter aufgerufen, so wird der Anwender aufgefordert, einen **<Startwert>** einzugeben.

Die **<Startwerte>** können die Werte von -32.768 bis 32.767 annehmen.

READ..DATA

Variablenwerte zuweisen

Syntax

READ <Variable>[,...]
DATA "Textkonstante"|Konstante

Beschreibung

Der Befehl dient dem Zuweisen von Werten an Variablen.

Anmerkungen

Mit diesem Befehl können im Programm Tabellen angelegt werden, deren einzelne Werte bestimmten Variablen zugewiesen werden.

Das Schlüsselwort **DATA** dient zur Definition der Tabelle.

Es können **Konstanten** angegeben werden.

Werden mehrere **Konstanten** angegeben, so werden diese durch Kommata getrennt.

Textkonstante müssen in Hochkommata gesetzt werden (Ausnahme: die gesamte DATA-Zeile besteht nur aus Textkonstanten).

Der READ-Befehl weist die erste **Konstante** der ersten DATA-Zeile der angegebenen **<Variablen>** zu.

Es ist zu beachten, daß die Datentypen übereinstimmen.

Mit jedem weiteren READ-Befehl wird die nächste Konstante zugewiesen.

Beispiel

```
READ A$,I,J%
DATA "BASIC",3.14,5
```

REDIM

Felddimensionierung ändern

Syntax

REDIM [SHARED]<Variablenname>(<Feldgröße>) [AS Datentyp][,...]

Beschreibung

Das Array **<Variablenname>** wird vollständig gelöscht und mit der vorgegebenen **<Feldgröße>** neu angeglegt. Das Schlüsselwort **SHARED** gibt an, daß es sich um eine globale Variable handelt, die von allen Prozeduren und Funktionen aus angesprochen werden kann. Mit dem Schlüsselwort **AS** kann ein Datentyp angegeben werden.

Anmerkung

Mit der **<Feldgröße>** können neben der Dimension auch Start und Ende der Dimension angegeben werden. Der Start und das Ende werden durch das Schlüsselwort TO getrennt.

Beispiele

```
REDIM a$(20)
REDIM b$(5 TO 15)
```

REM

Kommentar angeben

Syntax **REM <Kommentar> oder '<Kommentar>**

Beschreibung Der Befehl REM leitet einen **Kommentar** ein.

Anmerkung Der **<Kommentar>** wird bei der Programmabarbeitung nicht berücksichtigt, sondern dient nur zur Dokumentation des Programmlistings. Eine Ausnahme bilden die beiden Metabefehle REM $STATIC und REM $DYNAMIC. Diese werden aber in der Regel nicht benötigt, da die Befehle DIM und REDIM geeigneter sind.

Beispiel

```
REM Dies ist ein Kommentar
10 PRINT  'Leerzeile
```

RESET

Alle Dateien schließen

Syntax **RESET**

Beschreibung Alle offenen Dateien werden geschlossen.

Anmerkungen Es werden zuvor alle Datenpuffer auf den Datenträger zurückgeschrieben. Die Dateinummern stehen alle nach dem Befehl für weitere OPEN-Befehle zur Verfügung.

RESTORE

READ-Leseposition bestimmen

Syntax

RESTORE [<Zeilennummer>|<Label>]

Beschreibung

Beim Einlesen von Daten mit dem Befehl READ..DATA wird immer die jeweils nächste Konstante eingelesen. Mit dem RESTORE-Befehl ist es möglich, die nächste Leseposition zu bestimmen. Dazu wird entweder eine **<Zeilennummer>** oder ein **<Label>** angegeben, ab der nach der nächsten DATA-Zeile gesucht werden soll.

Anmerkung

Wird keine Positionsangabe gemacht, so wird wieder bei der ersten DATA-Zeile des Programms begonnen.

Beispiele

```
RESTORE 1000
RESTORE lesemarke
```

RESUME

Fehlerbehandlungs-Routine beenden

Syntax

RESUME [<Zeilennummer>|<Label>|NEXT]

Beschreibung

Nach der eigenen Fehlerbehandlung, die mit ON ERROR GOTO eingeschaltet wurde, wird das normale Programm mit Hilfe von RESUME fortgeführt.

Anmerkungen

Wird RESUME ohne weitere Parameter aufgerufen, so wird der Befehl, der zum Fehler führte, erneut aufgerufen. Dies geschieht auch, wenn als **<Zeilennummer>** eine Null angegeben wird.

Wird **RESUME NEXT** angegeben, so wird der FehlerBefehl übersprungen und der nächste Befehl abgearbeitet.

Wird eine **<Zeilennummer>** oder ein **<Label>** angegeben, so wird das Programm an dieser Stelle fortgesetzt.

Beispiele

```
RESUME
RESUME 0
RESUME 1000
RESUME marke
RESUME NEXT
```

RETURN

Unterprogramm beenden

Syntax

RETURN [<Zeilennummer>|<Label>]

Beschreibung

Dieser Befehl bewirkt in einem Unterprogramm, daß dieses verlassen und der Programmablauf hinter dem GOSUB-Befehl des Aufrufes fortgesetzt wird.

Anmerkung

Wird eine **<Zeilennummer>** oder ein **<Label>** angegeben, so wird das Programm an dieser Stelle fortgesetzt.

Beispiele

```
RETURN 1000
RETURN marke
```

RIGHT$

Stringfunktion

Syntax

<Stringvariable>=RIGHT$(<Quellstring>,<Anzahl>)

Beschreibung

Diese Funktion liefert den rechten Teil des **<Quellstrings>** in der Länge **<Anzahl>** zurück.

Beispiel

```
A$=RIGHT$("Iris Pauen",5)
A$ ist gleich "Pauen"
```

RMDIR

Verzeichnis löschen

Syntax

RMDIR <"Verzeichnisname">

Beschreibung

Dieser Befehl löscht wie unter MS-DOS das angegebene Unterverzeichnis.

Anmerkungen

Der **<"Verzeichnisname">** wird nach MS-DOS-Konventionen angegeben, wobei er in Anführungszeichen oder als Stringvariable übergeben wird.

Stringfunktionen sind innerhalb des Befehls nicht erlaubt.

Beispiel

```
RMDIR "c:\Temp"
```

RND

Zufallszahl ermitteln

Syntax

<Variablenname>=RND [(<Zahl>)]

Beschreibung

Dieser Befehl dient dem Ermitteln von Zufallszahlen.

Anmerkungen

Es kann eine negative **<Zahl>** angegeben werden. Gleiche negative Zahlen liefern immer gleiche Zufallszahlen.

Wird eine positive Zahl übergeben, so erhält man eine Zufallszahl.

Wird der Wert Null angegeben, so erhält man die zuletzt gelieferte Zufallszahl erneut.

Es werden die Zahlen zwischen Null und 1 ermittelt.

Werden andere Zahlen benötigt, so sind diese durch Addition und Multiplikation entsprechend zu bilden.

Beispiel

```
Zahl=INT(1+RND(0)*49)
```

RSET

String-Funktion

Syntax **RSET <Datenfeldvariable>=<Stringvariable>**

Beschreibung Mit RSET wird der Inhalt der **<Stringvariablen>** an eine **<Datenfeldvariable>** zum Schreiben mit PUT rechtsbündig zugewiesen.

Anmerkung Der Befehl kann auch bei normalen Stringvariablen zur Formatierung eingesetzt werden.

Beispiel

```
RSET a$=b$
```

RTRIM$

String-Funktion

Syntax **<Stringvariable>=RTRIM$(<String>)**

Beschreibung Diese Funktion liefert als Ergebnis eine Kopie von **<String>** zurück, wobei nachfolgende Leerzeichen entfernt werden.

Anmerkung Es wird eine rechtsbündige Zeichenkette übergeben.

Beispiel

```
a$=RTRIM$("   rechtsbündig   ")
```

RUN — Programm starten

Syntax **RUN [<Startzeile>|<Label>|.]**

Beschreibung Der Befehl startet das im Speicher befindliche Programm.

Anmerkungen Alle Variablen und Zeiger werden vor dem Start zurückgesetzt. Ohne Parameterangabe wird das Programm am Anfang gestartet, ansonsten beginnt die Abarbeitung an der angegebenen **<Startzeile>** oder bei **<Label>**.

Beispiele

```
RUN
RUN 1000
RUN marke
```

RUN — Programm laden und starten

Syntax **RUN "<Dateiname>"**

Beschreibung Dieser Befehl dient dem automatischen Laden und Starten einer Datei.

Anmerkungen Die Datei wird nach MS-DOS-Konvention mit **<Dateiname>** angegeben. Als Extension wird in QBasic ".BAS" angenommen, wenn keine andere angegeben wurde.

Beispiel

```
RUN "c:\basic\test.bas"
```

SCREEN

Grafikmodus setzen

Syntax

SCREEN [<Modus>][,[<Farbe>]][,[<Ausgabe-bildschirm>]][,[<Anzeigebildschirm>]]

Beschreibung

Dieser Befehl dient zur Auswahl der Bildschirmseite, des Grafikmodus und der Bildschirmfarben. Mit **<Modus>** kann der Modus der Grafikkarte eingestellt werden. Dazu sind die Werte in der Tabelle möglich.

Mit dem Parameter **<Farbe>** kann eingestellt werden, ob die Bildschirmfarben unverändert bleiben (wie mit COLOR eingestellt, Farbe=1) oder ob die Farbeinstellungen auf die Defaultwerte zurückgesetzt werden sollen (Farbe=0). Mit **<Ausgabeseite>** wird die Nummer der Bildschirmseite angegeben, auf der alle Ausgaben von BASIC erfolgen. Der Parameter **<Anzeigeseite>** gibt die Bildschirmseite an, die auf dem Bildschirm dargestellt wird.

Wert	Bedeutung	Auflösung	Farben	Attribute	Grafikkarte
0	Textmodus				beliebig
1	Grafikmodus	320x200	16	4	ab CGA
2	Grafikmodus	640x200	16	2	ab CGA
7	Grafikmodus	320x200	16	16	ab EGA od. VGA
8	Grafikmodus	640x200	16	16	ab EGA od. VGA
9	Grafikmodus	640x350	64	16	ab EGA od. VGA
10	Grafikmodus	640x350	9	4	ab EGA od. VGA
11	Grafikmodus	640x480	262144	2	VGA od. MCGA
12	Grafikmodus	640x480	262144	16	VGA
13	Grafikmodus	320x200	262144	256	VGA od. MCGA

Anmerkung

Die Ausgabe- und Anzeigeseiten können unterschiedlich sein. Für die beiden Parameter sind je nach verfügbaren Seiten Werte von Null bis 7 möglich. Die Parameter werden nur im Modus Null, also im Textmodus, beachtet, da in den Grafikmodi von nur einer Seite ausgegangen wird.

SCREEN ASCII-Code und Darstellungsattribut ermitteln

Syntax **<Variablenname>=SCREEN(<Zeile>,<Spalte>[,<Flag>])**

Beschreibung Diese Funktion ermittelt den ASCII-Code (Flag=0 oder keine Angabe) oder das Darstellungsattribut (Flag=1) des an der Position **<Zeile>,<Spalte>** befindlichen Zeichens.

Beispiel

```
a=SCREEN(50,50,1)
```

SEEK Datenzeigerposition ermitteln

Syntax **<Variablenname>=SEEK(<Dateinummer>)**

Beschreibung Als Funktion liefert SEEK die augenblickliche Position des Dateizeigers in einer Datei. Mit **<Dateinummer>** wird die beim Öffnen der Datei festgelegte Dateinummer angegeben.

Beispiel

```
a=SEEK(1)
```

SEEK

Datenzeiger setzen

Syntax

SEEK[#]<Dateinnummer>,<Position>

Beschreibung

Als Befehl setzt SEEK den Dateizeiger auf die angegebene **<Position>**. Nach dem optionalen Nummernzeichen **[#]** muß die beim Öffnen festgelegte **<Dateinummer>** angegeben werden.

Anmerkung

Bei RANDOM-Dateien ist bei der **<Position>** die Satznummer, ansonsten die Anzahl der Bytes ab dem Anfang der Datei anzugeben.

Anmerkung

Bei RANDOM-Dateien ist bei der **<Position>** die Satznummer, ansonsten die Anzahl der Bytes ab dem Anfang der Datei anzugeben.

Beispiel

```
SEEK #1,64
```

SELECT CASE..CASE..CASE ELSE..END SELECT

Bedingte Verzweigung

Syntax

```
SELECT CASE <Variablenname>
   CASE <Bedingung> [<Anweisung>[...]]
   [CASE...]
   [CASE ELSE [<Anweisung>[...]]]
END SELECT
```

Beschreibung

Dieser Befehl dient zur Ausführung von Anweisungen je nach Wert von **<Variablenname>**. Für jede Abfrage wird das Schlüsselwort **CASE**, gefolgt von der zu prüfenden **<Bedingung>**, eingesetzt.

Wenn diese Bedingung wahr ist, so werden die folgenden Anweisungen ausgeführt. Ist keiner der CASE-Zweige erfüllt worden, so werden die Anweisungen nach **CASE ELSE** ausgeführt. Bei **<Bedingung>** können auch zusammenhängende Bereiche überprüft werden. Dazu werden diese durch das Schlüsselwort **TO** getrennt.

Ebenso kann hinter dem Schlüsselwort **IS** ein Vergleichsoperator, gefolgt von einem Ausdruck, angegeben werden. Es wird dann die Variable mit dem Ausdruck verglichen

Anmerkungen

Der Befehl ähnelt der IF-Abfrage, bietet jedoch bei vielen verschiedenen Abfragen der gleichen Variablen wesentlich mehr Übersicht.

Obwohl der **CASE-ELSE**-Zweig optional ist, sollte er verwendet werden, da QBasic eine Fehlermeldung ausgibt, wenn der Fall auftritt und dieser Zweig nicht verwendet wurde.

Beispiel

```
SELECT CASE Zahl
   CASE 1 TO 9
      PRINT"Die Zahl ist kleiner als 10"
   CASE 10 TO 19
      PRINT"Die Zahl ist kleiner als 20"
   CASE 20 TO 29
      PRINT"Die Zahl ist kleiner als 30"
   CASE 30
      PRINT"Die Zahl lautet 30"
   CASE ELSE
      PRINT"Die Zahl ist größer als 30"
   END SELECT
```

SGN — Vorzeichen ermitteln

Syntax

<Variablenname>=SGN(<Ausdruck>)

Beschreibung

Die Funktion ermittelt das Vorzeichen von **<Ausdruck>**.

Anmerkung

Die Funktion liefert den Wert -1 bei negativen Zahlen, den Wert 1 bei positiven Zahlen und den Wert Null bei der Zahl Null.

Beispiel

```
a=SGN(b%*c%+50)
```

SHARED

Variable definieren

Syntax

SHARED <Variablenname>[()][AS Datentyp][,...]

Beschreibung

Mit diesem Befehl werden Variablen global definiert. Mit **Datentyp** ist die Festlegung für INTEGER, LONG, SINGLE, DOUBLE, STRING oder mit TYPE festgelegten Datentypen möglich.

Anmerkungen

Die Variablen sind in allen Unterprogrammen verfügbar und können verändert werden.

Handelt es sich bei der Variablen um ein Array, so wird dies durch Klammern **()** angedeutet.

Beispiel

```
SHARED titel$ AS STRING
```

SHELL

DOS-Befehl ausführen

Syntax

SHELL [<Dateiname>]

Beschreibung

Mit diesem Befehl kann ein ausführbares Programm mit der Endung .EXE oder .COM oder eine Batch-Datei mit der Endung .BAT gestartet werden. Mit **<Dateiname>** wird der Name des aufzurufenden Programms nach MS-DOS-Konventionen, also gegebenenfalls mit Laufwerksangabe und vollständigem Pfadnamen, angegeben.

Anmerkungen

Der Kommandointerpreter COMMAND.COM muß sich auf dem Datenträger befinden.

Nach dem Verlassen des aufgerufenen Programms oder der Batchdatei wird mit dem nächsten BASIC-Befehl fortgefahren.

Es kann aus BASIC heraus der Kommandointerpreter COMMAND.COM gestartet werden, um MS-DOS-Befehle eingeben zu können, wenn der Parameter **<Dateiname>** nicht angegeben wird.

Der Kommandointerpreter wird dann mit EXIT verlassen.

QBasic kann mittels dieser Funktion nicht gestartet werden.

SIN

Mathematische Funktion

Syntax **<Variablenname>=SIN(<Ausdruck>)**

Beschreibung Die Funktion liefert den Sinus-Wert von **<Ausdruck>** in einfacher Genauigkeit.

Anmerkung Als **<Ausdruck>** kann jede Berechnung oder Konstante eingesetzt werden, die einen numerischen Wert liefert. Der Wert muß im Bogenmaß angegeben werden.

Beispiele

```
a=SIN(0.707)
b=SIN(1.5*pi)
```

SLEEP

Programm anhalten

Syntax **SLEEP [<Sekunden>]**

Beschreibung Dieser Befehl hält den Programmablauf solange an, bis entweder die mit **<Sekunden>** angegebene Zeit abgelaufen ist (falls angegeben), eine Taste betätigt wurde oder ein Interrupt-Ereignis auftritt (ON xxx GOSUB).

Beispiele

```
SLEEP
SLEEP(30)
```

SOUND

Tonausgabe

Syntax **SOUND <Frequenz>,<Länge>**

Beschreibung Dieser Befehl dient der Ausgabe von Tönen. Mit **<Frequenz>** wird die Tonhöhe und mit **<Länge>** die Tonlänge in Systemtakten (=1/18.2 Sekunden) festgelegt.

Anmerkungen Der Wertebereich von **<Frequenz>** ist 37 bis 32.767. Der Wertebereich von **<Länge>** ist 1 bis 65.535.

Beispiel

```
SOUND 440,100
```

SPACE$

String-Funktion

Syntax **<Stringvariable>=SPACE$(<Anzahl>)**

Beschreibung Diese Funktion liefert als Ergebnis einen String aus Leerzeichen mit einer Länge **<Anzahl>** zurück.

Beispiel

```
leer$=SPACE$(10)
```

SPC

Leerzeichenausgabe

Syntax **PRINT SPC(<n>)**

Beschreibung Diese Funktion wird in PRINT-Ausdrücken verwendet, um **<n>** Zeichenpositionen mit Leerzeichen zu beschreiben.

Anmerkung Eventuell existierende Zeichen der Zeile werden überschrieben.

Beispiele

```
PRINT SPC(5)
PRINT SPC(10);a$;SPC(5);"Textausgabe"
```

SQR

Mathematische Funktion

Syntax **<Variablenname>=SQR(<Ausdruck>)**

Beschreibung Die Funktion liefert die Quadratwurzel von **<Ausdruck>** in einfacher Genauigkeit.

Anmerkung Der angegebene **<Ausdruck>** muß positiv sein.

Beispiele

```
a=SQR(100)
b=SQR(c%)
```

STATIC

Variable definieren

Syntax

STATIC <Variablenname>[()][AS <Datentyp>][,...]

Beschreibung

Dieser Befehl dient dazu, innerhalb von Prozeduren oder Funktionen lokale Variablen zu definieren, die dann nur innerhalb der Prozedur oder Funktion gelten und nicht mit evtl. gleichnamigen Variablen im Hauptprogramm in Konflikt geraten. Der Inhalt der Variablen bleibt dabei zwischen zwei Aufrufen erhalten. Falls es sich bei der Variablen um ein Array handelt, wird die Indizierung durch Klammern **()** angedeutet. Als **<Datentypen>** sind die Typen INTEGER, LONG, SINGLE, DOUBLE, STRING oder ein mit TYPE selbst angelegter Datentyp möglich.

Anmerkung

Es ist mit diesem Befehl möglich, oft benutzte Variablennamen, z.B. für Schleifen, auch in Unterprogrammen benutzen zu können, ohne daß es zu Problemen kommt.

Beispiel

```
STATIC I() AS INTEGER
```

STICK

Joystick-Informationen ermitteln

Syntax

<Variablenname>=STICK(<Modus>)

Beschreibung

Die Funktion liefert Informationen über die Position angeschlossener Joysticks. Mit **<Modus>** kann die gewünschte Information spezifiziert werden. Dabei sind folgende Werte erlaubt:

STICK(0) Die Funktion liefert die augenblickliche x-Koordinate von Joystick 1.

STICK(1) Die Funktion liefert die augenblickliche y-Koordinate von Joystick 1.

STICK(2) Die Funktion liefert die augenblickliche x-Koordinate von Joystick 2.

STICK(3) Die Funktion liefert die augenblickliche y-Koordinate von Joystick 2.

Anmerkungen

Bevor STICK(1) bis (3) aufgerufen werden, muß einmal STICK(0) aufgerufen werden, da diese Funktion nicht nur die x-Koordinate von Joystick 1 liefert, sondern alle anderen Koordinaten zwischenspeichert. Mit den Modi 1 bis 3 kann auf die zwischengespeicherten Koordinaten zugegriffen werden.

STOP

Programm unterbrechen

Syntax **STOP**

Beschreibung Der Befehl unterbricht das laufende Programm an der Stelle, an der der STOP-Befehl auftritt.

STR$

String-Funktion

Syntax **<Stringvariable>=STR$(<Ausdruck>)**

Beschreibung Die Funktion wandelt einen beliebigen numerischen **<Ausdruck>** in einen String um.

Beispiel

```
Zahl$=STR$(-123.45)
```

STRIG

Interrupt einbinden

Syntax

STRIG ON|OFF|STOP

Beschreibung

Mit diesem Befehl wird der ON-STRIG-Interrupt eingeschaltet, ausgeschaltet oder unterbrochen.

Anmerkungen

Mit **STRIG ON** wird der Interrupt eingeschaltet.

Mit **STRIG OFF** wird der Interrupt ausgeschaltet. Eventuell betätigte Joystick-Tasten lösen dann kein Ereignis aus. **STRIG STOP** unterbindet den Interrupt, merkt sich im Gegensatz zu **OFF** jedoch, ob eine Taste gedrückt wurde. Nach dem Befehl **STRIG ON** wird der Interrupt wieder aufgenommen.

Sollte während **STOP** eine Joysticktaste gedrückt worden sein, so wird direkt nach **ON** das Unterprogramm ausgeführt. Innerhalb des Unterprogramms setzt BASIC automatisch **STRIG STOP**, um Probleme zu vermeiden. Nach Ablauf des Unterprogramms wird automatisch **STRIG ON** gegeben.

STRIG() Joystick-Informationen ermitteln

Syntax **<Variablenname>=STRIG(<Modus>)**

Beschreibung Diese Funktion liefert den Status der Feuertasten angeschlossener Joysticks zurück. Mit **<Modus>** kann die gewünschte Information spezifiziert werden. Dabei sind folgende Werte möglich:

STRIG(0) Wenn Knopf 1 am Joystick 1 seit der letzten Abfrage betätigt wurde, liefert die Funktion den Wert -1, ansonsten den Wert Null.

STRIG(1) Wenn Knopf 1 am Joystick 1 momentan betätigt wird, liefert die Funktion den Wert -1, ansonsten den Wert Null.

STRIG(2) Wenn Knopf 1 am Joystick 2 seit der letzten Abfrage betätigt wurde, liefert die Funktion den Wert -1, ansonsten den Wert Null.

STRIG(3) Wenn Knopf 1 am Joystick 2 momentan betätigt wird, liefert die Funktion den Wert -1, ansonsten den Wert Null.

STRIG(4) Wenn Knopf 2 am Joystick 1 seit der letzten Abfrage betätigt wurde, liefert die Funktion den Wert -1, ansonsten den Wert Null.

STRIG(5) Wenn Knopf 2 am Joystick 1 momentan betätigt wird, liefert die Funktion den Wert -1, ansonsten den Wert Null.

STRIG(6) Wenn Knopf 2 am Joystick 2 seit der letzten Abfrage betätigt wurde, liefert die Funktion den Wert -1, ansonsten den Wert Null.

STRIG(7) Wenn Knopf 2 am Joystick 2 momentan betätigt wird, liefert die Funktion den Wert -1, ansonsten den Wert Null.

Beispiel

```
a=STRIG(5)
```

STRING$

String-Funktion

Syntax

<Stringvariable>=STRING$(<Anzahl>,<Zeichen>)

Beschreibung

Diese Funktion liefert als Ergebnis einen String zurück, der aus **<Anzahl>** gleichen **<Zeichen>** besteht.

Anmerkungen

Wird ein bestimmtes **<Zeichen>** angegeben, so muß es in Anführungszeichen stehen.

Alternativ zu **<Zeichen>** kann auch der ASCII-Wert des Zeichens, eine Konstante, eine Variable oder eine Stringfunktion angegeben werden.

Beispiele

```
A5$=STRING$(5,65)
b10$=STRING$(10,"b")
c$=STRING$(d%,e$)
```

SUB

Unterprogramm definieren

Syntax

SUB <Name> [(<Parameter1>[,...])][STATIC]
EXIT SUB
END SUB

Beschreibung

Dieser Befehl definiert ein Unterprogramm mit dem Namen **<Name>**. Die **<Parameter>** werden in runden Klammern übergeben. Das Schlüsselwort **STATIC** bewirkt, daß die lokalen Variablen nicht bei jedem Aufruf des Unterprogramms neu zugewiesen werden müssen, sondern den Wert des letzten Durchlaufes behalten. Die Definition des Unterprogramms wird mit **END SUB** abgeschlossen. Das Unterprogramm kann auch vorzeitig durch **EXIT SUB** verlassen werden.

Anmerkungen

Der **<Name>** wird global angesehen und darf daher nicht mehr in einer SUB-oder FUNCTION-Anweisung innerhalb des gleichen Programms verwendet werden.

Mehrere **<Parameter>** werden durch Kommata getrennt.

Beispiel

```
SUB dreieck(grundlinie,hoehe,flaeche)
  flaeche=grundlinie*hoehe/2
END SUB
```

SWAP

Variableninhalte tauschen

Syntax **SWAP <Variable1>,<Variable2>**

Beschreibung Der Inhalt der beiden Variablen wird getauscht. Nach dem Aufruf enthält **<Variable1>** den Wert von **<Variable2>** und umgekehrt.

Anmerkungen Die beiden Variablen müssen vom gleichen Typ sein. Es können auch Arrays angegeben werden.

Beispiel

```
SWAP I%,J%
```

SYSTEM

BASIC verlassen

Syntax **SYSTEM**

Beschreibung Das laufende Programm wird beendet, und der QBasic-Interpreter wird verlassen. Danach befindet man sich wieder auf MS-DOS-Ebene.

TAB

Zeichenausgabe festlegen

Syntax **PRINT TAB(<Spalte>)**

Beschreibung Setzt den Cursor bei einer Ausgabe mit PRINT in die angegebene **<Spalte>**.

Beispiele

```
PRINT TAB(10)
PRINT TAB(5);a$;TAB(10);"Textausgabe"
```

TAN

Mathematische Funktion

Syntax **<Variablenname>=TAN(<Ausdruck>)**

Beschreibung Die Funktion liefert den Tangens von **<Ausdruck>** in einfacher Genauigkeit.

Anmerkung **<Ausdruck>** muß als Bogenmaß angegeben werden.

Beispiele

```
a=TAN(2)
b=TAN(c+1.2)
```

TIME$ — Uhrzeit lesen/setzen

Syntax

<Stringvariable>=TIME$
TIME$=<Ausdruck>

Beschreibung

Hiermit läßt sich die Uhrzeit lesen bzw. setzen. Gemeint ist die Systemzeit, die sich unter MS-DOS mit TIME auslesen und verändern läßt. Wird die Systemzeit gelesen, dann wird das Ergebnis als String übergeben. Beim Setzen kann für **<Ausdruck>** entweder eine Stringvariable, eine Textkonstante oder eine Stringberechnung angegeben werden.

Anmerkung

Die Uhrzeit hat das Format "Stunde:Minute:Sekunde" oder "Stunde:Minute:Sekunde:Hunderstel".

Beispiele

```
zeit$=TIME$
TIME$="10:11:12"
```

TIMER — Zeitspanne ermitteln

Syntax

<Variablenname>=TIMER

Beschreibung

Diese Funktion liefert die Anzahl der seit 00:00 Uhr vergangenen Sekunden inclusive Nachkommastellen in einfacher Genauigkeit.

Anmerkung

Mit diesem Befehl lassen sich kurze Zeiten, z.B. Laufzeiten vom Programm oder Reaktionszeiten des Benutzers, ermitteln.

TIMER

Interrupt einbinden

Syntax

TIMER ON|OFF|STOP

Beschreibung

Mit diesem Befehl wird der ON-TIMER-Interrupt eingeschaltet, ausgeschaltet oder unterbrochen.

Anmerkungen

Mit **TIMER ON** wird der Interrupt eingeschaltet.

Mit **TIMER OFF** wird der Interrupt ausgeschaltet.

TIMER STOP unterbindet den Interrupt, merkt sich im Gegensatz zu **OFF** jedoch, ob die vorgegebene Zeit erreicht wurde. Nach dem Befehl **TIMER ON** wird der Interrupt wieder aufgenommen.

Sollte während **STOP** die Zeit erreicht worden sein, so wird direkt nach **ON** das Unterprogramm ausgeführt.

TROFF

TRACE-Modus ausschalten

Syntax

TROFF

Beschreibung

Der mit TRON eingeschaltete TRACE-Modus wird wieder ausgeschaltet.

Anmerkung

Anschließend wird das Programm wieder normal abgearbeitet.

TRON — Trace-Modus einschalten

Syntax **TRON**

Beschreibung Dieser Befehl dient dem Einschalten des TRACE-Modus.

Anmerkungen Der TRACE-Modus dient dem Austesten von Programmen und zur Beseitigung von Fehlern.

Während des Programmablaufs wird ständig die aktuelle Programmzeile angezeigt. Der Modus kann mit TROFF wieder ausgeschaltet werden.

TYPE..AS..END TYPE — Datentyp definieren

Syntax

```
TYPE <neuer_Datentyp_Name>
   <Variablenname> AS <Datentyp>
   [...]
END TYPE
```

Beschreibung Mit diesem Befehl wird ein neuer zusammengesetzter Datentyp angelegt. Als **<Datentypen>** sind INTEGER, LONG, SINGLE, DOUBLE und STRING * <n> möglich. Mit String * <n> wird eine Zeichenkette mit genau definierter Länge angegeben.

Anmerkungen Der Befehl entspricht der RECORD-Anweisung in Pascal und den Strukturen in C. Die einzelnen Variablen werden unter der Angabe des **<neuen_Datentyp_Namen>**, gefolgt von einem Punkt und dem gewünschten Variablennamen, angesprochen.

Beispiel

```
TYPE Auto
   Marke AS STRING * 25
   Leistung AS INTEGER
   Farbe AS STRING * 10
   Preis AS DOUBLE
END TYPE
DIM Autodaten(20) AS Auto
```

Damit ist ein Array von 20 Elementen angelegt, das die einzelnen Variablentypen enthält. Eine vollständige Zuweisung könnte dann so aussehen:

```
Autodaten.Marke = "VW Golf GL"
Autodaten.Leistung = 90
Autodaten.Farbe = "Blau"
Autodaten.Preis = 24750.90
```

UBOUND

Indizierung ermitteln

Syntax

<Variablenname>=UBOUND(<Variable>[,<Dimension>])

Beschreibung

Diese Funktion liefert als Ergebnis die größtmögliche Indizierung der angegebenen **<Variablen>**. Bei mehrdimensionalen Feldern kann mit **<Dimension>** die gewünschte Dimension angegeben werden, für die die größte Indizierung ermittelt werden soll.

Beispiel

```
PRINT UBOUND(name$)
```

UCASE$ String-Funktion

Syntax **<Stringvariable>=UCASE$(<String>)**

Beschreibung Diese Funktion liefert als Ergebnis den **<String>** in Großbuchstaben zurück.

Anmerkung Umlaute werden nicht berücksichtigt.

Beispiel

```
a$=UCASE$("Grossbuchstaben")
```

UNLOCK Zugriff freigeben

Syntax **UNLOCK[#]<Dateinummer>[,<Startnummer>] [TO <Endnummer>]]**

Beschreibung Mit diesem Befehl wird der Schutz gegen gleichzeitiges Benutzen von Dateien mit Hilfe von LOCK wieder rückgängig gemacht.

Anmerkung Der Befehl UNLOCK muß mit den gleichen Parametern wie der LOCK-Befehl aufgerufen werden.

Beispiel

```
UNLOCK #1,50 TO 100
```

VAL

Konvertier-Funktion

Syntax

<Variablenname>=VAL(<String>)

Beschreibung

Die Funktion wandelt einen **<String>** mit numerischem Inhalt in eine Zahl um und weist dieser eine numerische Variable zu.

Anmerkung

Die Wandlung beginnt beim ersten Zeichen des **<Strings>** und wird automatisch beendet, sobald der **<String>** beendet ist oder ein nicht erlaubtes Zeichen auftritt.

Beispiel

```
Zahl=VAL("-123.45")
```

VARPTR

Variablenoffset-Adresse ermitteln

Syntax

<Variablenname>=VARPTR (<Variable>)

Beschreibung

Diese Funktion ermittelt die Offset-Adresse der Variablen **<Variable>** im Datensegment DS.

Anmerkungen

Es muß der **<Variablen>** zunächst ein Wert zugewiesen werden.

Als **<Variable>** können alle Variablentypen incl. Arrays angegeben werden.

Die Funktion arbeitet unabhängig vom DEF-SEG-Befehl, liefert also immer den Offset zum Datensegment DS.

Mit VARSEG kann die Adresse des Segments ermittelt werden. Die Adressen können sich bei einer Garbage Collection ändern!

Beispiel

```
a=VARSEG(b%)
DEF SEG a
c=VARPTR(b%)
```

VARPTR$ — Variablen-Offsetadresse/Variablentyp ermitteln

Syntax

<Stringvariable>=VARPTR$(<Variable>)

Beschreibung

Diese Funktion ermittelt von der angegebenen **<Variablen>** die Offset-Adresse im Datensegment und die Art der Variablen. Das Ergebnis ist ein drei Byte großer String, der im ersten Byte die Information über den Typ der **<Variablen>** enthält:

CHR$(2)	Integer
CHR$(3)	String
CHR$(4)	Fließpunkt mit einfacher Genauigkeit
CHR$(8)	Fließpunkt mit doppelter Genauigkeit
CHR$(20)	Long

Das zweite und dritte Byte des Strings enthalten die Offset-Adresse im Format Low-Byte/High-Byte.

Anmerkungen

Die Funktion arbeitet unabhängig vom Befehl DEF SEG und liefert immer den Offset im Datensegment. Der String kann z.B. direkt für die Befehle PLAY und DRAW verwendet werden. Durch eine Garbage Collection kann sich die Adresse ändern.

Beispiel

```
a=VARSEG(b%)
DEF SEG a
c$=VARPTR$(b%)
```

VARSEG

Variablensegment-Adresse ermitteln

Syntax **<Variablenname>=VARSEG(<Variable>)**

Beschreibung Die Funktion liefert als Ergebnis die Segmentadresse der angegebenen **<Variablen>**.

Anmerkung Die angegebene Variable kann auch ein Array sein.

Beispiele

```
a=VARSEG(b$)
```

VIEW

Bildschirmgrenzen setzen

Syntax

VIEW [[SCREEN] (<x1>,<y1>)-(<x2>,<y2>) [,[<Farbe>] [,[<Rahmenfarbe>]]]

Beschreibung

Dieser Befehl definiert Bildschirmgrenzen für die weiteren grafischen Ausgaben. Mit den Koordinaten **<x1>,<y1>** und **<x2>,<y2>** wird ein Rechteck angegeben, das für die grafischen Ausgaben verwendet werden soll. Wird das Schlüsselwort **SCREEN** nicht verwendet, so werden die Koordinaten zum Zeichnen von Grafiken automatisch auf die rechte, untere Ecke des Darstellungsbereichs bezogen. Mit **SCREEN** werden die Koordinaten auf die obere, linke Ecke des Bildschirms bezogen. Wird der Parameter **<Farbe>** angegeben, so wird der neue Darstellungsbereich mit dieser Farbe ausgefüllt. Wird **<Rahmenfarbe>** angegeben, so wird um den neuen Darstellungsbereich ein Rahmen mit der angegebenen Farbe gezeichnet.

Beispiel

```
VIEW (10,10 - 100,100),2,7
```

VIEW PRINT

Textfenster anlegen

Syntax

VIEW PRINT <Startzeile> TO <Endzeile>

Beschreibung

Mit diesem Befehl wird ein Textfenster angelegt, das von **<Startzeile>** bis **<Endzeile>** geht.

Anmerkungen

Das Textfenster erstreckt sich über die gesamte Breite des Bildschirms.

Alle Textausgaben und Cursorbefehle beziehen sich anschließend auf das angegebene Textfenster.

Beispiel

```
VIEW PRINT 15 TO 20
```

WAIT

Programm unterbrechen

Syntax

WAIT <Portnummer>,<AND-Maske>[,<XOR-Maske>]

Beschreibung

Der Programmablauf wird gestoppt, bis an dem mit **<Portnummer>** angegebenen Port ein bestimmtes Bitmuster anliegt. Das ermittelte Bitmuster des Ports wird mit der **<AND-Maske>** nach dem logischen AND verknüpft. Wird die **<XOR-Maske>** angegeben, so wird das Ergebnis mit dieser Maske nach dem logischen XOR verknüpft.

Anmerkungen

Für **<Portnummer>** sind die Werte Null bis 255 möglich.

Nur wenn danach das Ergebnis der logischen Verknüpfung ungleich Null ist, wird das Programm fortgesetzt, ansonsten wird der Port ständig neu gelesen.

Beispiel

```
WAIT 1,&HABCD
```

WHILE..WEND

Bedingte Befehlsausführung

Syntax

WHILE <Bedingung> [<Anweisung>[...]] WEND

Beschreibung

Die **<Anweisungen>** werden ausgeführt, solange die **<Bedingung>** erfüllt wird.

Anmerkungen

Da die Abfrage am Beginn der Schleife erfolgt, muß der Anweisungsblock nicht unbedingt durchlaufen werden.

Die Schleife darf nicht mit GOTO verlassen werden, da der Stack dann nicht bereinigt wird.

Beispiel

```
i%=0
WHILE i%<=10
  PRINT i%,i%*i%
  i%=i%+1
WEND
```

WIDTH

Zeichen-/Zeilenanzahl festlegen

Syntax

WIDTH <Zeichen>[,<Zeilen>]

Beschreibung

Mit diesem Befehl wird die Anzahl der **<Zeichen>** pro Zeile und optional die Anzahl der **<Zeilen>** pro Seite eingestellt.

Anmerkungen

Für **<Zeichen>** sind die Werte 40 und 80 erlaubt.

Bei der Umschaltung von 40 auf 80 und umgekehrt wird immer der Bildschirm gelöscht.

Die **<Zeilen>**-Angabe kann 43 für EGA- und 50 für VGA-Grafikkarten betragen. Bei anderen Grafikkarten wird der Parameter nicht ausgewertet.

Beispiele

```
WIDTH 40
WIDTH 80,43
```

WIDTH "COMX:" — Zeichenanzahl festlegen

Syntax **WIDTH "COM<Schnittstellennummer>:",<Zeichen>**

Beschreibung Mit diesem Befehl wird die maximale Anzahl der **<Zeichen>** in einer Zeile für das an **COM<Schnittstellennummer>:** angeschlossene Gerät angegeben.

Anmerkung Nachdem die Anzahl der **<Zeichen>** über die serielle Schnittstelle ausgegeben wurden, wird automatisch ein Carriage Return gesendet.

Beispiel

```
WIDTH "COM1:",50
```

WIDTH "LPTX:" — Zeichenanzahl festlegen

Syntax **WIDTH "LPT<Schnittstellennummer>:",<Zeichen>**

Beschreibung Mit diesem Befehl wird die maximale Anzahl der druckbaren **<Zeichen>** in einer Zeile für den an **LPT <Schnittstellennummer>:** angeschlossenen Drucker angegeben.

Anmerkung Nachdem die festgelegte Anzahl von **<Zeichen>** über die parallele Schnittstelle ausgegeben wurden, wird automatisch ein Carriage Return gesendet.

Beispiel

```
WIDTH "LPT2:",75
```

WIDTH LPRINT — Zeichenanzahl festlegen

Syntax **WIDTH LPRINT <Zeichen>**

Beschreibung Mit diesem Befehl wird die maximale Anzahl der druckbaren **<Zeichen>** in einer Zeile für einen an der parallelen Schnittstelle angeschlossenen Drucker festgelegt.

Beispiel

```
WIDTH LPRINT 75
```

WINDOW — Koordinatensystem definieren

Syntax **WINDOW [[SCREEN] (<x1>,<y1>)-(<x2>,<y2>)]**

Beschreibung Mit diesem Befehl können eigene Koordinatensysteme definiert werden. Mit den Koordinaten **<x1>,<y1>** und **<x2>, <y2>** werden zwei gegenüberliegende Punkte eines Rechtecks definiert, die die maximale Ausdehnung angeben. Ohne Schlüsselwort **SCREEN** werden die Einheiten der Y-Achse nach oben hin steigend, mit **SCREEN** nach unten hin steigend angesehen.

Anmerkung WINDOW ohne Parameter schaltet auf das normale Koordinatensystem zurück.

Beispiel

```
WINDOW SCREEN (10,10 - 150,150)
```

WRITE

Zeichenausgabe

Syntax

WRITE [SPC(<Anzahl>] [<Ausdruck>][,|;]

Beschreibung

Der Befehl WRITE dient ebenso wie der PRINT-Befehl zur Ausgabe von Daten auf dem Monitor. Mit **<Anzahl>** wird die Anzahl von Leerzeichen festgelegt, die vor der eigentlichen Datenausgabe auf dem Monitor ausgegeben werden. Das Steuerzeichen Komma **[,]** kann zur Trennug verwendet werden.

Anmerkungen

Für **<Ausdruck>** können beliebige Konstanten, Variablen oder Berechnungen angegeben werden.

Mehrere **<Ausdrücke>** werden durch Kommata oder Semikola getrennt.

Bei der Ausgabe werden alle Stringausdrücke in Anführungszeichen ausgegeben.

Das Komma und das Semikolon am Ende des Befehls zur Vermeidung eines Zeilenvorschubs können nicht verwendet werden.

Beispiel

```
WRITE SPC(5),a$,b%
```

WRITE

Daten in Datei schreiben

Syntax **WRITE #<Dateinummer> [,<Ausdruck>][,|;]**

Beschreibung Der Befehl WRITE# dient ebenso wie der PRINT#-Befehl zur Ausgabe von Daten in eine bereits geöffnete Datei. Mit **#<Dateinummer>** wird die beim Öffnen der Datei festgelegte Dateinummer angegeben.

Anmerkungen Für **<Ausdruck>** können beliebige Konstanten, Variablen oder Berechnungen angegeben werden.

Mehrere **<Ausdrücke>** werden durch Kommata oder Semikola getrennt.

Bei der Ausgabe werden alle Stringausdrücke in Anführungszeichen ausgegeben.

Das Komma und das Semikolon am Ende des Befehls zur Vermeidung eines Zeilenvorschubs können nicht verwendet werden.

Beispiel

```
WRITE #1,a$,b%
```

XOR

Logik-Funktion

Syntax

<Variablenname>=<Ausdr1> XOR <Ausdr2>

Beschreibung

Diese Funktion liefert als Ergebnis die bitweise Verknüpfung von **<Ausdr1>** und **<Ausdr2>** nach der XOR-Funktion **(eXclusiv-OdeR)**.

Anmerkung

Ein Bit im Ergebnis wird nur dann gesetzt, wenn die Bits bei den beiden Parametern verschieden sind.

Wahrheitstabelle

Ausdr1	Ausdr2	Ergebnis
0	0	0
0	1	1
1	0	1
1	1	0

Beispiel

```
a=&B11111100 AND &B11001010
Ergebnis: a=&B001101100
```

12. Stichwortverzeichnis

Vielen Dank!

Wenn Sie Ihr Buch nicht von hinten nach vorne studieren, dann haben Sie jetzt den ganzen Band gelesen und könnnen ihn an Ihren eigenen Erwartungen messen. Schreiben Sie uns, wie Ihnen das Buch gefällt, ob der Stil Ihrer "persönlichen Ader" entspricht und welche Aspekte stärker oder weniger stark berücksichtigt werden sollten. Natürlich müssen Sie diese Seite nicht herausschneiden, sondern können uns auch eine Kopie schicken; für längere Anmerkungen fügen Sie einfach ein weiteres Blatt hinzu. Vielleicht haben Sie ja auch Anregungen für ein neues Buch oder ein neues Programm, das Sie selbst schreiben möchten.
Wir freuen uns auf Ihren Brief!

Mein Kommentar: ____________________

____

____

____

____

❑ Ich möchte selbst DATA-BECKER-Autor werden.
Bitte schicken Sie mir Ihre Informationen für Autoren.

Name ____________________

Straße ____________________

PLZ Ort ________ ____________________

Ausschneiden oder kopieren und einschicken an:
DATA BECKER, Abteilung Lektorat
Merowingerstr. 30, 4000 Düsseldorf 1

Windows Intern: Insider-Infos und Applikationen

In den Intern-Bänden von DATA BECKER finden Sie die harten Fakten – geballte Informationen, die in die Tiefe gehen. Dieses Know-how gibt es natürlich auch zu Windows: Windows Intern. Windows als Betriebssystem-Erweiterung (Multitasking, Handles, Code- und Ressourcen-Sharing), Grundstrukturen von Windows-Applikationen, Dialogboxen (Messageboxen, modale/nicht-modale Dialogboxen etc.), Kindfenster, das Graphics Device Interface, Zugriff auf das Dateisystem, Drucken unter Windows, Maus-Nachrichten, die serielle Schnittstelle, das Multiple Document Interface, Clipboard, dynamischer Datenaustausch, Dynamic Link Libraries usw. Selbstverständlich erhalten Sie auch fertige Applikationen: Auf der mitgelieferten Source-Code-Diskette finden Sie u.a. einen Clipboard-Viewer, eine DDE-Applikation und ein MDI-Beispiel.

Honekamp/Wilken
Windows Intern
Hardcover, 763 Seiten
inklusive Diskette, DM 99,-
ISBN 3-89011-284-6

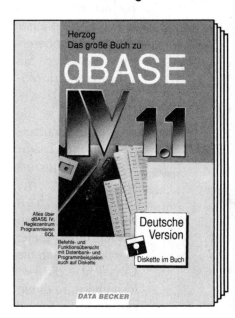

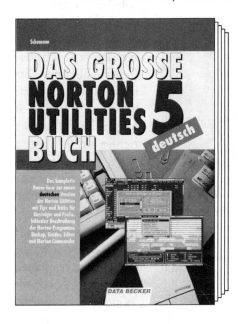

Ebel • Retzlaff
Word für Windows Version 1.1
Das große Buch zu
WORD für Windows
Computer-Kurier
3. überarbeitete Auflage
Diskette im Buch
Eine vollständige, leicht verständliche Dokumentation zur neuen Version 1.1. Mit Einführung in Windows 3, alles zur Formatierung, zur Arbeit mit Druckformatvorlagen, zur Grafikeinbindung, Programmierung in WordBASIC und vieles mehr. Beispieldateien, Druckformatvorlagen und eine komplette Adreßverwaltung auf Diskette.
DATA BECKER